王德培 著

大国金融
全球金融变局下的中国机会

中国友谊出版公司

图书在版编目（CIP）数据

大国金融：全球金融变局下的中国机会 / 王德培著. -- 北京：中国友谊出版公司，2025.1. -- ISBN 978-7-5057-6031-8

Ⅰ．F832

中国国家版本馆 CIP 数据核字第 20241A8X76 号

书名	大国金融：全球金融变局下的中国机会
作者	王德培
出版	中国友谊出版公司
策划	杭州蓝狮子文化创意股份有限公司
发行	杭州飞阅图书有限公司
经销	新华书店
制版	杭州真凯文化艺术有限公司
印刷	杭州钱江彩色印务有限公司
规格	710毫米×1000毫米　16开 18.75印张　228千字
版次	2025年1月第1版
印次	2025年1月第1次印刷
书号	ISBN 978-7-5057-6031-8
定价	68.00元
地址	北京市朝阳区西坝河南里17号楼
邮编	100028
电话	（010）64678009

目 录

第一篇 金融的演变：中美金融的现实抉择

第一章 美国金融帝国裂缝已现 /3
雷曼 1.0 到 3.0：仅是茶杯里的风暴？ /3
美国银行危机的三大逻辑源头 /15
金融帝国的隐忧 /24

第二章 中国在金融"半道"上"拐弯" /32
金融乱象 /32
金融工作会议的"转向" /45
中国金融仍在初级阶段，却面临转型 /53

第三章 美元与人民币 /63
全球货币失锚 /63
失序的美元 /72
人民币国际化之路 /82

第二篇 金融的实践：传统金融理论为何不适用了？

第四章 经济学三场世纪论战 /91
凯恩斯与哈耶克 /91
萨缪尔森与弗里德曼 /99
现代货币理论与经典经济学派 /105
经济学诺奖的是与非 /112

第五章 福卡智库视角下的金融逻辑 /118
百年金融的历史性演变 /118
金融理论与现实脱节 /125
金融的本质是什么？ /133
中国金融的独特表达 /138

第三篇 金融危机的轮回：这次不一样？

第六章 金融危机 10 年轮回周期 /149
金融危机 1.0：1987—1988 年世界大股灾 /149
金融危机 2.0：1997 年亚洲金融风暴 /153
金融危机 3.0：2007—2008 年次贷危机引发金融海啸 /156
金融危机 4.0：2020 年美国流动性危机 /160
金融危机的本质与宿命 /163

第七章 金融危机新逻辑："双失灵" /170

市场失灵——市场原罪 /170

躲不过的政府失灵 /174

危机扁平化、隐性化、长期化 /180

第四篇 金融的未来：新的趋势与使命

第八章 国际金融的决堤与重构 /191

新老玩家，无一幸免？ /191

全球金融板块大漂移 /200

资本模式新旧交替 /208

全球金融市场新实践 /218

第九章 货币大变局 /225

货币体系从一极到多元 /225

人民币国际化新机缘、新风险 /233

币种"大三角"与法定货币"小三角" /244

第十章 中国金融信用重塑 /249

金融回归"本源" /249

重塑中国式现代化投行体系 /256

产业引导基金的复式化突围 /270

中国金融再造靠组织 /285

第一篇

金融的演变:中美金融的现实抉择

2023年，美国硅谷银行（SVB）、签名银行、银门银行、第一共和银行（FRC）相继"爆雷"，被关闭、接管后引发了市场的剧烈动荡。从纵向看，银行业集体下沉，将沉重打击美国科创实力；从横向看，美国银行危机蔓延至欧洲，将波及全球。可以说，美国银行业集体下沉，推倒了金融、科创、经济的多米诺骨牌。信心是市场交易的灵魂，信用是金融行业的灵魂。美国经济增速显著放缓的逻辑原点就是金融行业失序。这场危机不仅是美国的，也是世界的。尤其对于中国来说，金融还未发展到位，就来到了"去金融化"的时刻。如何摆脱左右两极，探索出不同于华尔街的第三条道路，在当下显得尤为迫切。金融，正站在历史的十字路口。

第一章　美国金融帝国裂缝已现

雷曼 1.0 到 3.0：仅是茶杯里的风暴？

2008年雷曼1.0：次贷危机演变成全球危机

2007年次贷危机的爆发源于西方金融文明下正常的市场平仓行为。在整个链条反应中，次贷产品的金融创新掩盖了多年积累的信用风险，本不该大规模获得商业住房贷款的消费者因利率过高而还不起贷款，造成次级债市场资金链断裂，从而导致危机的爆发：从2001年1月3日到2003年6月

25日，美国联邦储备委员会（简称"美联储"）连续下调基准利率13次，各大贷款发放机构推行次贷方案，刺激了买不起住房的消费者的购买欲望，推高了市场需求。同时，这些机构把信用资产拆分打包，在投行的帮助下进行资产证券化，并邀请评级公司给予3A信用评级、保险公司给予消费者以按揭信用担保，联合推高房价，从中获取利益。证券化后的资产又被以3A级的定价推向资本市场，出售给全世界各地的投资者；然而，在评级公司、保险公司及投行的联合"造假"背后，本质上不符合上市资格却具有"3A标签"的金融产品，在市场上疯狂交易而埋下祸根。在美联储从2004年6月30日到2006年6月底连续17次上调基准利率后，消费者因利率过高而不得不违约，各大贷款发放机构如新世纪金融公司就成为第一批倒下来的金融巨头。由此可见，次贷等金融创新产品从一开始就设置了"连环骗局"，链式反应的发生揭露的正是市场信用沦丧。由于资不抵债、收购谈判流产及美国政府拒绝救助，2008年9月15日，美国投资银行雷曼兄弟正式宣布申请破产保护，成了美国次贷危机及其引发的全球金融危机的标志性事件。

2007年，一枚次级债炸弹将美国房地产和华尔街拖进深渊。从3月开始，贝尔斯登被摩根大通并购后，大部分投资押在商业地产上的雷曼的股价就不断下挫。随后，雷曼果断将持有的少量次级债抛售，以求隔绝危机。但在疯狂上涨的房价面前，所有人似乎都失去了理智。面对诱惑，即便是不符合贷款条件的客户，银行也开始放贷，金融机构又进一步将这些贷款打包成债券等金融产品，再通过投行销售出去。雷曼也未能独善其身，旗下基金共计持有300多亿美元商业地产和住宅。由于收购时皆是利用财务杠杆向金融机构发行短期债券，结果就是只要有人做空，雷曼的股票马上就会面临崩盘危机。警觉的雷曼组建了一个秘密小组,准备将这些资产处理掉,以成立一家新公司的方式"改头换面",甚至连新公司名字都已规划好,叫REI GLOBAL,可没想到"该来的躲不过"。

一方面,雷曼获得了华尔街上"债券之王"的美称,但这也暗示了其业务过于集中的问题。雷曼的业务集中于固定收益部分,其在短期内一跃成为住宅抵押债券、商业地产债券业务的顶级承销商和账簿管理人。即使是在美国房地产市场下滑的2007年,雷曼的商业地产债券业务仍然保持着约13%的增长率。2008年9月15日雷曼申请破产保护时,其杠杆率高得令人咋舌。雷曼提交给美国证券交易委员会的报告显示,2007年底之前,其杠杆率为30.7倍。这个比率在之前的几年持续攀升——2006年为26.2倍,2005年为24.4倍,2004年为23.9倍——导致的直接后果就是使银行处于经营险境,尤其是在与住房相关的市场中,因为存在大量的住房抵押贷款支持证券。

另一方面,雷曼高层在危机发生时优柔寡断,错失挽救危机的良机。在2008年3月贝尔斯登倒下的时候,雷曼就应该清醒地认识到问题的严重性。可是雷曼管理层多次出面辟谣,试图向市场证明自己情况良好。雷曼错过了一次又一次机会,等到它终于意识到问题的严重性时,只能坐等美联储来拯救。

如图1-1所示,从雷曼的股价可以清晰看出这场危机如何一步步击垮了雷曼。2008年9月14日上午9点,国际掉期与衍生工具协会(ISDA)宣布,允许投资者冲销与雷曼相关联的信用衍生品,以避免卷入未来雷曼破产引发的巨大旋涡。同时,美联储主席伯南克打电话给雷曼CEO坦言,"之前美联储对金融机构的隐形救助协议已经激发了道德风险,因此一致决定，选择一家影响力足够震慑市场的鲁莽机构开刀，主动放弃对它潜在的一切承诺，让它彻底倒闭，借以警示所有市场参与者不要再心存幻想"。这通"见死不救"的电话彻底击垮了雷曼。经过近6小时的讨论，雷曼兄弟公司董事会就美联储开出的公司倒闭条件达成一致。9月15日凌晨1点，雷曼兄弟宣布向联邦政府申请11号破产保护法案。从那一刻起，"雷曼破产"成为美国历史上规模最大的投资银行破产案，"雷曼时刻"就此让次贷危机演变成了全球危机。

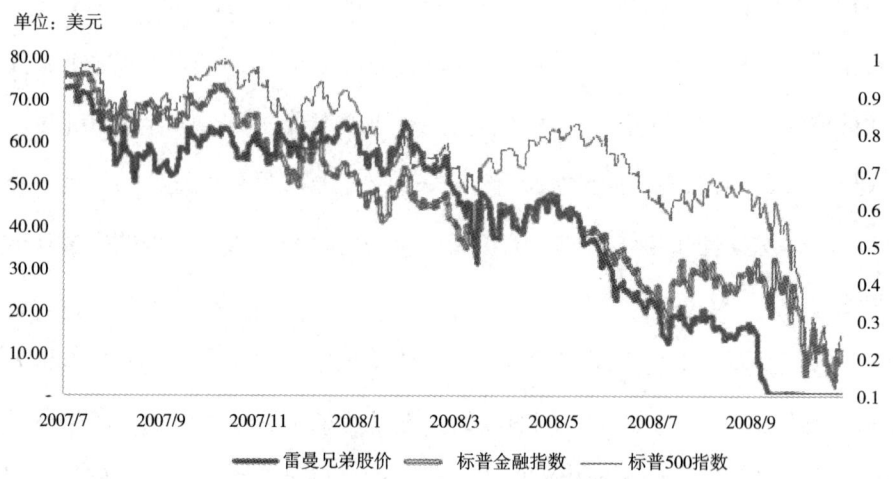

图1-1　雷曼兄弟破产大事记及其股价走势

来源：福卡智库根据公开资料整理

2020年雷曼2.0：桥水为何"躲过一劫"？

2020年，善于分析危机的桥水也没能在危机中"独善其身"。3月18日，市场上突然开始疯传中国投资人圈中流传的一份微信聊天记录：管理着2348.57亿美元的桥水"爆仓"了。之后有消息表示这次桥水爆仓源于沙特等投资方的巨额赎回，当晚22时，桥水创始人瑞·达利欧在个人微博上驳斥了有关桥水"爆仓"的传言，"桥水一切安好。桥水的财务状况非常稳定，在目前情况下既没有出现与我们预期不符的投资亏损，也没有出现与我们过去45年来做投资的常态不符的损失"。桥水尽管"爆仓"是假，受伤却很深。根据桥水《每日观察》显示，截至2020年3月18日，2020年桥水每一只基金（总共8只）都是亏的（其中6只基金有两位数的亏损），采用风险平价策略的全天候基金跌了9%—14%不等，完全对冲的中性策略跌了7%—21%不等。在社交平台上，已经有人将桥水基金戏谑为"2008年的雷曼兄弟"。

对冲基金本就是为风险而生。"用空头平滑风险，用杠杆扩大收益"是最基本的对冲基金逻辑。这种操作手法，可以让市场下跌成为获利机会。而在一众对冲基金中，桥水更是神话般的存在。对冲基金研究公司LCH Investments数据显示，桥水从成立到2017年，不仅在平稳经济环境中跑赢市场，还实现了对冲基金有史以来最大的累计净收益49.7%；在危机中战果累累，1987年单日跌幅达到20%的"黑色星期一"，桥水基金获得22%的收益；2008年次贷危机，雷曼破产、"股神"巴菲特旗下基金亏损高达9.6%，桥水获得14%的收益；2010年欧债危机，桥水旗下的阿尔法基金获得45%的惊人收益。

让桥水登上神坛的便是其标志性的风险平价策略。传统的"60/40"基金配置策略是把60%资产放在股市，40%放在债市。但超配股票的问题是，该类基金风险过度集中于股票，而往往股票波动性更强。风险平价策略则创造性地把重心放在配平风险上，根据资产的风险属性（波动率）进行配置；在具体策略上，既做多又做空，资产配置中包括不同类的资产、采用各种形式的对冲来平滑风险和收益。概言之，风险平价策略的本质是多空对倒。

在这种思路下，桥水研发全天候基金，即无论投资的"天气"如何，基金都可以获得稳健回报。但"稳健"显然难以满足高收益投资者的需要，因此往往需要给整个组合加杠杆——配置股票把收益提高到和股票差不多，而为了达到风险平价，又从外部低成本借债，加债券杠杆。从1996年桥水推出第一个风险平价组合全天候策略，到2005年磐安资产首席投资官钱恩平正式提出"风险平价"概念，再到桥水全天候基金在2008年后封神，风险平价策略成为"金科玉律"，作为百年一遇金融危机时代新的创新模式备受金融圈追捧。

但问题恰恰在于风险平价策略内置隐忧，在市场常态时可双赢，但到"非典"时刻便失灵。具体而言，风险平价策略有一个重要的前提假设：股票和债券等资产总体呈反向变动（如全天候策略"四宫格"框架中，股票、商品、公司信用债、新兴市场债券可以互相对冲风险）。在市场正常波动时，桥水两面通吃（做多做空），如2019年股债齐涨的局面曾使风险平价基金东风自得，桥水全天候基金收益超16%；但当市场进入非常态，危机就罩不住了。先有新冠肺炎疫情全球扩散，后有中东石油价格战打爆油价。当股市、债市、大宗商品三个板块同时剧烈受挫，市场规律瞬间的反转打破了风险平价策略建立的根基。这就好比常态下可上山、可下山，但若发生8级以上的大地震，山都没了，风险平价策略自然失灵——以往风险资产跌了，有避险资产"补位"，但如果风险资产和避险资产"通杀"，风险平价基金会自动触发卖出，被迫平仓、去杠杆。

桥水亏损的原因之一，就是随着股债双杀，全天候基金不得不同时出手股票与高收益债券,从而遭遇了巨大亏损。更进一步而言,从当年的雷曼兄弟到当时的桥水对冲基金,在金融发展史都极具标志意义。桥水本质上是雷曼2.0,穿了对冲基金的"小马甲"上岸。

一方面,暴露过度依赖数模的玩法让金融市场失去弹性。无论是雷曼还是桥水,都是完全量化的践行者,通过模型分析运作在市场上追涨杀跌。但问题恰恰在于对颠簸率(波动率指数)、高频算法等的过度依赖让金融市场各种模型超载,形成两个微妙的错误来源:

一是依赖历史路径。模型是对历史信息的收敛与总结。比如达利欧的债务模型,短债务周期为5—8年,长债务周期为50—100年,国家政治周期上百年,但新事物、新范式难以有效地拆解到历史构成中去分析,更何况未来充满不确定性,难以用确定的历史与模型来总结,正如桥水低估了新冠肺炎疫情。2020年2月11日达利欧在出席米尔肯年度会议时表示市场过于夸大了病毒的影响,"很快可以预见有反弹",一定程度上也是因为近代史上还没有大规模传染性病毒导致全球经济停滞的先例。

二是忽略风险。模型往往建立在诸多假设基础上,如理性经济人、股债负相关等,忽略交易额外风险。雷曼CDO(Collateral Debt Obligations,债务担保证券)模型忽略CDO依赖市场风险,风险平价策略几乎不考虑流动性因素,皆为实证。而且模型运作往往是量化计谋,一旦开跌,很难及时通过人为干预止损。也正因如此,学术界一直有争论,是否是"数学杀死了雷曼兄弟"。

另一方面,显现高杠杆策略阴影。当年雷曼公司倒闭的直接原因,是深度参与合成2种高杠杆类次贷产品市场CDO、CDS(Credit Default Swap,信用违约掉期),其中对CDO运用的杠杆率高达35∶1,次贷危机的爆发引发了金融市场的流动性危机。这是高杠杆下的链式反应。风险平价策略推崇高杠杆，桥水基金杠杆率基本保持在3倍，大多数对冲基金杠杆加到了8—10倍，尽管看似不及雷曼杠杆高，但挡不住市场策略趋同（很多对冲基金直接照搬全天候基金模型）。这便意味着一旦出现崩溃式回撤和赎回，市场将引发踩踏效应、产生崩盘连锁反应。

由此观之，从雷曼到桥水，暴露的依然是过度金融化的底色。这一轮所谓的对冲基金模式风生水起，表面上是通过多空配置、风险对冲增加了保险，实际上不过是借了货币政策宽松、流动性充裕、低利率、高资产泡沫的金融市场的东风，其背后依然是金融老套路，高扛"机会主义"大旗狂奔。

桥水"爆仓"传闻发酵的当日，舆论场上就纷纷喊起"达利欧神话崩塌"的口号。达利欧一边宣称这次市场灾难是"在我们有生之年从未发生过的事情……我们面临的是一场危机"，一边又平仓沽空欧洲的筹码。据外媒统计，桥水这波操作在一周内至少赚了40亿欧元。市场波云诡谲，顶着"投资界乔布斯"名号的达利欧或可一通操作猛如虎，实现桥不"死"的愿望；但出来混总是要还的，大潮褪去后，对冲基金市场也不得不面临尴尬的"裸奔"。

2023年雷曼3.0：硅谷银行"躲不过的劫数"

2023年，雷曼3.0的称号落在了硅谷银行头上。成立于1983年的美国硅谷银行，在创业投资体系中是个独特的存在，主要向风险投资机构、科技公司提供存贷款业务及股权融资。硅谷银行财报显示，截至2022年底，硅谷银行总资产2118亿美元，拥有约1200亿美元的投资证券，其中包括910亿美元的抵押贷款支持证券组合，远远超过了743亿美元的贷款总额。

2023年3月7日，硅谷银行还在云端，连续5年登上福布斯年度美国最佳银行榜单，怎料没两天就跌入地狱。因为现金流告罄，如图1-2所示，3月8日，硅谷银行在高盛建议下甩卖约210亿美元的国债等组合资产，导致账面实亏约18亿美元。它作为上市公司，一经公告天下，3月9日出现十几年来最大规模挤兑，一天竟有420亿美元的取现。这对总资产约1800亿美元的硅谷银行来说已达极限。3月10日一开盘，硅谷银行股价暴跌60%，连夜宣布破产，一跃成为美国历史上破产的第二大银行，仅次于雷曼兄弟。

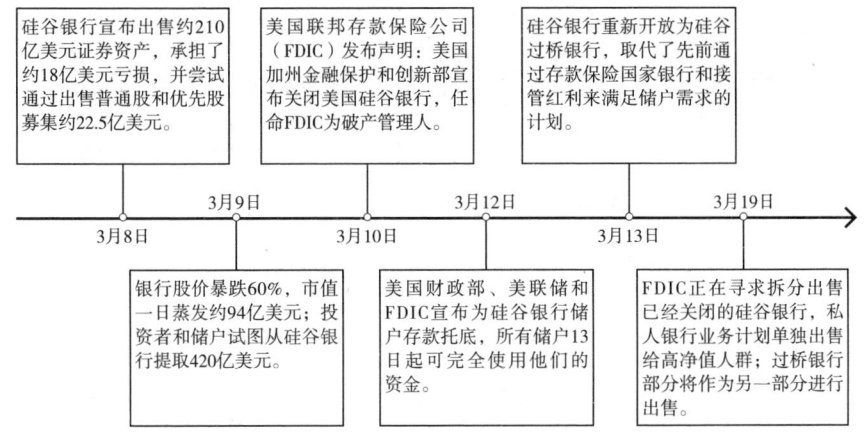

图1-2 美国硅谷银行破产时间线

来源：福卡智库根据公开资料整理

谁"杀死"了硅谷银行？2023年，在美联储持续且大幅加息的外部环境下，单一行业的储户挤兑导致存款不断下降，银行资产配置风控不足导致持续亏损，两面受阻导致银行资产与负债端错配持续扩大，形成流动性风险。从图1-2所示的破产时间线来看，2023年3月9日，投资者和储户试图从硅谷银行提取420亿美元，这是10多年来美国最大的银行挤兑之一。

硅谷银行不得不抛售债券以偿还本息，银行的利润和资本被大幅侵蚀。3月9日，硅谷银行母公司硅谷银行金融集团的股票价格当天暴跌超过60%；10日暴跌68%，进入停牌状态。

从直接原因看，其破产是由自身资产错配这一内因和美联储加息等外因共同导致。

从内部看，硅谷银行与创投圈深度绑定，在业务上具有极强的科创基因，不论是存款还是放款，其核心客户都是硅谷的科技企业，包括科技、生命科学、高端红酒等行业。与此同时，它与风险投资基金的深度绑定，突破债权投资与股权投资的限制。其业务模式如图1-3所示。就此意义而言，硅谷银行不是普通的商业银行，更像是银行与风投公司的结合体。

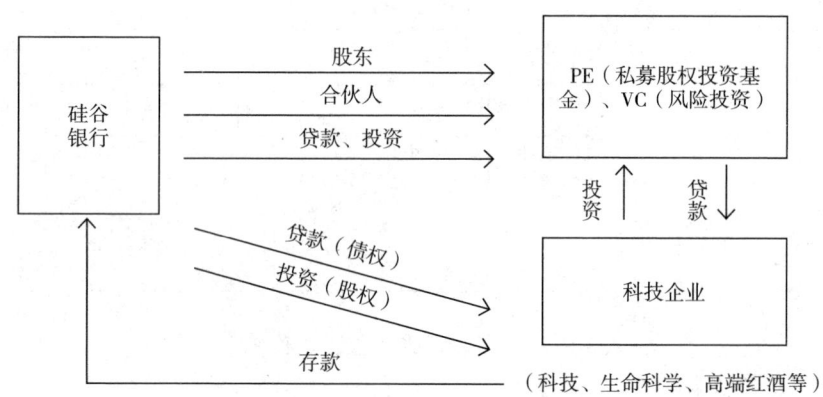

图1-3 硅谷银行业务模式示意

一方面，客群及业务专一。硅谷银行近4万个存款客户的平均存款余额为461.6万美元，主要分布于科创企业和风险投资企业。活期存款和其他交易类账户存款占存款总额（1731亿美元）的76.7%。单位存款的稳定性较差，加上客户群体单一，风险分散能力弱，共振效应强。不稳定的负债来

另一方面，存贷比优秀，但资产管理失当。2022年末硅谷银行存款规模达到1731亿美元，同期净贷款只增加了407亿美元。如图1-4所示，超低的存贷比（贷款是存款的42.5%）虽说证明了客户的认可和其商业模式的成功，然而近年来规模扩张过大过快，将大量的低息资产投资于美国国债等固定收益债券，同时似乎对于美联储加息这样的宏观金融经济政策并未做压力测试。为了获取1%—2%的收益，将流动性锁死在"安全的"长期债券上，当加息"飓风"袭来时，压力骤然大增，导致了后续致命的问题。美国消费者新闻与商业频道评论认为造成这次挤兑事件的罪魁祸首之一是风险投资机构，他们煽动科技创投企业，"硅谷银行给了科创行业40年，可行业连48小时都没给它"。

---

[1] 黄叶范.硅谷银行危机成因分析及对我国银行业的启示[EB/OL].(2023-06-12)[2024-05-15].https://zhuanlan.zhihu.com/p/636417499.

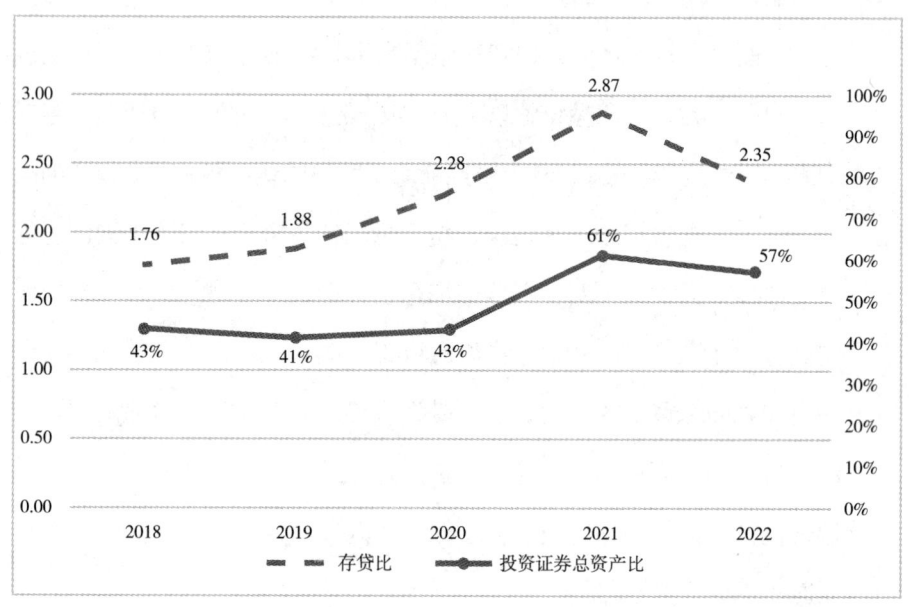

图1-4 2018—2022年硅谷银行存贷比、投资证券总资产占比情况

来源：中关村产业研究院，福卡智库绘制

硅谷银行破产的直接原因在于美联储持续地加息。2020年时，在美国推行货币宽松政策的背景下，硅谷银行从各种科创公司那里吸收了大量的不计息活期存款。而在资产端，硅谷银行配置了大量的长久持有至到期债券，占比最高时达到60%。从2021年开始，美国进入加息周期，导致持有美国国债、政府支持机构债券、MBS（Mortgage Backed Securities，按揭抵押债券）等各类美元计价债券的金融机构出现了大量浮亏。硅谷银行也难以幸免。2023年，经济下行、货币紧缩导致科技企业贷款和融资出现困难，高度市场化条件下客户开始取回在硅谷银行的存款，硅谷银行开始出现流动性紧张。

2023年4月28日，美联储公布了对硅谷银行事件的评估结果报告，报告显示，硅谷银行事件的发生主要有四个关键要点：硅谷银行的董事会和管理层未能管理好他们的风险；随着硅谷银行规模和复杂性的增长，美联储监管机构并未完全意识到漏洞的严重程度；监管者发现漏洞时没有采取足够的措施来确保硅谷银行能足够快地解决这些问题；美联储针对《经济增长、放松监管和消费者保护法案》的调整方法和监管政策立场的转变阻碍了有效监管，因为该转变降低了标准，增加了复杂性，促使监管者采取较不积极的监管方法。[1]

美国银行危机的三大逻辑源头

银行业爆雷的多米诺骨牌

自硅谷银行破产后，美国很多中小银行纷纷陷入流动性困局。不同于硅谷银行的"猝死"，走过挤兑"生死线"的第一共和银行一直试图自救，但最终还是倒下了，如图1-5所示。

---

[1] 许孜.美联储公布硅谷银行事件评估结果报告[EB/OL].(2023-04-29)[2024-05-11].http://news.cnr.cn/native/gd/20230429/t20230429_526235798.shtml.

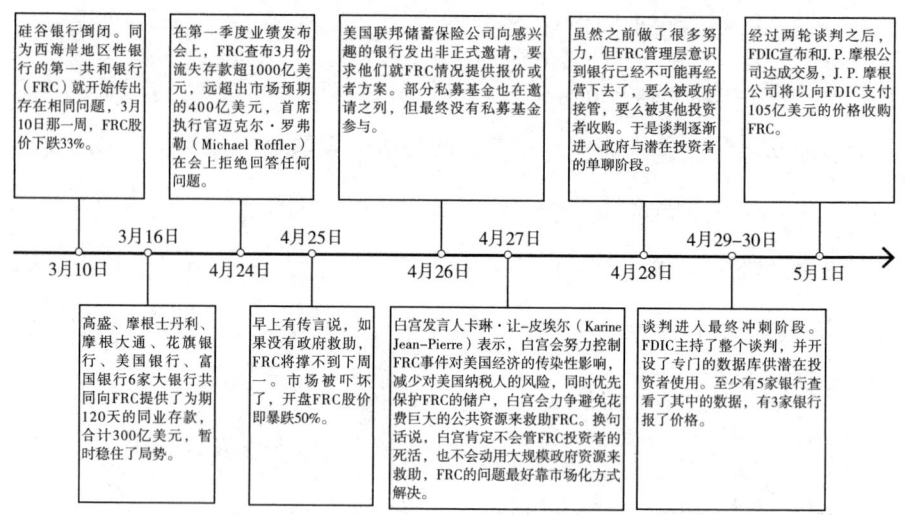

图1-5　第一共和银行倒闭的全过程

第一共和银行成立于1985年，每年复合增长率达25%。截至2022年底，第一共和银行的100万美元以上的高净值客户数量为13.8万个，占全美的4.45%。[1]也就是说，第一共和银行专注于富裕阶层。但其以相对较低的利率发放巨额抵押贷款，这些贷款价值已大幅下降。截至2022年底，该行的持有至到期类证券的账面亏损约为48亿美元，其房地产抵押贷款的公允价值比账面价值低约190亿美元。

于是，硅谷银行破产的挤兑潮，导致第一共和银行在几天内撤出约1000亿美元的存款，其股票挫跌约97%。2023年3月16日，美国银行、花旗银行、摩根大通等六大银行巨头给予第一共和银行高达300亿美元无保险存款的支持，这才减轻了其存款流出的压力。但4月24日，第一共和银行公布的2023年第一季度经营数据显示，仅3月中下旬流失的存款规模便接

---

[1]　欧阳晓红.第一共和银行倒了　加息与危机共舞[EB/OL].(2023-05-06)[2024-05-07].
https://baijiahao.baidu.com/s?id=1765105279997443568&wfr=spider&for=pc.

近千亿美元。即便算上300亿美元的美国大行存款，2023年3月底第一共和银行的存款规模也降至1044.74亿美元，较2022年底的1764.37亿美元下降719.63亿美元[1]。市场风声鹤唳之下，5月1日，美国加州金融保护与创新局（DFPI）指定美国联邦存款保险公司接收第一共和银行，并快速促成了摩根大通将其收购。

硅谷银行更多的问题源于内部困局，第一共和银行的问题则源于流动性危机。实际上，第一共和银行被托管的根本原因是股东担心出现危机后，股权先于债券清零而产生"抢跑"。这意味着美国的银行业危机演化成了一场"信心危机"。从硅谷银行到签名银行，再到第一共和银行，不到2个月的时间内，3家银行相继倒下。

事实上，美国银行是可以破产的，银行也有正常退出机制，倒闭并不新奇。美国联邦存款保险公司统计数据显示：美国2008年有25家银行倒闭，2009年有140家银行倒闭。2008年至2012年期间，美国有465家银行倒闭。2008年至今，美国共有537家银行破产。不过，这次银行破产潮是非常态化的，美联储降息与加息的反转直接压垮了"短存长贷"模式下的银行，让整个银行业陷入流动性危机。加之社交媒体光速般强化挤兑心理发酵，美国不得不做最坏打算。如果一半储户提走存款，美国186家银行可能面临硅谷银行一样的倒闭风险。

美国银行业"倒闭潮"正从纵横两个方向蔓延危机：

从纵向看，银行业集体下沉，将沉重打击美国科创实力。仅从硅谷银行看，近一半的美国初创公司都在硅谷银行开设业务，可以说，硅谷银行

---

[1] 毛小柒.美国第一共和银行离关门可能也不远了[EB/OL].(2023-04-28)[2024-05-07]. https://mp.weixin.qq.com/s/tl3TAyt0ixelxLuBSfCKNg.

催热科技行业40年，但科技行业却连40小时都没给。美国调查显示，近400家科创公司或受牵连，甚至有人扬言没了硅谷银行，美国科创将倒退10年。

从横向看，美国银行危机蔓延至欧洲，将波及全球。因为金融市场已是全球联网，美国银行股暴跌，欧洲银行股也被殃及。2023年3月14日，瑞信银行股债暴跌，被瑞银仅以30亿瑞郎收购（将160亿瑞郎的AT1债券清零），这次定向引爆让沙特国家银行损失超10亿美元，成了赤裸裸的"抢劫"。整个美国银行业集体下沉，更是推倒了金融、科创、经济的多米诺骨牌。

逻辑源头一：货币大放水

纽约研究机构DataTrek的联合创始人尼克·科拉斯曾经对"雷曼兄弟事件"这样评述："下一次衰退的种子总是在前一次衰退中播下，由于很多国家并没有重视雷曼兄弟破产所引发的经济结构性问题，而是一味利用宽松货币政策刺激经济增长，因此在全球经济结构性问题得不到实质性解决的情况下，历史很容易重复。"[1]当今，美国银行业爆雷的多米诺骨牌已经推倒了第一块（硅谷银行）、第二块（签名银行），接下来还会有第三、第四、第五块陆续倒下，而根源就是为了拯救2008年金融危机而采取的全球救市举措——货币大放水。流动性泛滥既来自金融机构，也来自财政货币当局。为了拯救岌岌可危的金融市场、避免经济衰退，2008年底至2014年10月，美联储开启了三轮量化宽松，仅向市场释放的基础货币就高达2.6万亿美元，在

---

[1] 财经连环话.复盘13年前的雷曼时刻，谁会是下一个？[EB/OL].(2021-09-20)[2024-05-15].https://finance.ifeng.com/c/89hS0aR16IH.

货币乘数效应下衍生数十万亿美元"水漫金山"的现象。

第一轮是危机发生后为市场提供流动性支持，美联储短期流动性资产从2007年11月的0美元增加到2008年11月的1.2万亿美元，让美国联邦基金利率从2008年9月的2.64%降至近乎0，稳定了市场预期；第二轮，美联储在2009年用收回的短期流动性资金置换成国债与MBS等长期债券1.3万亿美元，2010年又增持国债；为巩固经济企稳基础，2013年启动第三轮量化宽松，国债从2012年底的约1.7万亿美元攀升到2014年末的2.5万亿美元，MBS规模同期从9180亿美元攀升到1.8万亿美元。欧洲各国和日本的央行随之纷纷跟进出台货币宽松政策，日本甚至实施量化质化宽松（QQE）政策，导致全球流动货币高达数十万亿美元。充裕的美元流动性导致金融市场资产价格与实际经济复苏状况日益"脱节"——资产价格估值虚高，泡沫日益严重。

虽然美联储在2017年开始启动退出量化宽松政策，但因为2020年新冠肺炎疫情导致全球供应链断裂，各国再度开动"印钞机"，美联储一马当先，只不过这次与2008年货币政策刺激首先救助金融市场与稳定企业资产负债表不同。2020年因为疫情政府直接向市场发钱，既向公民无差别地发放两次巨额补贴，一次1000美元，一次1400美元，又向中小企业定向"输血"稳定就业和居民的家庭资产负债表。由此，美国国债从2007年12月9.2万亿美元飙升到2023年2月突破30万亿美元，美国将近20万亿美元的债务和赤字"货币化"，又怎能不在泡沫化下高烧通胀？

逻辑源头二：加密货币歧路

加密货币自诞生以来，价值呈现出惊人的增长。比特币币值从不足几美分涨到2021年11月的68990.90美元，创下历史高点。加密货币的投资回报率完胜其他投资品，显示加密货币不仅没有像法定货币一样因通货膨胀（简称"通胀"）而贬值，反而大体上呈现出更加保值、增值的趋势，极大地刺激了投资者的情绪。正是对加密货币的市场纵容，致使其走上了金融衍生化的"歧途"。基于比特币等金融衍生品层出不穷，加密货币的生态系统极速发展。这很大程度上是低利率的宽松货币环境的结果，也让古老郁金香狂热在数字世界再现。

从比特币、以太坊的诞生，到币安成为全球第一大加密货币交易所，加密货币看似"东边不亮西边亮"，其实不过"换汤不换药"，本质上又是一场"击鼓传花"的金融游戏。毕竟加密货币除了助长非法活动、高耗能等负面效应，已异化成为金融投机工具。和股市不同，加密货币是一个没有任何熔断和监管的全球市场。高倍期货期权、超高杠杆、抵押借贷等现象多如牛毛。加密货币一边如火如荼开启了新时代，另一边也因自带"暴涨暴跌"的属性，不可避免地走上歧途，成为投机者的工具。诺贝尔经济学奖得主保罗·克鲁格曼就说，"以比特币为首的加密货币资产，不过是一场庞氏骗局"。

一旦加密货币倒下，基于加密货币的金融衍生随之坍塌。2023年3月签名银行作为美国最大加密货币银行的倒闭，即是明证。签名银行是第一家获得联邦存款保险公司担保而从事区块链数字支付业务的银行，旗下的Signet数字支付平台即其私有区块链，为商业客户提供全天候美元实时支付服务，允许Signet客户可以每周7天、每天24小时使用此区块链向其他Signet客户进行实时美元转账。2018年起开始接受与加密货币相关的存款，在币圈高速发展时利润颇丰。2022年末，签名银行总资产达到1104

亿美元，总存款为886亿美元，其中数字资产相关的客户存款为165.2亿美元，该占其存款基础的1/5以上。但伴随2022年加密货币"入冬"以及FTX[1]爆仓带来的从严监管趋向，签名银行试图减少与"币圈"的关联来规避风险，即便及时抽身也没能让其摆脱加密货币损失的重压。

更进一步看，数字金融衍生品大多以加密货币交易，当整个加密货币市场萎缩时，大家就会恐慌性地抛售手里的衍生品资产。链游（Chainplay）研究显示，过去10年加密货币骗局损失了超过300亿美元。超过673起骗局导致了全球加密货币钱包被盗的资金数额巨大。如果币圈市场崩溃，可编程的金融服务（智能合约）、稳定币、去中心化金融（DeFi）、非同质化通证（NFT）大多是"城门失火，殃及池鱼"的结局。

由此不难看出，加密货币发展到现在，其颠覆传统金融的初心已经在异化的道路上越走越远。同时，加密货币在某种程度上也造成了事实性通胀。费城联邦储备银行的研究表明，如果政府不介入以限制竞争性加密货币的创建，那么信托加密货币可能会随着时间的推移而出现恶性通货膨胀。由于加密货币既缺乏国家信用的背书，又无实体资源可以锚定，大规模采用加密货币的后果甚至会更加严重。更何况在加密货币的波动起伏之下，投资逐步异化成一场从个人到国家的赌博。从人均投机、"梭哈"成瘾的韩国青年到押注虚拟货币、全民实验的萨尔瓦多，狂热的赌徒为币圈被引爆埋下伏笔。

---

[1] 数字资产衍生品交易所，其用户可以在该平台上交易比特币、以太币和其他加密货币。

逻辑源头三：美元潮汐与美债上限

美国之所以痴迷于疯狂印钞，还有一个秘密：美元的国际货币地位。"二战"后，美国以国威让世界接受了布雷顿森林体系。最初，美国还是"厚道"的：美元与黄金挂钩。然而，1971年尼克松总统宣布美元与黄金脱钩，美元从此步入信用货币时代。这意味着美元的价值不再是稳定的，全世界美元越多，美元的内在价值就越低。但由于美元是国际货币，美元超发的收益归美国政府，成本却由全世界持有美元的人共同承担。

回顾历史，无论是1994年的墨西哥危机、1997年的亚洲金融危机，还是1998年俄罗斯的卢布危机、2008年的全球金融危机，美联储每一次加息导致的美债收益率飙升，都是以危机而告终。美元是全球最主要的储备和结算货币，而美联储掌握着全球流动性的阀门。美元潮汐是全球通胀和金融动荡的根源。美元潮汐的基本逻辑是：当美国经济衰退时，美联储通过降息或者货币宽松政策，例如增加货币供应、降低利率等，制造美元贬值，使廉价美元大量涌向全球，各国经济和资产泡沫价格被严重推高；当美国经济走出低谷或出现通胀时，美联储加息缩表，吸引国际资本流入美国，导致高负债、高杠杆的经济体出现金融危机。

可以说，这次美国银行出现危机，就是美联储扩表与缩表的陡然切换，引爆了金融"击鼓传花"的最后一棒。美联储2008年金融危机后扩表大放水，直到2014年9月才退出，并于2017年6月提出详尽的缩表计划，可未料2020年疫情暴发再度从缩表切换到扩表拯救疲软经济。直到2022年3月美联储开启10次加息，陡然又从降息变加息，从扩表变缩表，直接戳破了美国金融虚假繁荣的泡沫。而美国之所以加息，就是为了控制2%左右的通胀率。在货币超发、贸易战、地缘冲突等多重因素冲击下，美国通胀达到40年来新高，倒逼美联储启动历史上最为陡峭的加息曲线。

于是，在美国不断加息中，全球美元回流，美债上限不断被突破，引发对美国信用的质疑。美国财政部数据显示，截至2023年6月15日，美债达到32.039万亿美元。从10万亿美元到20万亿美元用了9年，从20万亿美元到30万亿美元用了4年，而突破32万亿美元的时间比预测提前了9年。半个世纪以来，美国政府债务占国内生产总值（GDP）的比例越来越高，一度超过130%。

所以，无论是硅谷银行破产还是第一共和银行事件，虽然爆发危机的原因表面上看差异较大，但它们在面临资金大幅从银行体系流出的流动性危机时，均无法依靠自身力量来应对。这样的客观现实表明，在"安全性、流动性、盈利性"的三性原则下，常常被忽视的流动性往往却最致命。表面看似硅谷银行破产是危机的导火索，实则它仅仅是原因之一；另一原因是美国整体银行业的下沉，在扩表与缩表的陡然切换中，毁了银行"短存长贷"的模式。即便银行持有所谓的安全资产，可就连美国国债价格都在暴跌，"皮之不存，毛将焉附"？

说到底，美国经济繁荣建立在"美元—美债"的世界循环基础上，但美国主动去WTO（世界贸易组织）、去全球化的举动实则为"美元—美债"在全球的循环设置了障碍。一旦这一循环恶化，那么率先受到冲击的就是美国强大的金融体系。

金融帝国的隐忧

华尔街与"肮脏"金融

美国从立国之初就开始布局金融，通过布雷顿森林体系让美元成为世界货币，使美联储成为事实的全球中央银行，掌控国际资金清算体系，使美元与石油挂钩，确保美元在石油结算体系中的垄断地位，并在国内树立林林总总的开放市场和金融业巨头。美国是金融文明的首创中心。金融衍生品和证券化债权，这两项资产最发达的原产国就是美国；同时，美国还通过制造美元过剩的局面使得全球货币失去"稳定之锚"，致使各国政府为平抑汇率过度浮动，而推动金融衍生品交易放大至天量也把美国置于最危险的境地。

早在16世纪，安特卫普商品交易所就已出现以鲱鱼、谷物为标的物的远期和期权交易。17世纪末，阿姆斯特丹证券市场有了股票远期交易和股票期权合约。美国现代金融衍生品及其市场大约兴起于20世纪80年代，率先在世界上开发上市了外汇、利率、股票价格指数等金融期货、期权，满足了市场主体管理金融风险的需要，交易量呈几何级数增长。金融衍生工具是在原生性或基础性金融工具的基础上派生出来的金融工具，其基础资产是各种实际金融资产。所以，根据基础资产的性质，美国的金融衍生品市场可细分为利率衍生品市场、信用衍生品市场、汇率衍生品市场和权益衍生品市场；按照衍生品类型，可分为远期、期货、期权和互换市场；按照交易场所，分为场内和场外衍生品市场。

金融衍生品根据利率、债券价格、股票价格、汇率等原生金融工具的价格变化趋势的预期来定价，通过以支付少量保证金签订交易合约等形式，谋求最大收益或规避损失，进而具有杠杆性、投机性、风险性和虚拟性特征。2000年以来，美国主要金融衍生品交易所完成了从互助型的非营利会员制交易所转变为股东所有的公司制交易所。芝加哥商品交易所集团、洲际交易所集团和芝加哥期权交易所分别于2002年、2005年、2010年上市。如同纽约华尔街是美国证券市场的大本营一样，芝加哥拉萨尔大街是美国期货和衍生品市场的大本营。由于场内衍生品市场监管严格、透明度高，市场风险可测可控，2008年金融危机后全球场内衍生品市场没有萎缩，反而继续稳健增长。2020年末，美国场内金融衍生品合约品种达2500多种，约占到全球总合约的四成。

作为世界金融资本中心的华尔街，其金融衍生品通过精致包装从骗术走向"科学"。最典型的案例就是2008年次贷危机中爆雷的金融衍生产品，即通过CDO和CDS等一顿"骚操作"，把一大堆低信用等级的房贷资产打包，按相对"温和"的坏账率做估算，然后叠加与坏账率挂钩的保单，美其名曰"科学应用"，实则将风险部分转移给了保险公司。但当坏账率激增，发展到保险公司无法承担只能宣告破产时，所有的风险就全被摊在了投资者身上。作为"始作俑者"与"幕后玩家"的华尔街投行，在出事时又无一例外会选择"明哲保身"，从而转嫁并放大危机。

不可否认，对于披着华丽外表的华尔街而言，"肮脏"是对其最贴切的形容词。在其300多年的成长史里，"赌场林立"、市场坐庄、上市公司欺诈、内部控制等始终存在。各大投行通过"讲故事"找出事物的差异，并将其无限夸大甚至进行内幕交易以赚取暴利。正所谓"巨大财富的背后，都隐藏着罪恶"，华尔街成为世界金融市场中"骗子文明"的典型。但是，金融文明的"肮脏"又有其必然性。

首先，人性的原罪是贪婪。在金融市场里，人们做着发财的大梦，不用拿着大量的真金白银进出市场,只要借着金融衍生品的杠杆作用推动市场虚拟货币的规模不断膨胀,就可牟利,这足以诱惑绝大多数人。

其次,如果说工业文明的原罪是"产品过剩",那么金融文明的原罪就是"货币过剩"。事实上,金融衍生品并非如"会说故事的"投行或者政府机构所鼓吹的那样,不是规避风险和赚大钱的机器,而是在人性逐利的推动下沦为放大风险的工具,最终助长危机爆发。从这个意义上说,金融衍生品的创设内置了金融文明的原罪,成为过剩资本蒸发、平仓的载体。

然而,金融文明能够发展至今也有历史进步性。在金融文明中,资本不断膨胀,一旦过多最终必然平仓,所爆发的危机能够分步释放、"和平演变"。这远远要比工业时代的金融危机波及面小,也不会对所有社会群体的生存产生过度危害。因为工业文明中实体资本与虚拟资本捆绑得更为紧密,一旦虚拟经济发生危机,实体经济也难逃被牵连的命运。在金融文明中,金融危机"报复"的往往是那些投身到金融市场中的政府机构、公司、企业和个人,而那些与金融体系关系不太密切的经济行为体尚可"苟活"于金融危机之外。

金融脱离实体经济

说起美国的金融业,总有阴谋论者认为,美国政府及其背后推手通过制造金融危机甚至不惜挑起战争来收割世界财富,维护美元的世界货币地位。无论是1929年经济大萧条、1997年东南亚金融危机、2008年次贷危机,还是第二次世界大战和世界各地区的战争,都是由美国及其背后推手潜心谋划而成。

金融阴谋论如此盛行,背后是华尔街的个体焦虑和美国的谋略权重,尤其美国对华金融阴谋论的论调更是满天飞。新冠肺炎疫情发生后，美国启动了无限量化宽松和大规模财政刺激，通过滥发美元和发放债券以推高通胀。一来使大宗商品物价上涨，从而掠夺制造国家的劳动果实；二来使中国出口商品价格升高、竞争力降低，从而促进制造业回流美国。美国针对中国大陆企业的制裁名单不断扩展。美国证券交易委员会则宣布暂停受理中国企业赴美上市，这对中国创新与新兴企业（尤其是互联网企业）来说犹如当头一棒。

因为从第一共和国银行到如今的美联储，华尔街已经成为一个可与超级大国比肩而立的金融帝国。出于对利润的追求，华尔街大行投机之道，通过做多、做空来操纵股市进行套利，从而做到"人在家中坐，钱从天上来"。然而，大量金融交易会使大量货币涌入股市，造成虚拟产品价格与实体资产价格严重失衡，进而导致虚拟经济缩水和对实体经济的价值回归。过剩货币就会在这一过程中"先膨胀后蒸发"。

于是，当金融危机来临时，金融巨鳄如何金蝉脱壳？那便是通过平摊危机来实现货币的蒸发平仓，用世界财富为自己的贪婪买单。利用美元霸权地位与中美产业结构差异，华尔街可在遭受危机时将危机摊平和转移，使世界财富通过通胀和美债回流美国，美国财富通过金融业流向富人，从而一石二鸟，收割两拨"韭菜"，同时扩大世界各国及美国国内的贫富差距。截至2023年6月，美国收入最高的1%家庭的总净资产约占全美家庭净资产的26.5%，比2019年增长1.5个百分点；与之相对的，则是收入最低的20%人群的总净资产在全美财富中所占的份额从7%降低至6.7%。[1]

---

[1] 光明网.财富集中于1%的家庭,美国深陷"不平等危机"[EB/OL].(2023-10-10)[2024-08-12].https://baijiahao.baidu.com/s?id=1779366842004031305&wfr=spider&for=pc.

然而，中国的产业结构升级和强劲经济增长成了华尔街敛财的阻碍，引发了美国金融巨鳄的焦虑。在产业上，中国进入中高级产业链将对美国产业链条构成冲击；在金融上，中国金融业的扩大和发展与华尔街的资本构成竞争；在结算货币上，人民币沉潜蓄势以打破美元霸权神话，拒绝成为美元牺牲品。美国出于对自身地位、利益的维护，自然想方设法阻碍中国发展，甚至推动金融制裁。

经济学家巴曙松指出："甚嚣尘上的金融阴谋论，实际上反映的是对全球化时代金融市场运行规律缺乏了解的恐惧感和不安全感。"美国金融的底层逻辑则揭示了阴谋表象背后的本质。所谓阴谋，不过是市场经济和人性贪婪叠加背景下金融自我运行的自然结果。因此，他们所说的"惊天大阴谋"不过是华尔街的金融巨鳄追求自身利益的"小算盘"而已。美国金融的内在逻辑给美国国内和国际社会都带来了动荡。美国金融脱离实体经济发展，制造经济泡沫，并通过窃取广大发展中国家的劳动果实来鼓起富人的腰包。须知"皮之不存，毛将焉附"，实体经济才是人类社会赖以生存和发展的基础。

市场经济内在张力枯竭

不可否认，"二战"后美国逐步通过以下三步成为国际社会上的金融老大：

一是美元的国际地位。"美元—黄金"双挂钩制度形成了以美元为中心的固定汇率制，确立了美元的主导地位。虽然1971年美元与黄金脱钩，但时至今日，美元依然是国际贸易和国际金融中的硬通货，并通过"美元—美债"进行自我强化。

二是高度发达的金融市场。17世纪初，世界上第一个以金融股票为主的证券交易所在阿姆斯特丹建立；21世纪的今天，规模最大、流动性最高的金融市场在美国形成并走向高度成熟。这决定了美元在国际支付结算中的重要作用，美元国际支付比例在40%以上。

三是国际金融规则的主导地位。从布雷顿森林体系建立开始，美国便掌握了世界银行、国际货币基金组织、关税及贸易总协定（如今的WTO）等主要国际组织的规则制定权。如今，美国依然是现有国际制度的受益者。新冠肺炎疫情出现后，在自身经济患上"小感冒"时，美国像往常一样凭借其金融霸权让世界经济"大发烧"，以缓解本国经济压力。

正是凭借美国自"二战"以来建立的金融优势和霸权地位，在国际社会呼风唤雨，可以随时收割其他国家的"羊毛"。但这一次，事情似乎并不如美国所愿——过去几年，屡试不爽的美元超发战术不仅失灵了，还开始反噬美国本土经济。

一是美国存在经济滞胀风险。2021年10月，美国消费者物价指数（CPI）同比涨幅创下近30年新高，高达6.2%。即便此后美联储多次加息，也没有把通胀打压下去。美国通胀率在2022年6月达到9.1%的高峰后回落，2024年4月已降至3.4%，但仍高于2%的美联储通胀控制线。

二是美元信用大大受损。美国可以肆无忌惮地印发世界性通货美元来调节国内经济，但这也意味着美国一直在透支美元信用。此次新冠疫情危机后，美国政府采取了史无前例的货币扩张计划，在债务扩张的道路上越走越远。美国财政部报告显示，2024年初，美国国债总额已突破34万亿美元，创历史新高。照理来看，不断上升的美国联邦政府债务，将降低美元资产的吸引力，迫使美元贬值；但现实是在避险需求下，美元不断强势升值。仅从2024年来看，1月2日至4月19日，美元指数从102.25升值至106.11，升值幅度约为3.8%。

从长远来看，美国所采取的一系列政策措施有损于美国及美元本身。这不禁让人疑惑，若美国金融存在总体谋略，其所作所为岂不是在自掘坟墓？由此可见，在新冠疫情危机这一时代背景下，看似美国对中国进行的金融制裁和向世界传输的通货膨胀是为保持其霸主地位而采取的国家战略，实则不完全如此，反而是美国市场经济发展到了金融的最高阶段。

金融萌芽于荷兰，完善于英国，成熟于美国。金融走得太慢，就不能满足经济发展的需要，从而阻碍经济发展；走得太快，便会产生金融泡沫，使得经济不稳定运行。在其萌芽和发展时期，金融是作为经济发展的动力存在的；而如今，发展到市场经济最高阶段的美国金融已经超越经济发展太远，反而在驯服"金融"这头野兽的道路上被牵着鼻子走了。《格拉斯-斯蒂格尔法案》（*Glass-Steagall Act*）[1]的废除让金融这条大河决了堤，资本的洪流正在淹没美国。

因此，在市场经济的推动和全球化的影响下，美国金融慢慢脱离实体经济，走向"以钱生钱"的虚拟经济，形成"实业空心化、金融泛滥化"的产业偏态结构。一方面，制造业逐渐外移，服务化趋势明显。2022年美国一二产业之和占GDP比重不足20%（农业占比1.05%，制造业占比18.01%）[2]；另一方面，金融逐利基因诱使虚拟经济无限膨胀，各种"新

---

[1] 《格拉斯-斯蒂格尔法案》是美国经历经济大萧条后，在1933年通过的金融机构管制法，主要规定商业银行、证券公司（投资银行）与保险公司不得跨足彼此的业务，也不得互相持股，以保证商业银行避免证券业的风险。
[2] 艾登的科技小屋.美国实体经济，却是中国1.73倍[EB/OL].(2023-10-05)[2024-08-12]. https://baijiahao.baidu.com/s?id=1778923284641572542&wfr=spider&for=pc.

概念"和"讲故事"的金融衍生品层出不穷。币虎（CoinGecko）数据显示，截至2021年11月，加密货币总市值已达到3万亿美元。美国虚拟经济远远超过其真实财富的增速和规模，造成经济泡沫化的危险局面。归根到底，美国所谓自由的市场经济，面临内在张力的枯竭：

从横向看，WTO让市场自由流动，全球化分工让美国产业逐步"空心化"。因为市场经济的逐利倾向，哪里有利润，资本就往哪里挤，以致跨国企业竞相在全球追逐成本洼地（比如中国）、藏匿超额利润（比如瑞士）。美国钢铁、汽车等制造业外迁，绝大部分GDP靠金融等虚拟服务业。即便美国掌控高端科技，在产业链上赚走了大半利润，也挡不住中国制造"蚂蚁雄兵"，突破美国科技壁垒，挤压美国市场乃至"弯道超车"。这也是美国对华发动贸易战的原因，可惜，美国要让制造业回流，为时晚矣！

从纵向看，市场经济在美国发展到最高阶段，被金融衍生所捕获，进一步掏空了美国实体产业。20世纪最后20年，以交易经济学为理论基础，华尔街为代表的金融业全面胜出，利用交易差价赚得盆满钵满。美国时任总统奥巴马将场外交易纳入监管，依然未能遏制华尔街爆仓，引发了2008年金融危机。

由此可见，美国作为国际金融老大，"搬起石头砸自己的脚"，从洪水漫灌、巨额举债、广撒货币到一味加息，美国金融危机式的洗牌已是大概率事件。

第二章 中国在金融"半道"上"拐弯"

金融乱象

影子银行:未暴涨先压制

影子银行是2007年美国次贷危机爆发之后才被提出来的新概念。最早提出影子银行说法的是美国经济学家保罗·麦卡利(Paul McCulley),他在2007年的专栏中指出:"影子银行就是现代金融体系,囊括了'二战'结束后商业银行以外几乎所有金融创新。"2011年由二十国集团成员构成的金融稳定理事会提出:"影子银行是常规银行体系以外的信用机构和信用中介活动。"2020年12月,中国银保监会(现国家金融监督管理总局)首次发布《中国影子银行报告》,将其定义为:"常规银行体系以外的各种金融中介业务,通常以非银行金融机构为载体,对金融资产的信用、流动性和期限等风险因素进行转换,扮演着'类银行'的角色。"

国际上影子银行的构成主要包括投资银行、对冲基金、货币市场基金、债券保险公司、金融控股公司、结构性投资工具等非银行金融机构及其所提供的金融服务。中国的影子银行构成则具有自己的特色,主要包含两大类。第一类是银行金融机构的表外业务，包括理财产品、委托贷款、承兑汇票、资产证券化、金融衍生工具、证券借贷、回购业务等。其中，银行理财产品是我国影子银行体系中发展最快、规模最大的一类，而资产证券化及其套娃似的再证券化则是影子银行体系中最大的风险盲区，这些业务因为不纳入银行的资产负债表中进行监管，所以也经常因为过激操作造成风险损失。第二类是非银行类金融机构，主要包括券商、信托公司、基金公司、保险公司、担保公司、金融租赁公司、金融控股公司、消费金融公司、互联网公司、P2P[1]平台、小额贷款公司、典当行、民间借贷、地下钱庄等。像蚂蚁金服、腾讯、京东、美团、滴滴等直接或间接提供了金融借贷服务的互联网公司是我国影子银行体系的重要组成部分。

中国影子银行之所以崛起，是因为2008年全球金融危机爆发后，中国放开了信贷闸门，后果之一是很多银行展开了存款竞争。由于人民币存款利率上限受到管制，银行只好发行更高收益的理财产品来吸金。信贷放量增长的后果之二，是很多商业银行的资本充足率显著下降。为降低风险资产，商业银行一边将表内风险资产转至表外，即将传统的贷款转为用表外银行理财资金为特定客户融资；另一边将表内风险资产出售给信托公司。两种行为刺激了银行理财与信托的大发展。此外，搞活民间信贷也有"信贷扩张"的初衷，结果"搞活"的却是全民高利贷。一两年间，各大小城市街头小贷公司、担保公司如雨后春笋，全民炒钱取代了全民炒房。小贷公司、担保公司进一步变成了影子银行。

影子银行规模"跳涨"，与之相伴的是潜伏的危机。先看民间信贷，

---

[1] 英文全称为peer to peer lending（或peer-to-peer），即点对点网络借款，一种聚集小额资金以借贷给有资金需求人群的民间借贷模式。

大量的钱在小贷公司之间空转炒抬：甲公司以20%的年息揽到非法存款，转手以30%或40%的年息借给乙小贷公司，乙再以50%的年息转手贷给丙小贷公司。这叫庞氏骗局链。再看银行理财与信托，主要融资对象包括房地产开发商、地方融资平台与制造业企业，而这三类对象一度面临经营困境。最终的结果很可能出现系统性违约。而一旦爆发系统性风险，直接的买单者可能有两个。一是地方政府。如果持续的房地产调控造成土地市场交易低迷，那么地方政府本就收不抵支，遑论为融资平台买单。二是商业银行为表外亏损买单。如果三类融资对象出了偿付问题，商业银行表内资产的不良率也在飙升，单单应对表内风险都力有不逮，更别说兼顾两头。上述分析意味着一旦中国影子银行体系出了问题，最终的买单者将是影子银行产品的购买者或是中央政府。如果由购买者来买单，将会引发群体事件；如果由中央政府来买单，这意味着过去10多年商业银行体系市场化改革的方向被严重逆转。

为有效化解影子银行风险，引导资管行业回归本源，2017年央行将商业银行表外理财纳入宏观审慎评估体系；2018年4月，央行联合"两会一局"发布《关于规范金融机构资产管理业务的指导意见》（以下简称"资管新规"）；2018年9月，银保监会发布《商业银行理财业务监督管理办法》。此后，各种配套细则相继发布，中国进入资管行业的严监管时代。

资管新规颁布后，中国影子银行的发展趋势出现转折性变化，经济脱实向虚趋势得到有效抑制，强监管的实体经济效应立竿见影。从2017年底开始，中国广义影子银行规模呈明显的下降趋势，且在2018年第二季度后下降速度显著提高。根据银保监会2020年发布的《中国影子银行报告》，2019年末广义影子银行规模降至84.8万亿元，较2016年底下降近16%；同期狭义影子银行规模降至39.14万亿元,较2016年底降低23%;影子银行规模占GDP的比例下降至86%,与2016年底相比,降幅达37个百分点。这表明在监管趋严的背景下,中国影子银行规模大幅压缩,野蛮生长态势得到遏制,影子银行存量和增量风险得到有效化解。

P2P：从野蛮成长到清零

除了中国独特的影子银行外,中国的P2P在短短13年间经历了从无到有、遍地开花、泛滥成灾,最终走向灭亡。2005年全球首家P2P网络借贷平台Zopa在英国诞生。其定位信息中介,通过向双方收取手续费获得盈利,随后该模式迅速在世界各国复制和传播。2006年美国Prosper平台成立、2007年借贷俱乐部(Lending Club)成立。不同的是,起源于英国的P2P在国外至今安然无恙。

实际上,P2P的本意是点对点,国外真正的P2P平台都是信息中介机构。承担的是桥梁作用,连接借款人/机构与出借人(投资人),撮合双方的交易,并从中收取一定的管理费用。P2P起到的只是辅助作用,投资人才是真正的决策者,收益与风险也全部由投资人承担。可惜理想很丰满,现实很骨感。这个舶来品进入中国市场后,P2P就变了味。

2015年国家先后出台了多个鼓励政策以促进金融发展,因此2015年成为名副其实的P2P元年。在中国这片"肥田沃土"上野蛮生长,仅2015年就新增3335家P2P平台,平均每天超过9家平台上线,而且这些平台动辄就能获得数千万元甚至数亿元的投资。由于门槛低、速度快,让个人、企业融资难度大幅降低,P2P一度为部分投资者带来可观的利息收益。原来做小贷、做融资担保、做民间借贷的从业者都涌入P2P行业,试图分一杯羹。新的平台每天都在诞生，虚假标的、高息自融、借新还旧比比皆是。

然而，伴随着各路玩家蜂拥而至，鱼龙混杂，P2P作为一种商业模式开始走向异化，即P2P平台从信息中介异化为类信用中介。P2P平台在官方定义中是依法设立、专门从事网络借贷信息中介业务活动的金融信息中介公司，在理论上只负责信息匹配，包括审核借款人资质、信息披露、撮合交易等，并从中收取中介服务费（佣金），投资人则根据自身需求选定相应额度和期限的标的，借款合同双方直接为借款人和投资人。但在实践中，做纯粹的信息中介挣钱太慢、利润太薄，难以覆盖冲规模带来的管理、开发成本，也无法抵挡高息揽投、进行资本运作的诱惑，更无法满足资本对高利润回收的要求。众多P2P平台便摇身一变为类信用中介——揽储、放贷、赚利差，但风控能力远不如银行等传统金融机构。

一方面，平台担保兑付构成"点对点"异化为资金池运作的桥梁，资金池模式应运而生，"潘多拉的盒子"就此打开。2014年，红岭创投面临4家纸业公司借款违约事件，为出借人垫付了1亿元坏账。红岭创投的兜底示范效应一下子引爆了整个P2P行业，几乎一夜之间所有P2P平台都承诺保本付息，甚至引入担保公司，以及主打房抵、车抵或股权质押等业务，从而为P2P投资披上"低风险"的外衣，为P2P后来的爆发奠定了基础。对此，出借人无须甄别项目风险，只需要躺赚比银行存款、理财产品高数倍的收益即可；平台则为了提高资金配置效率，资金池模式应运而生，有了资金池就可以进行期限错配、风险错配、平台自融，简单清晰的信息中介服务变成了复杂的类银行业务。尤其是在资金池模式下，平台可以用后来出借人的钱支付先进来人的本息，这实质上就是一个借新还旧的庞氏骗局。"爆雷"则是必然，涉及580多亿元、90多万名出借人的e租宝就是典型。

另一方面，借自动投标工具之名，行逾期债权"击鼓传花"之实。P2P平台为了粉饰太平、掩盖风险，采取更为隐蔽的自动投标工具，将已产生的逾期债权以面值而非公允价值自动转让给新的出借人接盘，其投资款全部转为风险准备金，从而显示出零逾期、零坏账的假象。然而事实上，有多少家曾宣称零逾期、零坏账P2P平台毫无前兆地倒掉，又有多少家高息揽储、虚构财报的P2P平台进行集资诈骗，较资金池之"恶"有过之而无不及。从根本上而言，P2P从点对点的融资服务，变为了以普惠金融为名的影子银行，带来混乱、无序、失控的行业乱象，触碰了不发生系统性金融风险的底线。P2P经历了三波"爆雷"潮，2018年开始了第三轮，也是P2P史上最大规模的集中"爆雷"潮。由于一开始监管缺失，以致后来P2P行业成了诈骗犯罪常态化的领域，监管层开始意识到问题严重性，于是对所有的P2P网贷"一刀切"全部清零。

我国P2P业务"生"于2007年，"死"于2019年，应了那句话："一管就死，一放就乱"，前后不过13年。落幕之后，一切成空，满地狼藉。一边是留下8000亿元坏账（截至2020年6月）和上亿名自称"雷友"诉求无门的金融难民；另一边是投身"玩折了"的P2P大佬们，要么卷款跑路，要么投案自首，要么客死他国……"眼看他起高楼，眼看他宴宾客，眼看他楼塌了。"2020年末，曾经以互联网金融创新之名大行其道的P2P机构清零，从此正式退出历史舞台。

村镇银行的陷阱与传统银行的没落

P2P乱象刚拆除地雷，村镇银行又起风波。自2022年4月以来，位于河南、安徽的6家村镇银行的互联网存款突然提现困难，将近40万储户投入的400亿元存款凭空消失，可谓"一石激起千层浪"。尽管河南银保监局、河南省地方金融监管局在7月15日发布公告，对禹州新民生村镇银行、上蔡惠民村镇银行、柘城黄淮村镇银行、开封新东方村镇银行账外业务客户本金单家机构单人合并金额在10万元（含）以下的开始垫付，但垫付能否持续解决所有储户的损失依然存在不确定性。祸不单行，7月河南村镇银行又被曝出"存款变理财"的戏码。据金融界报道，河南村镇银行多位储户发现，此前通过度小满（原百度金融）平台购买的无风险存款产品，电子卡页面摇身一变成了"理财产品"。随后度小满虽做出了官方解释，并统一去掉"理财产品"的说明页面，但真实情况依旧"耐人寻味"。根据银保监会数据，截至2021年末，村镇银行在全国共有1651家，约占全部银行业金融机构的36%，是各类银行中数量最多的银行，被曝光的涉事银行可能仅仅是"冰山一角"。

国内村镇银行充满"江湖气"，涉及隐形股东、关联持股、交叉持股、内幕八卦等一系列因素。取款难的6家村镇银行中，其中5家银行的发起行和大股东均为许昌农村商业银行。许昌农村商业银行不仅股东众多、股权混乱，且其众多股东或为背后隐形股东代持。据凤凰网财经报道，许昌农商行一共有76个股东及9个历史股东，其中包括大量的自然人股东和企业股东，股权结构的混乱一定程度上为其股东信息不透明、资质良莠不齐提供了便利。事实上，在这次取款难事件之前，许昌农商行的股东们都已相继"出事"。在许昌农商行持股比例超过2%的17位股东中，有12位存在失信、被执行或者限制高消费等情况；而持股比例超过4%的7位大股东中，有6位都是失信或被执行人。而此混乱种种，或许便是许昌农商行旗下村镇银行取款难的根源所在。

进一步而言，量大面广的中小银行均或多或少掌握了互联网"吸储术"。中小银行往往通过互联网平台推介、异地敛存、线上吸储等手段突破了地域限制，将客群范围迅速扩展至全国，存款规模得以快速增长。靠着异地"吸储术"，有中小银行甚至一年存款规模飙升385%。事实上，这些存款又往往被假借各种名目，通过所谓业内人士的"花言巧语"和银行表内表外的"闪转腾挪"，从无风险存款变成了不保本甚至高风险的理财产品。明面上是合规的存款，可能突然就涉嫌"非法吸储"，而其中涉及银行销售、风控、高管、股东、发起方、第三方平台等，可以说贯穿了整个银行金融系统。

实际上，当货币与实物脱钩，全面进入主权信用货币时代，银行作为货币"无中生有"的重要一环，处在金融资源分配的核心地位。然而时过境迁，在百年一遇大变局的当下，"慢半拍"的银行已经难以适应新的金融形势和时代需求。

首先，宏观经济环境开启"困难模式"，银行业随之戴上"紧箍咒"。全球经济不景气，压缩银行盈利空间的同时放大了风险。再加上实体经济状况也不容乐观，银行成了相关企业"坏账""死账"的"接盘侠"。

其次，银行陷入"自娱自乐"的金融游戏无异于饮鸩止渴，最终难免被清算。金融衍生品、信托贷款类理财产品等金融创新，在"虚拟经济来钱快，实体经济发展慢"的引诱下，银行或是大大拉长链条绞尽脑汁地将资本输送向房地产等过剩行业，或是干脆直接在金融体系内虚投空转。杠杆收购、债市违约、票据风波等背后都有银行的影子。

还有为应对流动性紧缺，做大盈利空间，银行扩张表外业务以致表内表外失衡……当难以为继的金融泡沫对上"金融服务实体"的总基调时，严监管的号角一响，银行的"外快"渠道难免不被一网打尽。如今市场的金融需求日益多元化，而部分银行"抓大放小""嫌贫爱富"，与更广泛的客户需求失之交臂。诚然，银行业之所以"吸金"，很大程度上是源于信贷扩张所带来的庞大资产规模。

于是，银行竞相为少数大企业服务以获得规模化利润，而那些缺乏抵押凭证、信用评级不完整的中小微企业则往往被排除在主流银行体系之外。殊不知，贡献60%以上GDP和70%以上技术创新的中小企业恰恰是实体经济转型升级的主力军。但现实是，这一"嗷嗷待哺"的巨大市场正被民间借贷、网络借贷所吸引，即便银行想要"放下身段"，也会因缺乏相应投融资工具而只能"干着急"。简单来说，故步自封的银行已跟不上时代前进的步伐。若说经济周期和金融形势之变还算有迹可循，不足以让银行这一庞然大物于一夕之间"轰然倒塌"，那么科技这一"第三者"的插足则开启了"外行颠覆内行"的加速度。

其一，科技巨头搭建的移动支付网络呈现燎原之势。中国作为第一大移动支付市场，已形成支付宝、微信双寡头主导的第三方支付市场。再加上亚马逊、苹果等纷纷布局支付，将社交、网购、娱乐等生活各方面的服务捆绑于互联网"战车"之上，碾压银行传统的支付结算业务。中国支付清算协会的数据显示，2022年全年非银行支付机构移动支付业务规模为10046.84亿笔，交易总量为348.06万亿元。随着移动支付在公共交通、公共服务等领域的应用，消费者从PC端向移动端的迁移速度加快。中研普华产业院预测，到2025年中国移动支付市场规模将达1800.6万亿元，第三方移动支付市场规模将达722.7万亿元。

其二，依托于互联网爆发的新金融模式打响了去中心化的"第一枪"。无论是P2P还是众筹，都以平台化的模式走在了普惠金融的前列。简单来说，就是以信息平台直接建立融资方与出资方的桥梁，提供资金撮合服务。而像社会事业、艺术创作等非主流融资需求也能积少成多。据世界银行估计，众筹业市值在2025年将达到930亿美元。同样，即便P2P曾因野蛮生长而在爆雷潮中"惨败"，也无法掩盖其金融去中心化的熠熠光辉。

其三，方兴未艾的数字货币将对银行的商业模式釜底抽薪。且不说比特币、瑞波币、天秤币等非官方数字币都在想方设法绕过银行，就连大多数国家的央行都在考虑开发与主要货币挂钩的稳定币。也就是说，除非银行能想出更快、更便宜的转账方式，现如今银行获取低息存款和利润的空间将不复存在。而这一天可能很快到来，国际货币基金组织的经验表明，一旦越过某一临界点，围绕新货币的自发协调将会呈指数型喷发。可见，在技术革命的"打劫"之下，传统银行难有招架之力。

中国理财"黑洞"：从爆发到破净

相比美国金融黑洞存在于期货、期权等金融衍生品，中国在沿袭美国路径依赖下追寻爆品，又恰逢社会财富大爆发和投资荒，最终进入了银行理财的金融黑洞。改革开放以来，伴随经济的迅猛发展，中国家庭财富总存量位列全球第二。根据《2021年安联全球财富报告》，2020年，中国家庭金融资产总额再次强劲增长13.6%，高达约18.6万亿元，人均金融资产11年增长超300%。大量社会财富缺乏有效的保值途径，只得投入到各种理财爆品中。

对银行来说，理财产品成了中国居民财富管理的重要选择。2019—2021年，银行理财产品存续规模已连续3年居各类资管产品首位。普益标准数据显示，2023年2月末，银行理财存续规模合计25.74万亿元左右，扭转了理财存续规模下降态势，是自2022年11月赎回潮以来首次月度环比正增长（相比1月末增加了1453.17亿元，环比增长0.57%），但与2022年10月的高点相比仍存在2.26万亿元规模的差距。银行理财赎回潮风波逐渐平息，2023年1月和2月银行理财整体单位净值破净率分别下滑6.71个百分点和7.15个百分点，截至2月破净率处于15.41%的水平，相比2022年12月29.27%的超高破净率已有明显改善。

2018年对银行理财来说是个转折之年。2018年资管新规颁布，要求银行理财产品逐渐向净值化转型。也就是说，大部分资产不再采用成本估值，而应采用市价估值，且理财产品不设定，也不再承诺预期收益率，实现"卖者尽责、买者自负"。如此一来，理财产品的收益要随行就市，市场波动会直接反映在理财产品收益率上，有涨有跌将是常态，银行理财"稳赚不亏"的保底时代一去不复返。原本资管新规要求2020年底完成过渡，但过渡期最终延期至2021年底，等于给了银行等理财机构3年多时间，是为了让30万亿的理财市场逐步适应净值化。

2022年资管新规正式实行，理财市场遭遇真刀真枪的检验，迎来了两次破净潮。一是因股票市场的回撤。2022年3月全市场有3600只银行理财产品收益为负，破净银行理财产品达到1200只，占比超过13%。二是在2022年最后两个月，受债市波动影响，理财产品再次迎来破净潮。华泰证券统计显示，2022年11月有16641只银行理财产品收益率出现回撤，合计占59%；截至2022年11月30日，全市场有4844只银行理财产品破净，占比高达15.62%；2022年12月，银行理财产品的市场表现更让试图抄底的买家打消了念头。截至2022年12月12日，全市场有34499只银行理财产品，"破净"产品已达5708只，相比较11月17日的1971只涨了189.6%。

其实，金融市场起起落落不是稀罕事，但令人难以接受的还是这一轮风波中，低风险理财产品不再是"稳稳的幸福"。银行理财按照风险等级来划分，可以分为R1—R5五个等级。但在这一轮"破净潮"中，风险较低的R1、R2两个等级的理财产品玩出比股市"更刺激的心跳"。

银行理财产品遭遇滑铁卢，有以下三个原因：

一是现实中债券市场下行的直接冲击。银行理财的底层资产大量是债券。《中国银行业理财市场半年报告（2022年上）》显示，截至2022年6月末，理财配置债券类资产的比重为67.9%，占比近七成。而2022年下半年债券市场受到多重因素的影响，比如防疫政策的优化。2022年11月11日，在官方媒体正式公布二十条具体措施后，当日10年期国债市场大跌0.4%。再比如针对房地产行业的"第二支箭"——"推进并扩大民营企业债券融资支持工具，支持包括房地产企业在内的民营企业发债融资"这一政策的出台，也抬高了市场预期利率，使得债券价格下行。

二是"不再保本"行业格局转变下的"踩踏行情"[1]。由于资管新规下银行理财打破刚性兑付，不再保本保息，全面走向"净值化"。2022年11月下旬开始，银行理财、公募基金等机构减持利率债、信用债形成"踩踏行情"，导致债券价格下跌，银行理财和债基因而净值下挫，引发机构和

---

[1] 踩踏行情通常指在金融市场中出现的一种极端情况，投资者因为恐慌而纷纷抛售资产，导致市场价格急剧下跌，形成所谓的"踩踏"效应。

个人赎回；银行理财和债基只能抛债应对，债市继续下跌，最终形成恶性循环。

三是银行理财经年累月金融空转弊病的集中爆发。在顾客眼中"绝对安全、绝对保险"的银行系统在2022年走下"神坛"，如果理财产品的亏损尚可归咎于市场运转中难以避免的摩擦，那么以"河南村镇银行爆雷"为导火索的信用危机则不得不让储户重新审视自己的"钱袋子"。也许河南村镇银行的违规操作是个例，但银行系统将资本从小城镇虹吸到大城市，从个人储蓄账户吸纳到系统内部进行金融空转，却是经年累月的弊病，也是银行理财越来越玩不转的根本原因。

说到底，银行理财产品之所以从爆发到"破净"，甚至面临"垂死挣扎"，是因为资产新规横空出世后，保本时代成为过去式，银行理财不再是"避风港"。传统银行理财有点类似"包租婆"，不管底层资产是否赚钱，银行都将给投资者付息，进行兜底保本。现在的银行理财更像是公募基金产品，投资者将因为底层资产的波动而自负盈亏。而诸多本来求稳的银行理财投资者的心态跟股票散户无异，同样会"追涨杀跌"。面临净值的持续缩水，他们将加速赎回银行理财产品。这时，银行将不得不卖出债券等底层资产应对赎回，那么就形成了一定程度上的恶性循环：债券下跌—理财净值下跌—大面积赎回—卖债应对赎回—债券继续下跌。

不过，若无理财产品及庞大市场的话，银行系统势将"魂不附体"。如果一味让银行死守存贷的边界，从竞争角度似乎有逼死银行之嫌。死守边界也意味着死守单一的盈利渠道，一旦主营收入受限，问题就格外凸显。如果资产端收益无法再提升，负债端受制于核心存款能力缺失，不良资产处置不达预期，"高资产收益、高负债成本、高风险成本"的经营模式就成为"退潮时露出的石头"。总的来说，没有理财产品的银行更容易受到危机的冲击。与西方相比，中国银行本就起步晚，若一直守着"旧山河"不放手，也不懂如何放手，在国际上就很有可能沦为金融产业链的食草阶层，日益被边缘化。

金融工作会议的"转向"

金融治乱循环、改革相持

面对金融乱象，主流舆论倾向于"怪罪"监管不力与人性贪婪。如业内普遍认为"监管部门割据，使得监管缝隙、漏洞凸显，监管和市场间缺乏良性互动，监管难以迅速捕捉市场短期变化，以致虚假金融创新和伪互联网金融泛滥成灾"。2016年，互联网金融全面"塌方"，将全民贪婪的劣根性表现得淋漓尽致。

且不说人性贪婪自古如此，即便监管问题亦是老生常谈，不仅存在于互联网金融领域，传统金融也常常拿监管来说事。还有一种观点是将金融乱象归罪于货币超发，大量货币缺乏投资渠道，互联网金融恰好提供了分流渠道，结果洪水来得太猛烈，一下子把堤坝冲垮了。

可是，金融领域乱象自改革以来从未停歇。从20世纪80年代开始，经济急速膨胀，资金需求极度饥渴，各银行为拼抢客户展开了高息揽储大战。此外，民间各种"会"以其诱人利润不知让多少人"尽折腰"，不惜以身试法，大案、要案、雷人案层出不穷。阶段不同，本质一样，即"非法集资"。当然，改革早期资金更多流向实体经济，有实实在在的载体，而今大部分沦为"击鼓传花"的庞氏骗局。

可见，也不是钱多钱少的问题。归根结底，金融改革始终滞后于经济改革，积重难返。近年来，移动互联等技术创新既为改革带来了新的突破口与动力（如第三方支付等对传统金融业的颠覆），也加剧了改革的复杂与难度，可谓"老伤未愈，新伤又起"。

事实上，金融领域是中国经济结构中失衡较为严重的部分，如国企与民企（民间金融）严重失衡，国有金融机构占据主体的局面绝无仅有；直接融资与非直接融资失衡；监管手段有限与新金融形态层出不穷失衡；分业与混业业态失衡；需求端（小微企业）与供给侧失衡……其他领域或许尚能以保增长为由暂缓结构调整，金融领域的结构调整却刻不容缓，金融改革难以回避。

当下有两种主流观点：一是鼓吹金融"闯关"，言必称华尔街；二是摸着石头过河，稳为上，强调中国特殊性。这两种观点各自理由充分，但都不能从根本上解决问题。

实际上，互联网金融之乱象与2015年金融闯关的纵容不无关系，更何况有关方面监管只有开关键，缺乏建设性。如美国就将P2P网贷监管纳入了证券监管范畴，对于股权众筹则是专门推出了《创业企业融资法案》（*Jumpstart Our Business Startups Act*），反映了原则性和灵活性的结合。

两种主流观点的对冲，本质上反映了金融改革路径之争是市场经济"原教旨主义"与计划经济"原教旨主义"的路线之争。两者互不相让，彼此缠斗不休，改革进入相持阶段。鉴于中国金融领域开放度相对有限，既无法完全证伪以市场化格式化中国金融领域的有效性（尽管华尔街式的新自由主义金融已被证伪），也难以全盘否定中国式金融管制对长远发展的有利性，改革相持阶段将延续相当长的一段时间。两者此消彼长，各种乱象还将不断涌现，与之相对应的监管无力感与滞后感将如影随形。

意义非凡的第五次金融工作会议

2008年金融危机已经让世界各国都明白了一个真理：一个国家的经济如果没有强大的实体经济支撑，根本无法避免金融危机的冲击。正因如此，全球经济结构"大转向"，连美国都开始高举"再工业化"的旗帜，想方设法重归实体经济。

2017年第五次全国金融工作会议展现出中国金融改革"顶层设计"之气魄和格局，兼具"风向标"与"定海神针"之意义。

第一，强调了党中央对金融工作的集中统一领导，集中整合全国金融资源，还确定了金融改革必须坚持的"四大基本原则"。

第二，金融稳定发展委员会横空出世，之前炒得沸沸扬扬的"一行三会合并"的说法被证伪，取而代之的是实权被上缴给了金融稳定发展委员会，一行三会之间的权力博弈大战终于落下帷幕。不单如此，还要积极稳妥防范化解金融风险，努力为实体经济提供高质量金融服务。

第三，肯定了金融的重要性，将金融的重要性提至"国家重要的核心竞争力"层面。金融业乃"国之重器"，需要反映中国金融自己的核心竞争力。从中长期看，此次金融工作会议对中国混乱复杂的金融形势，起到拨乱反正、正本清源的作用。

金融历史岔路口已开启。2017年的第五次全国金融工作会议实现了对金融工作的转轨纠偏，结束了"市场原教旨主义"主导中国金融改革的路线。正如国家原副主席王岐山在第二届外滩金融峰会上所说的，"中国金融不能走投机赌博的歪路，不能走金融泡沫自我循环的歧路，不能走庞氏骗局的邪路"。

政策强监管与"中央金融工作会议"

自2017年第五次金融工作会议以来，中国开始纠偏种种金融乱象：整治"校园贷"，叫停数字货币首次币发行（ICO），暂停网络小贷牌照、资管行业大一统……这些无不透露着日渐鲜明的监管信号。一是在间接金融上。银行缩减同业资产、表外理财等业务，"明天系"等民控集团千亿资产被剥离，网联、银联将"支付宝们"集体收编。二是在直接金融上。蚂蚁上市被终结，140家券商在注册制全面改革下迎来行业拐点。三是在衍生品上。国务院金融委出手打击比特币挖矿和交易等，火币矿池、莱比特矿池等陆续暂停中国大陆境内比特币矿机售卖及衍生服务。政策强监管的背后不仅是对金融乱象的整肃和纠偏，还是对金融自由化模式的反思、对资本国际极左路线的全面清算。

虽然第五次全国金融工作会议定下了"金融服务实体经济"的主基调，但在2017—2023年的实际操作中，依然有机构试图浑水摸鱼。例如2022年7月，隔夜质押式回购成交量占总成交量比例（市场加杠杆的标志之一）达到89.3%，逼近90.8%的历史极值，与2016年上半年资金空转加杠杆时期惊人地一致，最终导致原本锚定于拯救实体经济的资金依旧淤积在金融体系之内。这种脱胎于华尔街"理财套理财、衍生套衍生、杠杆加杠杆"的玩法是造成金融系统性风险的祸乱之源。

尽管2017年第五次金融工作会议进行了路线纠偏，中国以政策强监管来避免金融空转，并主动去泡沫，但"冰冻三尺非一日之寒"，也非一朝一夕就能彻底扭转。

由于金融与互联网的相互渗透，加剧互联网的格式化与金融的衍生性这两个旋涡在共振中虹吸实体经济，这让互联网和金融异化屡屡被整治，成为反垄断的主战场。2016年4月，国务院办公厅发布《互联网金融风险专项整治工作实施方案》，规范P2P网络借贷、股权众筹、互联网保险、第三方支付等六大领域，到2022年专项整治工作顺利完成。尤其是2021年4月，央行等四部门约谈字节跳动、京东金融等13家互联网巨头进行七大整改。2023年7月，蚂蚁、腾讯分别被罚71.23亿元、30亿元，随后国家金融监管总局等三部门共同宣布，平台企业金融业务存在的大部分突出问题已完成整改，金融管理部门工作重点从推动平台企业金融业务集中整改转入常态化监管。

2023年3月，中共中央、国务院印发《党和国家机构改革方案》，多项涉及金融监管领域，其中包括组建中央金融委员会、组建中央金融工作委员会等。2017年成立的银保监会予以撤销，在此基础上组建国家金融监管总局，这不仅是机构名称的改变，也是金融监管的系统性重塑和整体性重构。2023年5月18日和7月20日，国家金融监管总局和省市派出机构分别完成挂牌，标志着金融监管体制改革迈出重要步伐。2023年11月10日，国家金融监管总局的"三定"（定职责、定机构、定编制）方案出台，部门设置采用"27+1"，即27个内设职能部门加机关党委，虽然比银保监会成立时的"26+1"仅增加了一个，但具体部门有增有减，有合并有分拆，是对现行金融监管框架的重构。根据机构改革方案，金融监管总局将统筹除证券业之外的金融业监管，并接手原本由央行负责的金控公司等金融集团的日常监管和金融消费者权益保护职责，以及原本由证监会负责的投资者权益保护职责。央行和金融监管总局的"三定"相继落定，中央金融委办公室和中央金融工委的组建完成。

如果说在2017年开始的上一轮金融监管机构改革中诞生了金融稳定发展委员会，银、保两大监管部门则合并成为银保监会，形成了"一委（国务院金融稳定发展委员会）一行（央行）两会（银保监会、证监会）"的金融监管架构，那么2023年的新一轮机构改革则擘画了新的金融监管顶层设计，构建了党中央集中统一领导下的金融监管新模式——金融监管框架调整为中央金融委员会领导下的"一委（中央金融工作委员会）一行（央行）一局（金融监督管理总局）一会（证监会）"，坚持党中央对金融工作的集中统一领导。

2023年10月底召开的中央金融工作会议进一步指出，坚定不移走好中国特色金融发展之路，并系统阐述中国特色金融发展之路的本质特征，强调"八个坚持"[1]，将"坚持党中央对金融工作的集中统一领导"放在首位。此次中央会议鲜明提出"以加快建设金融强国为目标"，明确"以推进金融高质量发展为主题"，以金融高质量发展助力强国建设、民族复兴伟业；提出"三个着力"，明确发展路径——着力营造良好的货币金融环境，着力打造现代金融机构和市场体系，着力推进金融高水平开放；会议还要求"做好科技金融、绿色金融、普惠金融、养老金融、数字金融五篇大文章"，提供高质量金融服务；更明确"以全面加强监管、防范化解风险为重点"，确定当前风险防控的重点任务：切实提高金融监管有效性、

---

[1] "八个坚持"：坚持党中央对金融工作的集中统一领导；坚持以人民为中心的价值取向；坚持把金融服务实体经济作为根本宗旨；坚持把防控风险作为金融工作的永恒主题；坚持在市场化法治化轨道上推进金融创新发展；坚持深化金融供给侧结构性改革；坚持统筹金融开放和安全；坚持稳中求进工作总基调。

及时处置中小金融机构风险、建立防范化解地方债务风险长效机制、促进金融与房地产良性循环、维护金融市场稳健运行。六次全国金融工作会议的要点见表2-1。

表2-1 六次全国金融工作会议要点总结

时间	会议要点
第一次全国金融工作会议 （1997年11月）	·建立健全符合我国国情的现代金融体系和金融制度 ·力争用3年左右时间大体建立与社会主义市场经济发展相适应的金融机构体系、金融市场体系和金融调控监管体系 ·加快国有商业银行的商业化步伐 ·把一切金融活动纳入规范化、法制化的轨道
第二次全国金融工作会议 （2002年2月）	·全面推行商业银行贷款质量"五级分类"制度 ·具备条件的国有独资商业银行可改组为国家控股的股份制商业银行，条件成熟的可以上市 ·要加快培育合格的市场主体，提高上市公司质量，完善证券公司、基金管理公司法人治理结构和内控制度 ·要加强和改进证券监管 ·稳步推进证券市场体系建设 ·加快国有独资保险公司股份制改革步伐
第三次全国金融工作会议 （2007年1月）	·继续深化国有银行改革，加快建设现代银行制度 ·加快农村金融改革发展，完善农村金融体系 ·大力发展资本市场和保险市场，构建多层次金融市场体系 ·全面发挥金融的服务和调控功能，促进经济社会协调发展 ·积极稳妥推进金融业对外开放 ·提高金融监管能力，强化金融企业内部管理，保障金融稳定和安全

续表

时间	会议要点
第四次全国金融工作会议 （2012年1月）	·放宽准入，鼓励、引导和规范民间资本进入金融服务领域，参与银行、证券、保险等金融机构改制和增资扩股 ·防范化解地方政府性债务风险 ·加强资本市场和保险市场建设，推动金融市场协调发展 ·深化新股发行制度市场化改革，抓紧完善发行、退市和分红制度，加强股市监管，促进一级市场和二级市场协调健康发展，提振股市信心
第五次全国金融工作会议 （2017年7月）	·要把发展直接融资放在重要位置，形成融资功能完备、基础制度扎实、市场监管有效、投资者合法权益得到有效保护的多层次资本市场体系 ·设立国务院金融稳定发展委员会 ·要深化人民币汇率形成机制改革，稳步推进人民币国际化，稳步实现资本项目可兑换 ·要增强资本市场服务实体经济功能，积极有序发展股权融资，提高直接融资比重
第六次全国金融工作会议 （2023年10月）	·活跃资本市场，更好支持扩大内需，促进稳外贸稳外资，加强对新科技、新赛道、新市场的金融支持，加快培育新动能新优势 ·及时处置中小金融机构风险 ·扩大金融高水平开放，服务好"走出去"和"一带一路"建设，稳慎扎实推进人民币国际化 ·增强上海国际金融中心的竞争力和影响力，巩固提升香港国际金融中心地位 ·要着力营造良好的货币金融环境，切实加强对重大战略、重点领域和薄弱环节的优质金融服务

中国金融仍在初级阶段，却面临转型

为何把"金融关进制度笼子"里？

轰轰烈烈的反腐，要"把权力关进制度的笼子"里；声势凌厉的行业整顿，进一步将金融关在笼子里。金融这个被公认为"闪着金光的行业"，何以沦为被遏制的对象？通俗地讲，因为它"太多了、错配了、乱套了"，所以才有了"神兽回笼"。市场经济的运作本来具有媒介，货币购买要素后才能生产出商品，商品销售借助货币才能变成利润，这个赚钱的过程有个中间层。正是有此媒介，转变、变现比较慢。随着市场经济的自我膨胀和进化，必定是中间层越来越少，效率越来越高。这就意味着要脱离实体，更多地用钱生钱。制造企业自嘲"辛辛苦苦一辈子，不如在资本市场讲个小故事"，一语道破金融自我循环的天机。除了受金融暴富效应的诱惑，一些企业也冀望通过金融化逐渐占据产业高端。

可以说，市场经济以交易为目的及追求利润最大化的准则必然导致资本运作，金融化是经典市场经济发展到高级阶段的必然产物。而中国金融自1978年以来市场化程度迅速上升，呈现出土地和房地产货币化、包括股市债市在内的金融体系与房地产联动等非典型特征，又派生出巨大投融资需求，加剧金融"滚雪球"效应。由此，市场经济高级阶段与初级阶段都打上了过度金融化的烙印，高级阶段在美国，初级阶段主要在中国。

一般来说，生产经营而得的利润是线性的、慢速的，背后是"劳动创造价值""核心竞争力创造价值"；而靠造概念、讲故事获得的利润则是快速的、指数级增长的。企业往往耐不住赚慢钱，无奈陷入"金融黑洞"：

一是迷恋"炼金术",直接搞金融。房地产巨头恒大引进私募,将低成本资金投到约定有更高利息收益的股权项目,并且承诺"在未实现上市的情况下,将兜底保证投资者年均7.79%的投资收益",连内部普通员工也被"伪私募""恒大财富"产品俘获。海航等集团争取金融牌照,利用不同种类金融机构间的关联交易,筹集资金,经过不同的资管计划和多重嵌套,将借来的债务资金变成股权资本。如果资产端的收益确实可兑现,就会产生明确的套利机会:只要能借到更低成本的资金,借得越多,杠杆率越高,回报就越大。

二是体现在运用"市值管理术",拿高市盈率(PE)估值去收购低PE的业务,再把它装到高PE公司里获得估值套利。万达以7亿美元收购AMC娱乐,一年三个月之后,所持股权市场价值达到14.6亿美元,翻了一倍;分众传媒两年多时间里收购了数十家公司,市值也从不到7亿美元膨胀到86亿美元。如此,众多企业借金融手段玩起扩张,偏离了价值创造的主航道,走上了财富驱动的路子。

不过,靠金融化运作赚大钱,说得好听点是"概率游戏",说得不好听叫"盲赌"。项目投资中"杠杆率越大,回报也越大",这是有前提的,就是项目收益确实可兑现。但问题是,在全社会平均利润率并不高的情况下,谁能保证每个项目都能成功?近年投到多媒体娱乐、游戏动漫、健康医疗、互联网等风口项目上的巨量资金都打了水漂,仅李嘉诚投资名为乐加欣(Tru Niagen)的保健品就搭进去1.74亿元。如果是拿自己经营积累的剩余资本去投资,亏了就亏了,不会动摇企业根本;但如果是借钱投资,或者短贷长投,一旦掉进不良资产、有毒资产的陷阱,杠杆越高,摔得越惨烈。

同样，"业绩不够，并购来凑"，不重视内涵增长，一旦市场幻想消失，最终将被证明"收购在了山顶上"。恒大高调宣称将有数百亿、上千亿元的多元化投资成果，实际却全面亏损，仅恒大冰泉就累计亏损40亿元。无论是项目触礁还是并购滑铁卢，都昭示着金融迷思的破产。背后的深层逻辑则是金融过度必将被平仓，若沿市场规律演进，必将落入企业倒闭、资产价格泡沫破灭的宿命。一言以蔽之，一旦市场运行难以挣脱金融原罪的反噬，那么最终就只能走向崩盘，犹如美国的金融海啸。

挡不住的金融创新和市场空间

不过，不同于美国处在市场经济的高级阶段，中国还处于市场经济的初级阶段。中国金融业务、人民币国际化进程波澜壮阔，仍存在追赶空间。2024年1月，前海开源基金首席经济学家杨德龙在"中国首席经济学家论坛年会"上指出，中国GDP达到美国的70%，中国股市的市值只有美国股市的20%。盈利方面，在入围世界500强的金融企业中，美国企业分布更全面，中国商业银行居多，不乏国字号。美国金融企业平均利润超过中国。

中国改革开放初期，国有银行占据主体地位。随着市场化改革推进，虽然汇率、利率、金融机构经营和跨境资本流动等都有了放开，但整体金融体系仍是银行主导。相对而言，资本市场并不够发达，还需更快推进市场化程度。但中国金融又学习华尔街模式，导致金融还未茁壮成长就"走火入魔"。国家铁腕推进金融监管，却依旧挡不住金融业"暗自膨胀"。

一方面，资金追逐高收益，玩起"金融自转"。国家发文压降信托、融资租赁、私募基金和地方金交所发行产品等各类融资，可全球海量灌水之下的货币要找到去处。所以，信托资产规模逐季增加。《2023年度中国信托业发展评析》显示，截至2023年第四季度末，我国信托资产规模余额已达23.92万亿元，较上年同期增加2.79万亿元，同比增长13.17%。自此，我国信托资产规模已连续7个季度保持正增长。

另一方面，金融创新和金融监管上演"猫捉老鼠"的游戏。突破或规避金融监管成为金融创新的重要推动力。大型科技公司因资金来源和杠杆率限制，与银行合作开发了助贷业务，也就是科技公司负责获客和风控，银行提供贷款资金。这相当于原先由银行执行的信贷中介功能，通过市场分工来实现。

在"金融创新—问题出现—加强监管—推动金融创新"的循环往复中，金融体系日渐庞大，可要"把金融关在笼子"里如同"把权力关在笼子"里一样难。毕竟让金融不要追逐利润，如同让一头猛虎不要吃肉而改吃草。就此意义而言，与其对金融严加遏制，不如为其释放合理空间，开辟新赛道为金融资本提供新出路，体现在以下几方面：

第一，北京证券交易所（简称"北交所"）支持"专精特新"中小企业挂牌融资。中国大陆第3家证券交易所即北交所开市，"为新三板做战略突围"。本来新三板精选层须经核查，申请转板至上交所科创板或深交所创业板。如今，北交所把原先精选层与沪深交易所的割裂状态缝合起来，让优质企业在北交所能得到沪深交易所同样的机构定价，提升新三板整体的吸引力。北交所与沪深交易所错位互补，聚焦服务"专精特新"中小企业，即做到专业化、精细化、特色化、创新能力突出的中小企业；其呈现出"6789"的特点：超六成属于工业"四基"（关键基础材料、核心基础零部件、先进基础工艺、产业技术基础），超七成深耕行业10年以上，超八成居本省份细分市场首位，九成集中在制造业领域。在平移至北交所上市的71家存量精选层公司中，有45家市值不超过20亿元，占比超过60%，且多来自信息技术、新能源、新材料等领域，中小技术企业成色十足。此外，个人投资者资金门槛（50万元）相比原先精选层（100万元）调降，已吸引超400万户投资者，更多投资者进入将提高北交所的流动性溢价，防止出现无炒作、无交易的呆滞市场，进而将托起一两千家公司规模。

第二，陷入金融迷思的企业涅槃重生。恒大聘请投行华利安为财务顾问，后者是2001年安然、2008年雷曼兄弟的破产重组操盘手，欲担当起洗牌时代的"清道夫"，引入战略投资者，收购重组失败企业，巨量资金开新局。

第三，SPAC（Special Purpose Acquisition Company，特殊目的收购公司）上市模式激发资本市场"新动能"。传统首次公开募股（IPO）的审核过程过长，且定价经现场路演、看市场反应才能确认，而SPAC通过自身IPO并实现上市，通常在24个月内寻找到并购标的且完成并购，这样目标公司与SPAC整合为一体，并代替SPAC取得上市地位。SPAC作为只有现金、没有实际业务的"壳公司"，证监会对其监管要求较低；目标公司不用花费巨资聘请专业团队去做上市前的市场咨询，这些由SPAC发起人负责，让专业团队做专业的事，中小实体公司上市的难度大大降低。

第四，各类产业引导基金助推多元化产业。政府引导基金撬动社会资本，成立的子基金的规模是引导基金的数十倍，仅国家科技成果转化引导基金下设的创投子基金规模就达250亿元，精准支持行业龙头企业、隐形冠军企业、独角兽企业。还有一些市场化母基金，如东莞金控基金规模100亿元，将通过投贷联动、联合投资的方式撬动500亿元投向战略性新兴产业等。

金融如水银泻地，弥漫在社会的每一角落。尤其是移动互联技术，更使金融无远弗届。

一是钱生钱具有难以遏制的内在冲动。资本逐利的天性会促使企业不断地将资金投向利润高的金融市场，玩起"自转"。金融投资占比越来越多，获益将越来越大。即便危机后美国金融遭修理，纵然世界经济前景黯淡，索罗斯等金融大鳄仍在全球上演辗转腾挪的"资本魔术"，谋利之心是难死的。为什么说个人货币资产高达3000万元是最幸福的临界？因为超过这个临界将会为投资心慌神乱，不让具有规模的资本去投资，恐将难以成行，拥有增值欲望是人的本能。

二是金融创新的本性就是规避管制。新技术、新产业、新业态、新模式叠加的当下，金融创新成了金融发展的"首要任务"和"常态工作"。而创新的本意是"规则的破坏者"，规避法律法规的监管成了金融创新的原动力。金融创新因此变成了一个框，打擦边球、制造模糊地带、换小马甲等，什么都可以往里装；而且，水越混鱼越多。蚂蚁金服"联合贷款"模式中，2%资金为自有资金，98%的资金来自合作银行和发行资产支持证券（ABS），巧妙地规避了政府对网贷公司资本金、杠杆率限制的监管框架，用仅仅几百亿元资金就能撬起几万亿元的信贷规模，"去金融化"颇具波折。

金融与互联网的"两个回归"

更进一步看，一方面，金融正在互联网化，手机银行正在替代银行线下网点，2016—2021年仅6家国有大行线下营业网点就减少了3000多家

（艾瑞咨询）；另一方面，互联网也在金融化。据零壹智库和数字化讲习所不完全统计，截至2023年8月31日，阿里、腾讯、京东、百度、美团、字节跳动的相关金融牌照突破107张，其中腾讯以量（36张）取胜，阿里分布最广，金融全场景覆盖。金融和互联网的相互渗透，让这两个旋涡在共振中虹吸实体经济，反而陷入了自说自唱、自我膨胀的怪圈。

互联网本是工具，却以流量"烧钱圈地"形成新巨头垄断。互联网的生存之道有两条：一是流量为王，充分显示二八定律的马太效应；二是低价策略，资本烧钱让平台补贴大搞价格战。两者叠加的结果是头部"赢家通吃"的网上厮杀，更是线上以低价碾压线下的绞杀。平台补贴到面大量广的线下"亏本出局"，进而大肆攻占市场，反手以高佣金或平台费剪羊毛。比如：搜索引擎的竞价排名；外卖平台高达26%的抽成更是"雁过拔毛"，线上众多中小商户都"苦平台佣金久矣"，美团2020年仅外卖佣金就高达586亿元。

金融本是手段，可互联网平台聚沙成塔，一带上金融属性，就动了银行等传统金融的奶酪，尤其是再造社会信用，事关国家基础设施。

一边是互联网的金融平台无意动了银行奶酪，从配角变成主角。自2013年6月余额宝横空出世，成立4年就成为全球最大货币基金，巅峰期规模为1.69万亿元。伴随"宝宝们"的膨胀，银行存款出现大规模"蚂蚁搬家"。反倒是花呗、借呗等借网络零售便利大肆放贷，以致有关方面叫停了2020年蚂蚁上市并配合整改。即便截至2023年6月余额宝规模降至6746.73亿元，用户仍高达7.69亿户，10年累计收益超3867亿元，足见其诱惑力。

另一边是第三方支付的崛起，其信用平台逐步成为金融市场的基础设施。2019年蚂蚁总支付交易规模高达111万亿元，约为当年社会消费品零售总额的3倍；2020年中国非银行支付规模271万亿元。截至2021年底，仅非银行支付体系内的资金余额高达2.09万亿元（央行），并出现客户资金向头部互联网平台支付机构集中的迹象。互联网平台利用支付渠道打通消费场景，以通道费"劫持"商家。2023年6月微信支付仅因为扣除手续费，就遭遇全国多家高校抵制。

金融是手段，互联网是工具，却出现工具变手段、手段变目的异化。放任市场自由发展的互联网和金融，前者难以摆脱马太效应和流量陷阱，后者则沉沦于自我衍生的原罪中，势必需要国家出手及时纠偏。纠偏的核心是"两个回归"，即两者回归为科技创新和实体经济服务。这就有了互联网平台反垄断和金融去杠杆的强势调整，主要是"断舍离"。

"离"在取缔P2P，打击影子银行，整顿互联网金融。清理整顿金融资产类交易场所、打击境内虚拟货币交易炒作，到2022年近5000家P2P网贷机构全部停业。

"舍"在去金融化，切断风险链。相关部门不仅出台小额网贷业务管理办法，挤出互联网平台旗下小贷公司，而且将互联网存款纳入监管。2021年12月关停相互宝，规范互联网搭售保险和理财产品。

"断"在切断信息直连，设置防火墙。要求蚂蚁对花呗、借呗的品牌隔离，纳入新成立的重庆蚂蚁消费金融公司，并在信息"断直连"之后分别由银联和网联清算，即要求流量归流量，技术归技术，金融归金融。

正是在政府反垄断、主动挤出金融泡沫的大方向下，互联网平台纷纷"脱虚向实"：

一是金融业务和互联网平台的组织切割。最典型的就是阿里巴巴与蚂蚁集团的物理隔离，各自做好各自领域，背后涉及的是实际控制权的切割。整改后，马云在蚂蚁集团的股份表决权从53.46%降至6.208%。

二是用数字技术赋能实体。2020年乌镇互联网大会上，京东就率先提出新实体企业，加快布局物流网络。从阿里到腾讯纷纷表态扎根实体，除反哺线下外，用数字技术和供应链能力直接撮合供需交易，助力实体经济发展。

三是业务分拆中进行组织变革。京东先后分拆物流、健康，2023年3月30日以京东产发与京东工业赴港IPO。相比京东资本运作的拆分，阿里3月启动"1+6+N"的集团分拆，并回归淘宝、回归用户、回归互联网。互联网平台化整为零，分拆独立运营，可见从合到分的组织进化。

四是平台聚焦点从金融转向科技。2023年11月的世界互联网大会上，阿里首提科技平台企业，即是明证。不少互金巨头大刀阔斧地"去金融化"，以"科技输出"取而代之，这从巨头更名由"金服"改成"数科"就可见一斑。

由此，从互联网反垄断到金融去杠杆，中国主动挤泡沫，纳入合规监管的去风险，本质上就是对互联网和金融各自的误入歧途进行纠偏。马云认为，互联网不是虚拟经济，支付宝是实体经济，支付宝在做的是完善原来虚拟经济不匹配的能力，真正希望把钱有效利用起来，能够帮助消费者，促进实体经济的发展。更何况相对于消费互联网To C（面向消费者）的红利消退，互联网的下半场属于To B（面向企业客户）的产业互联网，越来越嵌入实体与科创。从本质上，不管是金融还是互联网，都需要回归到为实体和科创服务。

2023年，不管是5月国家金融监督管理总局挂牌，还是10月底的中央金融工作会议，都对"金融必须走出区别于华尔街的中国道路"做出明确指示：从"八个坚持"到做好科技金融等五篇大文章，乃至建立由党集中统一领导的中央金融委员会、中央金融工作委员会、各级各地党委领导下的金融工委。互联网和金融的"两个回归"正在国家引导下步入正轨。

第三章　美元与人民币

全球货币失锚

全球货币进入动荡期

当下美元的主导地位虽难撼动，但周围正形成草木皆兵之势。全球主要货币走势起伏不定。2023年底，华尔街普遍预测，美联储加息周期接近顶峰。2024年，美联储或结束加息并开始降息。不料，进入2024年以来，美国通胀韧性超预期。2024年第一季度美联储宽松预期回调，据美国财政部数据，3个月、2年和10年期美债收益率分别上升6、36和32个基点；其间，洲际交易所（ICE）美元指数上浮1.0%。欧元在美联储的扰动下剧烈波动。在美联储连续加息的背景下，2023年9月，欧元兑美元汇率重挫至1.07。伴随加息周期结束，美联储在2024年开始降息的预期之下，欧元开始回涨，11月份上涨了约3.6%。而伴随美联储宽松预期回调，截至2024年5月14日，欧元兑美元汇率又重回1.07一线。然而，高通胀、低增长以及仍未散去的能源危机等内生性问题都笼罩在欧洲各国头顶，这也决定了欧元在未来一段时间内大概率只会随波逐流、动荡不已。新兴市场货币呈现出离散度加大的态势。2023年10月，MSCI新兴市场股票指数录得36年最差表现；而2024年以来，MSCI新兴市场股票指数已从1月初收盘975.8涨至5月初收盘1095.3，累计上涨12.2%。这种过山车式行情无疑显示出新兴市场货币的离散趋势愈发明显。

世界货币进入急剧动荡的离散期，背后有其必然逻辑：

一是地缘风险加剧对货币体系、资本市场的冲击。在当前全球资本市场联结越来越紧密的情况下，地缘风险对于市场的影响正随着逆全球化的蔓延而不断加大。一方面，中东巴以冲突的加剧，促使全球资本避险情绪升温，给新兴市场国家带来资本外流的巨大压力。另一方面，俄乌冲突的长期化，使得地缘风险的影响难以在短期内消除。而中东问题再次爆发，更是触发了投资者本已脆弱的敏感细胞。鉴于中东问题的复杂性，从根本上解决恐怕也需要时日。这种不确定因素所带来的打击，不仅比冲突的直接损益要大得多，也将对全球其他市场产生间接和衍生的影响，使得全球资本市场的失衡进一步加剧。

二是全球产业重组和分化往往导致经济和货币体系的分裂。基于对历史经验的回顾，国际货币体系应与世界经济政治格局相适应。产业链格局的变动作为基础性因素驱动着国际货币体系格局的演变。当前，以美元主导的国际货币体系依赖于过去全球化的贸易和生产网络。然而，随着全球产业链的重构与调整，这种新旧交替的特有矛盾或导致国际货币体系迎来动荡期。

不过，外部局势纵然复杂，但从内部因素看，货币市场进入动荡期是货币缺锚的必然结果。历史经验已经证明，国际格局大变动时期往往是多元货币并存的时期。据巴里·艾肯格林分析，20世纪初期国际格局大变动时期的国际货币体系，是典型的多元货币并存的时期。虽然当时英镑是公认的顶级货币，在主要国际金融市场中都有英镑交易，但同时80%的市场中有法郎交易，60%的市场有德国马克交易。[1]可见，大国霸权交替或国际秩序大变革时期的国际货币体系是一种"多元竞争"而非"赢者通吃"的格局。就此意义而言，全球货币市场的动荡或许才刚刚开启。

数字货币：科技釜底抽薪之力

Finbold数据显示，2020年全球加密货币数量仅为8000多个，到2021年直接突破16000个，同比增长98.98%。

2022年以来的地缘冲突进一步助推加密货币的野蛮生长。在巴以冲突中，哈马斯一度通过加密货币捐款来加强实力，以色列、美国等则以技术优势进行拦截；而在2023年10月9日，MarketAcross、丛林（CryptoJungle）等多家以色列区块链头部企业牵头发起加密援助行动"以色列加密援助基金"（Crypto Aid Israel），旨在托管一个多重签名钱包，以十几种形式的加密货币收集捐款，包括BTC、ETH、USDT、USDC等。

2024年，币圈重现"狂飙"行情。币虎数据显示，加密货币市场总市值于2024年3月曾逼近3万亿美元大关；另有全球股票市值排名（Companies Marketcap）数据显示，截至2024年5月20日，比特币市值为1.322万亿美元，为全球市值第九大资产。

实际上，加密货币如此火热，除了由自身特性决定，其背后是在顺应

---

[1] 艾肯格林，梅尔，齐图.货币变局：洞悉国际强势货币交替[M].符荆捷，译.北京：机械工业出版社，2019：24.

货币之锚的迭代趋势。回溯世界货币史，随着商品生产与交换的发展，早期货币形式经历了从实物货币到金属货币的演变过程。到19世纪，主要资本主义国家开始实行金本位制，以黄金为锚来发行钞票。20世纪30年代，全球经济危机爆发，所有国家丧失了将本国发行的货币按照一定比例兑换为黄金的能力，金本位崩溃，货币没有了锚。此后，具有国家信用背书的法定货币登上历史舞台。法定货币既然由政府权力控制，便不可避免地被超发。随着货币超发，国家信用根基被不断侵蚀，货币不得不再次走上寻锚之旅。由此，货币之锚历经"金币—黄金—国家信用"的迭代。

而加密货币应运而生，本质上是全球数字化红利的辐射。数字技术、数字经济的发展助推货币进一步迭代，为加密货币的发展提供了肥田沃土，以电子货币、加密货币、数字货币为代表的科技金融相继而来。先是电子货币颠覆了人们传统的消费方式和支付习惯，"无现金社会"到来。接着，加密货币为大众提供了新选择，比特币、以太币、莱特币等轮番爆炒。后来，央行数字货币"横空出世"。截至2024年1月中旬，数字人民币试点范围已扩展至17个省市的26个试点地区，在应用场景方面，已从个人消费场景延展到薪资发放、普惠贷款、绿色金融等对公企业服务，以及财政、税收、公用事业、电子政务、助农扶贫等政务服务场景，并已在跨境支付业务中落地。

不可否认的是，加密货币打开了未来世界的大门，其本身裹着"未来科技"的外衣，嫁接加密和分布式账本技术，在科技层面已然彰显"划时代"意义。然而，加密货币一边如火如荼，开启了新时代；但另一边，也因自带"暴涨暴跌"的属性，不可避免地走上歧途，成为投机者的工具。正如诺贝尔经济学奖得主保罗·克鲁格曼所言，"以比特币为首的加密货币资产，不过是一场庞氏骗局"。[1]同时，目前加密货币还处于"播下的是龙种，收获的却是跳蚤"的阶段。从诞生至今的10多年来，加密货币在正常经济活动中起到的作用微乎其微，其被用作支付手段的事件更多的是与非法活动有关。对此，福卡智库早在2017年就已指出，"事物的动机是善良的，但在实际操作中由于盲点的出现、另外属性的被利用，结果往往出现偏离，即初衷是去往天堂，但最终却来到地狱。理想与现实的矛盾和悖论决定了数字货币的宿命"。再加之全球加密货币市场的整体规模不断扩大，这意味着加密货币市场一旦急速变动，或对金融行业造成大震荡，最终引来监管侧目。

中心化与去中心化的"暗战"

追本溯源，加密货币的兴起在一定程度上与各国货币无锚滥发、对主权货币失去信心有关，加密货币与央行数字货币的竞争在其诞生之初便已见端倪。2008年，彼时金融衍生过度引爆金融危机，全球央行无限制印刷货币饮鸩止渴。纸币泛滥之下，民众想反抗却受缚于国家意志，最终还是区块链技术开了这道口子。可以说建立在区块链架构上的比特币横空出世，本就是对传统货币体系的讨伐、对国家机器的抗争。

之后的套路就有点类似汉武帝推出的鹿皮币。按照汉代的礼制，诸侯宗室每年朝觐皇帝祭祀祖先都要用到玉璧，汉武帝就下令诸侯在使用玉璧时必须用一块鹿皮在下面垫着，以示尊敬。这块鹿皮由汉武帝定制（发行），明码标价，概不赊欠，一平方尺大小卖40万钱，相当于一个千户

---

[1] 读创.诺奖得主克鲁格曼狠批比特币：一场庞氏骗局！[EB/OL].(2021-05-21)[2024-06-15].https://baijiahao.baidu.com/s?id=1700342939285189881&wfr=spider&for=pc.

两年的租金收入。(《汉书·货殖列传》记载:"封者食租税,岁率户二百。千户之君则二十万。")

太阳底下无新事,旧时的白鹿皮币换成了现在的加密货币,宗室王侯换成了亚文化群体,汉武帝换成了控制币圈的庄家。因此,公众对数字货币的最初印象停留在"极客和黑客使用的货币";之后又成了"投机商炒作的货币",尽管大型科技公司推出锚资产的稳定币,也并未改变这种圈层感,数字货币始终无法走进主流。

当年比特币横空出世,像是一根导火索点燃了大众对货币金融理论和制度的兴趣,掀起了三波数字货币热。第一波是以比特币作为先导的加密货币热;第二波是由大型科技公司的涉足开始爆发的资产稳定币,"天秤座计划"(Libra)即为一例;第三波则是主权数字货币浪潮。

10多年数字货币发展史,历经三波数字货币热,实则埋下了一条中心化与去中心化路径选择的暗线。数字货币最早的去中心化构想看似是中本聪在一个秘密讨论群"密码学邮件组"里发布了一封帖子——"我正在开发一种新的电子货币系统,采用完全点对点的形式,且无须受信第三方的介入",具有偶然性,但放在数字经济维度下,实为必然。

数字货币是适应未来数字化迁徙下越来越先进的经济形态的必然要求。更为重要的是,在数字经济时代,无论是生产资料、生产力还是生产关系,皆呈现去中心化、扁平化特征。核心生产资料是大数据、计算设备等一系列数字生产要素所组成的综合体,每一个个体甚至器物就是一台去中心化的生产数据的机器;数字技术作为生产力,本就是对中心化结构的颠覆性存在,如其初级应用互联网代表的便是开放、共享、互通、平等精神,"赋予人们平等获取信息的权利";生产资料和生产力的去中心化,必然导致了生产关系的去中心化，区块链技术就代表了新的生产关系，其本质便是用计算机程序记录所有交易信息的"分布式公开大账本"。因此，必然需要去中心化的货币体系做匹配，才能更好地满足去中心化的数字经济发展需求，进一步激发应用场景出现。

但事实上，从加密货币石破天惊的去中心化治理设计，到主权数字货币的中心化管理模式，数字货币的演进明显拉出了一条中心化的趋势线。尤其是主权货币，在一定意义上，更像是增加了货币的存在形式，甚至在操作中可以让央行掌握更高程度的中心化控制权。如果说主权数字货币出现以前，央行对货币的控制力正被商业银行和科技巨头削弱，那么央行以数字货币为支点，则可夺回控制权。区块链技术点对点的传输，从根本上剥离商业银行作为"中间商"存在的必要。

究其原因，理论是独立而单一的，但现实是复杂交错的。去中心化具有理论"正确"性，但现实是很长一段时间都需要央行来撑起数字货币。事实上，货币的去中心化早有前车之鉴，难免让人忌惮。汉文帝时期的"劣币驱逐良币"就是经典例证，被贾谊写进《铜布》和《铸钱》两篇文章，用以阐明允许民间铸钱是一件很麻烦的事情。而明朝的白银货币化甚至是导致明朝走向灭亡的原因之一。在明朝初年，朝廷曾强制推行大明宝钞，但彼时毫无节制地滥发很快就致其失去货币职能，同期白银使用规模不断扩大。在这场自下而上的白银货币化进程中，以张居正推行一条鞭法为标志，朝廷被迫接受白银作为交易媒介。但当时的白银供给主要依靠海外流入，欧洲人在"新大陆"南美获得的白银通过菲律宾及丝绸之路源源不断地流入中国。中国学者王裕巽经过分析认为，从1567年"隆庆开关"到1644年明朝灭亡的70多年间，海外流入明朝的白银总数大约为3.3亿两，相当于当时全世界生产的白银总量的1/3。[1]于是当欧洲在17世纪爆发三十年宗教战争，明朝的进口白银断供了。明朝危亡前夕，守北京的官军一年领不到饷银。在历史学家皮埃尔·肖努的描述中，明朝危亡前夕的1642年更是"全球危机中的死亡时刻"。

或许是历史上类似的教训太多、太惨痛，从13世纪，忽必烈进行纸钞革命；到16世纪著名的宪政专家让·博丹提出，"铸币权是一个国家主权组成部分最重要、最根本的权利之一"[2]；再到18世纪，谁不接受法国大革命时期的"指券"，轻则20年监禁，重则上断头台……国家权力历来试图牢牢把货币权力握在手里，这种权威非朝夕间可改变。

概言之，数字货币的中心化，一方面是央行币圈"尚待才人出"时表现出的担当，另一方面是历史经验教训得来的、不容动摇的法定货币权威。在百年历史长河中，数字货币中心化尽管站在了市场对立面，但至少在一个年代内却是必须的。换言之，央行数字货币是一定阶段中的引领，长期历史视角下的挣扎。就像19世纪政府干预也阻挡不了玛丽亚·特丽萨银币在贸易经济下的大流行：1854年该币被奥地利弃用，被奥斯曼帝国禁止流通，但这一"非法定货币"却因贸易商的大量使用在红海周边国家广泛流通（英国公司在红海区域的皮革、石油、食糖、纤维制品等贸易都是以该银币结算），成为国际区域性货币。两个世纪后的今天，政府也难以阻挡去中心化货币在数字经济的大流行。

更进一步而言，这并不简单意味着在这轮数字货币中心化趋势后，即

---

[1] 王裕巽.明代白银国内开采与国外流入数额试考[J].中国钱币，1998(3)：18-25.
[2] 新浪财经.数字货币将颠覆美元霸权吗？[EB/OL].(2020-08-27)[2024-06-15].https://baijiahao.baidu.com/s?id=1676178394451443737&wfr=spider&for=pc.

将迎来"中本聪们"所设想的去中心化理想主义的狂欢，毕竟绝对的去中心化不太具备现实可操作价值。因而代表未来世界币基本形态的数字货币或将在权力架构上去中心化，但在执行层面上又通过协议来收敛。遵照第一性原则，"一纸钞票或一纸支票，皆合约也"，无论是美元上印刷的"该货币系对所有公私债务的合法偿付凭证"，还是港币上书"凭票即付"，抑或是Libra白皮书开篇"建立一个简单的全球支付系统和金融基础设施"，这些都是合约之辞。本质上，所有的货币都是合约本位，未必是国家法定、政府背书，形态也可以多样，只要存在协议、规制便可成立。

米尔顿·弗里德曼的《货币的祸害：货币史上不为人知的大事件》、黑田明伸的《货币制度的世界史》都记录了一则木片货币趣闻：受到大萧条冲击，特奈诺集镇上1055家银行全部停止兑付，一时间城中的交易瘫痪。但是，商工会议所计划发行相当于储户存款25%额度的证书，其中一部分证书以印刷了25美分等面额、明信片大小的木片形式发行，商人们同意接受这种货币，并以此渡过难关。黑田明伸对此分析："并不基于确实的债权、没有来自政府的保证、只是以其本身不过是木片或纸屑作为通货而流通，完全是基于城里的人们共有的松散约定。"[1]

而从技术角度来讲，中心化与去中心化并不一定非此即彼，分布式的平台上可以运行中心化的应用；中心化的平台上也可以运行分布式的应用。通过设定货币交换、传输、结算等一套协议，在中心化与去中心化中寻找平衡点，进而在此基础上形成合约（即数字货币概念中的"共识"）。

---

[1] 智本社.货币的本质|石币之岛、美元之谜与比特币之殇[EB/OL].(2019-04-09)[2024-06-15].https://www.163.com/dy/article/ECAJOMQB054379BW.html.

失序的美元

"天下苦美元久矣"

危机叠加,昔日帝国告别最鼎盛的时刻,美元霸权在驰骋近一个世纪之后开始收缩。

就美国国运拐点而言,似乎也仅有1929年的美国大萧条能与此轮复式危机相比拟,可谓"百年轮回"。大萧条前夕,美联储宽松的信贷政策等都刺激了华尔街的繁荣,随着"黑色星期四"捅破股市泡沫,一场由华尔街股市大崩盘引发的大萧条波及世界。1933年,罗斯福入主白宫,摒弃了传统自由放任主义与前总统胡佛的"休克疗法",转而强化政府对经济领域的干预,以"新政"和基建狂潮拉动美国工业制造。随后,"二战"的爆发彻底扭转了美国国运,也让美元成为世界货币。1939—1945年,第二次世界大战将原有的国际政治经济格局全盘重构,不仅让美国大发战争财、走出大萧条阴霾,也让美元迅速崛起。"二战"后,美国在巅峰时期拥有246亿美元的黄金储备,占当时整个西方世界黄金总储备的73.4%,成为金本位时代货币强权的象征。1944年,美国主导了新的货币秩序,构建以美元为基础的布雷顿森林体系,美元自此替代英镑成为货币之王。

不过,布雷顿森林体系存在致命的"特里芬难题"。自20世纪60年代起,美国外贸赤字不断扩大,欧洲国家从美联储兑换走大量黄金,美元因黄金储备不足再难以维持与黄金的固定比价。1971年,尼克松宣布停止向外国政府兑换黄金。随着布雷顿森林体系的崩溃,美元重新寻锚,"石油美元"取代"黄金美元",美国顺势通过能源与货币牢牢捆绑全世界。1974年,基辛格与沙特达成协议,美国对沙特油田提供军事保护,作为回报，沙特以美元作为石油贸易的结算货币。1975年，欧佩克所有产油国都同意以美元作为唯一结算货币，并将石油贸易获得的美元投资于美国国债。此后，全球最大的几个石油进口国——中国、日本、印度等，也不得不遵照相关协议。各国通过制造业出口换取的美元外汇基本投资于美国国债。自此，一个美元和美债的完美闭环形成，以此支撑起美元在全球的信用。各国央行成了美国经济循环当中的一员，货币发行和经济运营都受到了美元的影响，让美国经济与全球经济"一荣俱荣、一损俱损"。

2008年次贷危机拉开了美元盛极而衰的序幕。"9·11"事件后，美联储时任主席艾伦·格林斯潘连续下调利率，美国政府鼓励家庭信贷，共同催生了大量住房次级贷款，在危机爆发前已达8万亿美元的体量，并在该基础上催生了天量的金融衍生品。当时，房地产抵押债券及其金融衍生品成了美国金融大厦的基石，而后又异化成全球金融机构的"毒资产"，并以雷曼兄弟倒闭为标志演变成全球性金融危机。为度过这场危机，美联储实施了多轮量化宽松，致使美元发行犹如脱缰的野马，源源不断地从金融市场上收购住房抵押债券和美国国债，向金融市场注入流动性。与此同时，凭借美元霸权，美国通过转嫁危机让全球经济为其买单。

一句"美元是我们的货币，但却是你们的问题"[1]就让无数新兴市场国家"哑巴吃黄连"。美联储先是十几年如一日地维持超宽松货币政策，以"大水漫灌"将其国内通胀、动荡、资产泡沫等一系列压力向外输出，后又急剧转向激进的加息政策，推动美元升值、虹吸全球资本。从1982年拉美债务危机到1994年墨西哥金融危机，再到1997年东南亚金融危机，无

---

[1] 王茅.美元是美国的货币，但不要成为其他国家的问题[EB/OL].（2023-04-11）[2024-05-27]. https://baijiahao.baidu.com/s?id=1762845576330779068&wfr=spider&for=pc.

不与美联储加息紧密相关……而各国因担心资产价格崩盘诱发经济金融危机,不得不强撑本币、与之"陪跑",导致世界各地汇率居高不下……毋庸置疑,当美国频频在货币水闸收放间,过于强调美国利益而忽视其所需承担的国际责任的时候,越来越多国家和市场主体希望降低和摆脱对美元的依赖,希望有更多的国际货币能够替代美元进行国际支付、国际清偿和国际结算。

美元"作茧自缚"?

尽管美国的经济系统具有一定程度的韧性,尚存回摆与调整的空间。一方面,作为全球第一储备货币的美元尚未找到真正的替代品。当前的国际货币体系依然是以美元为主导。根据环球银行金融电信协会(SWIFT)数据,截至2024年3月,全球贸易中美元、欧元、英镑、人民币的国际结算份额分别为47.37%、21.93%、6.57%、4.69%,美元仍是全球使用最广泛的结算货币。从货币史的发展来看,对原有货币霸权的取而代之并非一蹴而就。19世纪中叶,英国国力鼎盛,英镑成为第一种非金银的全球储备货币。1894年,美国GDP超过英国,但并非美国GDP世界第一,美元就是世界货币,即使到了一战时期,美国的经济体量已经超过英法德三国总和,美元的国际地位也未超过英镑。实际上,直到1945年美国建立布雷顿森林体系时,才真正意义上让美元取代英镑,其间历经半个多世纪。因此,美元或还能享受一段时期的铸币税,或能以时间换空间。另一方面,美国能够强盛100余年,本就与其社会系统的纠错能力以及自我内部的革新能力有关。美国也有韧性和改革的能力,这在过去都拯救了美国。正如19世纪中期,随着资本主义与奴隶制的矛盾爆发,美国通过南北战争扫清了发展道路，一跃成为世界强国；"二战"后，美国通过马丁·路德·金发起的民权运动完成了对自我的又一次清算与革新，国会陆续颁布了一系列政治改革；"9·11"事件后，族群融合与信仰宽容成为美国社会反思后的共识。更何况以美国为中心的全球体系磕磕绊绊运行了3/4个世纪，美国目前还是世界工业分工体系的核心，仍是全球商品头号买家和技术总提供者，有大量围绕的外围国家的协同。只是时移世易，"谁也不能打倒美元"不假，但恰恰是美元自身陷入了困境。

首先，美国经济结构高度金融化造成美元体系自身的困境。美联储越来越从"最后的贷款人"变成"最后的做市商"，直接参与到市场竞争甚至财富分配的过程，逐渐失去独立性。更严峻的是，货币金融本就内置自我炒作、自娱自乐的基因，直接导致了美国经济的空心化。金融独大、投机成风使美国金融不断脱离实体走上自我交易、自我膨胀的道路，异化出在全球范围内配置资本的金融体系，其豢养的快钱行业和所谓高科技产业的畸形繁荣直接造成了美国的空心化。正如当年乔布斯对奥巴马所言，"总统先生，流出去的产业链永远都回不来了"。[1]而当货币政策的放纵让美国金融进入失序模式，诱发的产业空心化、财政债务化、收入两极化等问题直接导致了美国社会的撕裂与极端化。社会矛盾极化开启了美国后期的大动荡。

其次，美元体系的"武器化"使用引起非美国家对金融安全的深切忧虑，推动各国形成降低美元依赖的共识。受欧美金融制裁影响，自2022年4月起，俄罗斯向"不友好"国家和地区供应天然气时要求用卢布结算；

---

[1] 观察者网.富士康美国厂去年招不满人 今年减税补贴被取消[EB/OL].(2019-01-19)[2024-05-11].https://news.sina.com.cn/o/2019-01-19/doc-ihrfqziz9069875.shtml.

2022年8月，土耳其扩大与俄罗斯的贸易和能源合作，土耳其同意开始以卢布支付俄罗斯天然气费用。除俄罗斯外，部分资源国和新兴市场国家也开始纷纷推进"去美元化"进程。

再次，从全球化到区域化，美元"一家独大"的现实基础被釜底抽薪。逆全球化浪潮与保护主义兴起，全球经济治理和国际经贸规则多边机制也朝着区域合作、双边合作方向及"俱乐部"模式发展。2000年，蒙代尔就基于最优货币区理论提出未来的国际货币体系会呈现"全球金融稳定性三岛"格局，并形成美元区、欧元区和亚元区三大货币区[1]。可以预见的是，随着区域化产业网络的巩固和深化，国际货币也将从美元一家独大向多极化转变，更注重服务于区域内的生产交易需要，降低依赖区域外货币而产生的汇率波动等风险。

实际上，今天美元的情形在20世纪70年代初就被算准了。1971年布雷顿森林体系解体是对"特里芬悖论"的验证，也预告了美元独霸时代的没落，美元发行的巨大利益冲动必将冲破价值稳定枢纽，导致美元危机以及其超主权货币地位塌陷，而建立于美元国际货币体系之上的国家经济萎靡不振也在预料之中。概言之，美元是世界的货币，更是美国的陷阱。

美国目前更多靠历史的惯性力量在维持，如果说过去几十年各国迫于美国的经济和军事威慑可以勉强购买美债、支撑美元信用，而如今美国综合国力已愈发难以撑起世界独霸的权威。

进一步而言，美国近几十年的货币超发，自从美国染上"战争毒瘾"之后就很难戒掉了。枪炮一响，黄金万两。与战争高额开支形成鲜明对

---

[1] 钟伟，张明.全球"金融稳定性三岛"和亚元的未来[J].经济研究资料，2001(6)：23-31.

比的是，一战爆发前夕，昔日"日不落帝国"英国GDP也不过110亿美元。随着热武器时代的到来，军费要求也水涨船高。美国作为"战争的信徒"，冷战后的30年内，共发动军事干预251次，其中大规模的对外战争就超过5次。

美债本就基于美国联邦政府的成立以及应付独立战争的巨额开支而诞生。彼时刚刚独立的13个州一方面要面对英属北美的压力与战争，一方面要和印第安人展开战争，让其从建立之初就基本处于常年需要高额军费维持战争的状态。1783年第一批国债就发行了7100万美元。由于战争，美国一直处于某种扩张之中，从领土扩张到经济扩张、金融扩张。从一建国开始就举债，然后通过举债完成战争投入，又因为战争带来的各种收益从而维持债务规模的模式，美国食髓知味开了窍，在历史中一次又一次地复刻。20世纪中后期，因为越战和"伟大社会计划"的支出，政府债务上限一路从1967年的3650亿美元涨至1980年的9351亿美元。但是，这套债务驱动模式的经济效益很快达到了临界——此前美国政府的债务绝对值虽然增加，但政府债务/GDP比例反而在下降；而到了里根时期，债务增速开始远超GDP增速。与此相对的是政府债务上限跟着一路上调。自1940年有记录以来，美国联邦政府债务上限已经被修改了104次，平均每9.5个月一次。根据美国财政部数据，2023年底，美国国债规模已经达到34万亿美元，为有史以来首次突破这一水平，距离2023年9月突破33万亿美元大关仅过去3个多月。

金融动荡与置顶危机

美债内置难以自我调节的内在逻辑有三点：

第一，美国的债务驱动模式有其阶段脆弱性。该模式属于国家杠杆行为，是否能够持续玩转，取决于投资收益率。经济上行阶段，杠杆会放大投资收益。如果全球经济增长陷入困境，加之逆全球化竞争愈演愈烈，无论是转移供应链还是阻断创新链，都需付出巨大成本，直接拉低投资收益率，这时候曾经的杠杆就会变成魔鬼。

第二，该模式充斥着政治泡沫。债务问题不仅是美国的经济问题，也涉及美国深层的制度和政治竞争问题。《政治泡沫》一书写道，每一次美国金融危机背后都潜伏着一个"政治泡沫"，导致金融不稳定的那种市场行为是政治泡沫促成的。围绕债务上限已成政治秀，两党围绕债务限额谈判展开长时间的拉锯战，会通过政治博弈以更多维护本党主张和利益——正是这种特定的信念、制度和特殊利益组成的强大共同体构成政治泡沫。而每次美国两党对债务问题"艰难达成共识"，就是一次一次地对真正的问题视而不见，将泡沫与风险进行技术性处理和延后。

第三，美元霸权演化失序。美元和美债是这套模式的一体两面。不同于其他主权债券，美国国债是以美元计价，而美元不仅是国际贸易结算与汇率交易的最主要工具，也是全球投资与融资的最核心货币，同时还是各国重要的储备性资产。这种十分独特的地位铸就了美债如同美元一样的全球广泛流动性、可交易性与变现灵活性的优势特征，也正是如此，境外投资者持有美国国债规模占比在2012年前后一度高达35%。如果美元霸权摇摇欲坠，美国庞大和复杂金融系统的基石不再坚不可摧，那么其债务驱动模式就要死机，抛美债、去美元化就成为各国理性的选择。

究其根本，美国债务驱动模式塌陷是市场经济发展到最高阶段的必然。美债历史上的几次跳跃性大拐点就与金融大膨胀、大震荡节点重合：

20世纪70年代，国际格局下的布雷顿森林体系崩溃解开了束缚美元增发的黄金枷锁，是美债规模"狂飙"的原点；20世纪90年代，亚洲金融危机驱动资本回流美国、刺激本土资本市场的繁荣，让境外资金持有美债规模快速增长。2000年，美国开启国际透支、国内脱虚向实的双重危机，快速攀登市场经济最高阶段，并由此进入金融自身演化阶段；直至2020年美债"飞车失速"，美国用了将近200年的时间才积累了第一个1万亿美元的国债，然而仅2023年6月至2024年1月，美国国债规模就增长了1.9万亿美元。于是，内部压力大，只能举债；债务太多，就要对外收割来填窟窿；收割太猛，"韭菜起义"，统治成本失控，债务压力进一步放大；内部压力更大，政治泡沫更多。美债循环往复间，根本停不下来，美国国会预算办公室预估，美国可能在未来10年内增加近19万亿美元的新国债。

问题是，没有可以一直加下去的杠杆，最终依旧是逃不脱地心引力。市场经济惹下的祸无法靠自身修复，过去靠经济危机周期性释放能量，但透支到国际国内的极限之后，就从周期性危机演化成终极意义上的全面危机，只能靠外部打碎重新来过。就此意义而言，美债危机折射出美国依靠金融系统讲故事能支撑的极限，按世界体系理论奠基人之一安德烈·冈德·弗兰克（Andre Gunder Frank）的话，这是一种美式庞氏骗局，"将像之前的所有骗局一样轰然倒塌，届时会带来世界性的震荡……可能需要对美国主导的世界政治经济进行系统的根本性重组"[1]。

对于美国而言，债务炮弹滴答作响，既是市场经济发展到最高阶段的无奈宿命，也折射美国所谓"民主"和"权力制衡"的局限性。

---

[1] 马耀邦.美国债务违约与恶性通胀[EB/OL].(2013-05-01)[2024-05-11].https://www.hswh.org.cn/wzzx/llyd/jj/2013-05-01/2677.html.

从石油美元到芯片美元

所谓石油美元,实质是将石油这一大宗国际贸易的应用场景来稳定美元价值。问题是,石油美元的局限性不断凸显。从能源经济角度看,据美国能源信息署数据,1990年沙特每天要向美国出售逾200万桶石油,这一数字在2021年12月已降至不足50万。尤其是美国页岩油革命后,对于沙特而言,美国从可以信赖的伙伴逐渐变成竞争对手,极具标志性的是《禁止石油生产或出口卡特尔》法案(Non-OPEC Petroleum Exporting Countries,NOPEC)。2019年沙特公开宣布,一旦美国通过该法案,沙特将放弃石油美元协议。而在2022年5月5日,美国参议院委员会正式通过该法案。如果对石油的掌控和利用能够塑造国家权力,那么这一底层建筑一旦失控,所有基于其上建立的繁华与荣耀都将随即坍塌,当初基辛格与沙特达成的合作协议已全面动摇,这相当于对美元全球霸权、美国能源金融的根基釜底抽薪。

美国构建半导体产业霸权的核心基石,由技术链、消费链的强大显性控制能力维系,即在产业链关键环节对核心技术和高端研发的控制,尤其是芯片制造设备、EDA及知识产权(IP)等领域形成绝对优势。同时,美国作为重要的半导体产品买家,也形成一定市场权力。它通过政治施压,辅以融资渠道、股权结构等手段长期埋"暗桩",形成隐性控制。阿斯麦虽是荷兰企业,但50%的股权资本控制来自美国;其EUV光刻机约55%的零部件都要从美国购入。《芯片陷阱》一书全面揭露了美国通过金融链一步步控制、瓦解被誉为"法国21世纪首个独角兽公司"的芯片卡制造商——金普斯。在此过程中,以大宗商品为核心的石油美元逐渐过渡到以高科技为核心的芯片美元。

用信用货币的逻辑来看芯片美元——信用本位货币,其信用直接来自其抵押资产,国债、黄金等,广义上是政府财政收入、信用扩张能力以及国民经济实力。而从交易的逻辑看,其信用取决于其能够在市场上交换到什么商品,尤其是本国能够提供(出口)多大价值的商品。石油美元的背后是美国能够提供高价值的武器、技术和金融资产。芯片是这个时代的"石油",芯片美元的背后是美国拥有重大优势的技术产品。

石油美元和芯片美元之间存在两大显著差别[1]:

一方面,从直接的经贸视角来看,石油美元一手石油一手美元,给石油输出国带来大量的顺差。这些顺差以各种形式流入国际金融市场,完成美元资金国际大循环。相较而言,芯片美元对这种大循环的影响存在不确定性:由美国提供芯片与美元,看似夯实了美国"卖方权力",但仅从芯片本身来看,将为美国带来贸易顺差,而各经济体购买高端芯片会形成贸易逆差。

另一方面,从产业结构视角来看,石油美元会固化石油输出国的经济结构,形成所谓的"资源诅咒"。从短期看,为石油输出国带来大额利益;从长期看,导致其很难培育出具有全球技术竞争力的经济结构。芯片美元背后代表着全球高技术竞争,芯片以技术创新不断驱动着芯片输出国的产业升级。

---

[1] 王晋斌,厉妍彤.芯片美元或成美霸权新工具[EB/OL].(2022-08-23)[2024-05-11]. https://baijiahao.baidu.com/s?id=1741943568612404359&wfr=spider&for=pc.

人民币国际化之路

中美共生关系下的人民币与美元

历史学家尼尔·弗格森（Niall Ferguson）与经济学家莫里茨·舒拉里克（Moritz Schularick）在2007年创造了"Chimerica"（中美国）这个词语，用来描述中国与美国的共生关系。在该概念中，一方面，中国向西方输出大量廉价商品，平抑了西方的通胀压力。另一方面，长期对外贸易使中国获得大量外汇，换言之，中国大量吸纳了西方增发的货币。鉴于外汇进入中国，需要对冲增发相应汇率的人民币，在一定程度上，中国也因此进入到快速的经济货币化过程。概言之，中国的"双重输出"稳定了西方在金融资本阶段的经济发展，保持了美元作为结算货币和储备货币的地位。当时，华盛顿精英满怀期待地认为，正在崛起的中国将屈从于由美国主导的"基于规则"的世界秩序。

而在此过程中，人民币与美元也形成了高度绑定。1994年初，我国开始实行以市场供求为基础的、单一的、有管理的浮动汇率制，外汇强制结售汇制度正式启用。这一阶段，人民币一直盯住美元，1994—2005年，人民币兑美元的汇率一直保持在8.28左右，是一条水平的直线。

2005年的"7·21"汇改之后，我国开始实行"以市场供求为基础、参考一篮子货币进行调节、有管理的浮动汇率制度"。这些制度要么是钉死了美元形成固定汇率，要么是以美元为参考进行浮动，趋势上仍然趋同，事实上就是在参与和维护"美元体系"。看似很吃亏，但当年这些制度、政策是中国在实力弱小无法改变规则的时候尽可能根据现有规则权衡利弊的必然选择。

2015年的"8·11"汇改优化了人民币汇率中间价的形成机制，提升了中间价市场化程度和基准地位。外界普遍认为，这次汇改是人民币向着自由浮动汇率转变的一次有益尝试。正是这样的改革，使得人民币于2015年11月底被批准成为国际货币基金组织特别提款权第三大权重的篮子货币，并于2016年10月1日起正式生效。2017年底，人民币国际化水平已经与日元、英镑大体相当；同期，人民币全球贸易结算份额达到1.79%，而包括直接投资、国际信贷、国际债券与票据等国际金融人民币计价交易综合占比达到6.51%，创出历史新高。然而，步子迈得太大，反而容易失去平衡。当年"8·11"汇改时，结售汇制度下，资本项并未完全放开，后果就是进一步加深了人民币兑美元贬值预期，成为人民币国际化放缓的一个重要原因。

所有事物都有其内在逻辑可循，货币亦是如此。货币的本质是契约和信用，背后凝结着国家的综合实力。而汇率是一国货币兑换另一国货币的比率，是以一种货币表示另一种货币的价格，那么从根本上而言，汇率的本质就是两个国家政治经济的综合反映和比较。两个国家愈演愈烈的博弈，也将直接投射在其货币与汇率上。

中美之间被外界广泛视为两大体系的碰撞。但幸运的是，中美冲突的烈度空间相对有限，当下从中美经贸往来的复杂矛盾便可窥一二。从芯片领域来看，好似美方急于挑衅中国；吊诡的是，中国抛售美债之举，却让华盛顿如临大敌。矛盾背后，是中美"你中有我，我中有你"的糅合使然。经贸领域的摩擦与行政干预本就悖逆"自由交换产生财富"的经济学铁律，挡不住市场与资本"用脚投票"。

遥想1806年11月21日，拿破仑在柏林颁布了著名的《大陆封锁令》，旨在把英国踢出全球产业链体系。英国产成品都是各国赖以所需的，而且由于拿破仑的封锁导致英国压低价格产生利差，因此，英国产成品总有无数种办法流入欧洲市场。更何况全球化时代国际安全环境的可塑性已大大增强，国家间的利益格局、利益关系发生质变：以往的国家利益关系总体上是一种零和格局，呈现强对抗性；在全球化时代下，各国利益交织融合。

人民币汇率的压力与韧性

人民币必然走向国际化，因为中国仅用近40年就逐步逼近世界舞台中央。根据公开信息，1978年的中国GDP只有3679亿元，但改革开放浪潮让中国GDP开了挂似的追赶，1986年升至1万亿元，1991年到达2万亿元，此后10年每年近乎上升1万亿元。2001年到10万亿元，2006年超过20万亿元，再之后每两年上升10万亿元。2012年已近52万亿元。这35年中国GDP年均增长9.8%，远超2.8%的世界经济年均增速。中国从1978年的世界第十位节节攀升，2008年挤走原先第三位的德国，2010年超过日本而跃居世界第二位。2012年中国GDP首超美国一半，2014年突破10万亿美元。美国从1万亿美元升至2001年首超10万亿美元花了31年时间，中国则仅用了14年。到2023年，美国GDP达到27.37万亿美元，中国以17.89万亿美元位居第二，但已超过其后日德英法四国GDP之和，在世界经济中的比重也从1978年的1.8%上升到2023年的近20%。中美GDP占到世界经济的半壁江山，显示中国经济逼近"世界舞台"的中心。

中国崛起几乎成为世界百年一遇之大变局最为直观的变量，但相较于庞大美元体系对美国经济的支撑，人民币的规模体量和国际地位都与世界第二位的身份极不相称。且不说人民币还不能自由兑换，仅从人民币的发行看，1978年中国广义货币供应量（M2）为860亿元左右，即便经历1984—1989年所谓奔驰式通货膨胀，年货币增量也控制在数千亿元，可1994—2001年货币年均增长1.51万亿元，增速高达39%，到2002年后每年的货币增长更是突破3万亿元，2008年初M2突破40万亿元，以此计算，改革开放后30年M2年均增速竟高达23.46%。即便金融危机10年，也挡不住M2在这10年增加4.31倍。国家统计局数据显示，截至2024年4月末，中国M2余额为301.19万亿元，较1997年（约9.1万亿元）大涨超33倍。而美国M2同比增速从2021年初开始持续回落，并于2022年末第二次世界大战以来首次跌入负区间。美联储的数据显示，截至2023年12月4日，M2存量约为20.9万亿美元。

问题是人民币是中国的，美元却是全世界的。大量人民币流入房地产、科创等产业，美国增发的美元在石油、大宗商品等美元结算中被全世界稀释。根据国际货币基金组织的官方外汇储备货币构成（COFER）调查，2023年第三季度，各国央行持有的美元储备的比例为59.2%，尽管自21世纪美元的主导地位已逐渐下降，但仍不容小觑。相较而言，截至2023年第三季度，全球央行持有的人民币储备规模为2601.2亿美元，占比2.37%。但同时，人民币的活跃度正不断抬升。2023年9月，人民币在全球贸易融资中的占比升至历史最高水平5.8%，首次取代欧元成为全球第二大贸易融资货币。2023年11月，环球银行金融电信协会统计显示，人民币在全球支付中的占比升至4.61%，较2022年11月几乎翻番。

从经典逻辑看，人民币若要脱颖而出，就应该挤压西方货币份额来要回人民币与贸易量相对应的货币支付占比，但谁都知道国际货币的重要性。

美国的霸权很大程度上不单是因为有航母（军事实力），还有对底层网络基础设施的掌控。再加上美元又是国际结算货币，垄断并控制了包括石油在内的全球大宗商品的定价权，并形成了以美元为主导的国际资金清算系统（SWIFT）。正因美国在互联网上如入无人之境，而所有基于互联网上的结算系统又以美元为主。在此背景下，各国已经蠢蠢欲动准备组建自己的金融结算系统。

伴随结算支付系统进入"春秋战国"时期，美元主导的原有国际金融体系无疑将面临被打碎的风险。此外，货币多元化也是对人民币国际化的考验，而对冲美元无疑将成为人民币的策略性职能。从人民币国际化的自发优势来看：

第一，相较其他备选货币，人民币兼具统一政策与经济体量两大背景。过去被寄予厚望的欧元、日元，均有内在缺陷。一是欧元区货币政策与财政政策尚不统一，酿成了以希腊为代表的欧洲债务危机。二是日元的国际化地位依附于美元本位制，且经济体量只相当于美国的1/4，外贸规模也只有美国的40%。从两者的缺陷考察中国，可知情况大不相同：中国各项经济政策均服务于宏观调控目标，在协调操作上能做到步调一致；中国经济总量已是美国近七成，出口规模更是美国的1.5倍以上。

第二，综合产出是货币信用的坚实基础，人民币信用的锚是兑现实物的能力。过去美元与黄金挂钩，凭的是"二战"后的"世界工厂"身份，以输出实物的能力给美元镀金，而布雷顿森林体系因国际收支长期逆差而崩溃后，美元又强行与石油挂钩，从外部嫁接能源信用作背书。对人民币而言，这些都是中国内部生成且能长期保有的优势，如齐全的产业链体系、工程师红利、市场容量与能源革命成果。人民币持有者几乎能买到所需的一切，这也是沙伊和解、人民币清算范围不断扩大的重要原因。

第三，看似弱势的人民币汇率，实则属于结构性的调整策略。当下国家汇率管理秉持"汇率风险中性"理念，坚决防范防止汇率超调风险，避免大起大落，旨在促成"横着走"[1]的震荡上扬。事实上，2023年以来人民币兑美元汇率的阶段性贬值顺应了宏观经济调节的需要，如2023年第一季度经济复苏不及预期，亟须汇率贬值拉升出口竞争力。因此，要有意维持"对美元贬值，对其他货币升值"的局面，服务于经济基本面，稳定远期汇率预期，从而使人民币汇率吸附在合理区间运行。

---

[1] 指人民币汇率在一个相对较小的范围内波动，没有明显的上升或下降趋势。

第二篇

金融的实践：传统金融理论为何不适用了？

从某种程度上看，世界史就是一部金融史。金融发展伴随着整个人类文明的演进历程。随着时代的发展，从农业文明到工业文明，金融工具的标准和形式、金融服务的组织方式、金融机构的种类、金融市场的覆盖范围等都发生了革命性的变化，但始终跳不出市场经济的框架。百年变局之下，经典经济学理论"黯然失色"，既无法解释当下，又无法参透世界金融逻辑，乃至全球经济格局深刻变化的未来。可以说，金融理论断层是全球面对危机难有作为的根本原因。

第四章　经济学三场世纪论战

凯恩斯与哈耶克

凯恩斯：终结古典经济、修复市场经济

在亚当·斯密奠定的经济学基石上，西方经济学家们继续推进经济学理论发展和深化，发起了数次经济学"革命"和"综合"。其中尤为著名的是发生在20世纪30年代世界性经济危机背景下的"凯恩斯革命"，彼时，古典经济学已经无法解释西方国家持续存在的大量失业现象。

凯恩斯对古典经济学的颠覆表现为核心两点：

核心一是颠覆了萨伊定律，即以"需求会自动创造供给"替代"供给

会自动创造需求"。凯恩斯一反传统经济学认为生产很重要的论点，反而强调消费的作用。马克思对资本主义经济危机的根源的判断是资本主义社会的基本矛盾，是制度问题；凯恩斯对于资本主义经济危机的原因的判断，则是有效需求问题。如果说劳动二重性原理是马克思经济学的关键概念，那么，有效需求则是凯恩斯经济学的关键概念。所谓有效需求，是指商品的总供给价格和总需求价格达到均衡时的社会总需求。有效需求不足是因为货币购买能力不足，并由此导致了萧条。凯恩斯试图用三大规律去解释有效需求不足：

一、边际消费倾向递减规律。随着人们收入的增加，消费也会相应增加，但收入中用于消费的部分所占的比例在减少。

二、资本边际效率递减规律。人们预期从投资中获得的利润率（即预期利润率）将因增添的资产设备成本提高和生产出来的资本数量的扩大而下降。

三、流动偏好规律。人们愿意保存更多的货币，而不保存其他的资本形态的心理规律。

凯恩斯通过以上三大规律对经济危机做了全新的说明，并在此基础上提出了摆脱危机、走出萧条的全新思路，即把收入用于消费和投资。他说："信心之崩溃，对现代经济生活打击甚大，要医治此病，唯一根本办法是让病人有两条路可走，其一是把所得消费掉，其二是选择一件他认为前途最有希望，同时又有能力购买的资本资产，向别人订货。"[1]

核心二是摒弃亚当·斯密"看不见的手"理论，主张国家干预经济。

---

[1] 凯恩斯.就业、利息和货币通论[M].李欣全，译.北京：北京联合出版公司，2015：74-75.

1926年，凯恩斯在《自由放任者的终结》一文中便提出"要把某些经济管理职能交给政府来承担，不能让政府只作为守夜人"。

西方经济学在以市场经济为绝对主体的框架内蓬勃发展。即便凯恩斯理论强调政府作用，但本质上是通过在政府和市场之间建立起一条永久的秘密通道——"面多了加水，水多了加面"（"面"即需求侧，投资、消费、出口；"水"即货币）——修正市场经济。

哈耶克：计划通往奴役之路，自由市场优化配置

凯恩斯在1936年发表的《就业、利息和货币通论》从理论上讲谈不上逻辑严密、观点精准，但在一堆令人眼花缭乱的推算之后，他把就业、工资、消费、投资、利率、政府收支、汇率、进出口全部联系起来了，所以叫"通论"。20世纪40年代，世界刚刚经历1929—1933年的大萧条，西方经济复苏步履维艰，却又卷入第二次世界大战的巨大灾难中。西方社会已出现逐渐偏离经济与政治自由（构成欧洲近代文明之基础）的苗头，凯恩斯的通论如日中天。

在这种背景下，伦敦经济学院经济学教授哈耶克在1944年发表了《通往奴役之路》（*The Road to Serfdom*）这部经典著作。这本书主要阐述了由国家来主导计划整个经济活动会产生的必然结果。

《通往奴役之路》可分为两个主要层面：

第一，经济活动如此复杂，计划经济根本行不通。人类永远无法达到全知全能，个人永远处于无知状态。而经济活动由无数个人的交易行为组成，价格是调动交易行为的信号，通过价格（利润率）—竞争机制，形成一个自组织自平衡系统。消费者需要什么或不需要什么的信息通过价格变动传递出来。没有价格指引,计划者靠什么来知道三个月以后全国需要什么并在今天安排生产?

第二,计划经济要能实施只有先冻结价格,然后才能在此基础上安排三个月以后计划者认为你需要的产品,这样你就失去了个人选择。最终只有千篇一律的产品,不管你喜欢与否。经济活动本来建立在自愿自主的原则上,计划经济把自愿变成了强制行为。计划者会从多数人的消费偏好或者价值观出发,决定所有人应该消费什么和不该消费什么,从而以集体主义彻底取代个人主义,即"国家一旦担负起为整个经济生活制定计划的任务,不同个人和集团的应处地位就不可避免地成了政治的中心问题。由于在政府主导中只有国家的强制权力决定谁拥有什么,唯一值得掌握的权力就是参与行使这种命令权"。[1]

由此,市场经济是人类迄今所能发现的最有效率且较为理想的一种资源配置体制,市场可能比任何经济学家都聪明。放弃市场竞争和价格机制,用政府行政手段干预经济过程和进行资源配置,不但会在经济上导致像诗人荷尔德林所描述的那样"用通向天堂的美好愿望来铺设一个国家通向地狱之路",而且必定会在政治上走向一条通往奴役之路。

《通往奴役之路》几乎成了全面发展市场经济的旗帜。在一定程度上,这本书与其说是经济学专著,不如说是道德哲学意义上的宣言——把自由视为至高无上的道德准则,在经济上主张私有企业制度和市场竞争体制。

哈耶克是幸运的,几乎见证了市场经济在全球的胜利,似乎在他的时

---

[1] 澎湃新闻.韦森:我们比以往任何时候都需要重读哈耶克[EB/OL].(2022-06-28)[2024-05-05].http://www.chinareform.net/plus/view.php?aid=41191.

代，其他任何经济制度都挡不住市场经济的洪水猛兽。新自由主义思想在里根—撒切尔时代占据了主流经济学地位，甚至传出"唐宁街每一项经济举措都出于哈耶克之手"的说法，由理论、学术扩展到政治和意识形态范畴，构成"华盛顿共识"的价值支柱，并作为西方政治纲领推向全球，被一众政府和经济学者、工作者奉为圭臬。哈耶克不仅获得诺奖，还见证了自己的预言变成现实——苏联的覆灭。英美抛弃凯恩斯主义之后，最终赢得了冷战，捍卫了自由体制；曾经"繁荣强盛"的计划体制渐次衰亡，苏联走向覆灭。就算到了晚年，哈耶克也没闲着，在货币非国家化上做了最后的巅峰思考。他在晚年的最后一本经济学专著《货币的非国家化》中颠覆了传统的货币制度观念：既然在一般商品、服务市场上自由竞争最有效率，那为什么不能在货币领域引入自由竞争？他提出了一个革命性建议，允许私企发行货币，开放货币竞争。以此看哈耶克的超前思想和理论，在当下电子货币、加密货币甚嚣尘上以及国家数字货币再中心化的博弈当口，恰恰起到了后视镜的作用。

学术两极，生活同框

一档资讯娱乐节目《经济故事会》（*Econ Stories*）曾制作过一个滑稽说唱剧。一个演员扮演凯恩斯，另一个演员扮演哈耶克。凯恩斯和哈耶克的扮演者的唱词把两人各自的学术主张列了出来，最后以拳击决斗的形式形象地展现了哈耶克与凯恩斯的论战。在两集连续说唱剧的结尾，本来"凯恩斯"被"哈耶克"重拳一击打趴下了，但是裁判却拉起已倒下的"凯恩斯"，宣布他赢得了拳击赛的胜利。

英国经济学家、1972年诺贝尔经济学奖得主约翰·希克斯勋爵在1967

年发表的一篇反思20世纪经济学中"凯恩斯革命"的文章里做出了这样的判断："如果撰写20世纪30年代的经济分析史,这戏剧性一幕中的主角肯定一位是哈耶克教授。"希克斯这位"凯恩斯革命"最主要和最重要的参与者、倡导者和解释者之一还接着指出,尽管今天西方国家大学经济系里的大多数学生几乎都不怎么熟悉哈耶克的著作了,但是在当代经济思想史上曾经有一个"哈耶克的新理论"对阵"凯恩斯的新理论"的时代。希克斯接着还问道："到底谁是对的?是凯恩斯还是哈耶克?"

除了在学理上的见解和结论完全相反外,也有另外一个原因引起了两人的理论冲突。由于凯恩斯和哈耶克两人实际上都处在各自理论创新乃至孕育新的经济学理论革命的初始阶段,为了展示他们的思路和理论逻辑,他们都新创了一些前人都没有使用过的经济学词语,且由于时间仓促,两人并没有很好地界定这些他们各自所新创的词语。凯恩斯在写作《货币论》时,曾新创了许多新的概念,如"收入存款""旧资本""新资本""旧资本存量""新储蓄""新投资"……更为关键的是,在凯恩斯酝酿他的新的革命性理论的这个阶段上,宏观经济学理论框架中的最核心的两个基本概念——"储蓄"(saving)与"投资"(investment)及其两者的关系,尚未成型。这就叫一般读者乃至大多数同行很难理解凯恩斯在讲什么,到底在主张什么。

这些词语就成了他们日后(无论是公开理论商榷还是私人通信)纠缠不清和彼此要反复解释的主要缘由。其中最著名的便是"三来一往":在凯恩斯的《货币论》1930年出版后,哈耶克在伦敦经济学院院刊《经济学刊》(*Economica*)1931年8月号(第33期)上发表了他书评性的商榷文章上半部分,然后凯恩斯在该刊同年11月号上对哈耶克的商榷进行了回应,同一期也发表了哈耶克对凯恩斯回应的再回应。到了1932年2月号，该刊又发表了哈耶克商榷性书评的下半部分。

但在一定程度上，哈耶克对凯恩斯《货币论》的抨击与商榷，无疑刺激了凯恩斯进一步理清他自己的思想和术语，去写作《通论》这部经济学著作。在《通论》序言中，凯恩斯开篇第一句话就是"本书主要是为同行经济学家们所撰写的。……我的意图是想使辩解和争论尽量少一些"。他还在第一段中明确说："如果使分歧明确化，我在争论中的文字太过尖锐，那么，我必须请求原谅。"此后，《通论》也被认为隐含着对哈耶克及其同道所下的战书，希望他们就此做出回应。

哈耶克在20世纪30年代乃至其余生都没有专门为凯恩斯的《通论》撰写书评，没有从整体上批判凯恩斯的《通论》所建立起来的宏观经济理论框架，至多只是一些零星的评价。诸如在凯恩斯的《通论》出版后，哈耶克在他1939年出版的《利润、利息和投资》一书中，就曾没点名地批评凯恩斯所提出的利用扩张性的货币政策来增加就业的做法："当然，从来没人否定利用扩张货币的手段能迅速增加就业，从而在最短的时间内达到'充分就业'的状态……但必须加以说明的是，仅仅利用这种手段创造就业，有着内在的不稳定性；用这种手段创造就业，等于是让经济波动永无止境。"[1]

凯恩斯比哈耶克大16岁，出身名门望族。当哈耶克在理论上发起对凯恩斯的挑战之时，凯恩斯已经是名扬经济理论界的大家了。与学业出众的凯恩斯不同，哈耶克是个差生，两次被学校除名。哈耶克当过兵，他以超

---

[1] Hayek F. A. Profits, Interest and Investment[M]. London: Routledge 1939: 63-64.

群的智力在军官训练班上脱颖而出。他借助于打仗的空隙读了一些书，读完借来的经济学著作之后，终于感觉到了自己的激情所在。战争结束后，哈耶克回到了维也纳大学法律系，开始学习奥地利学派的经济学。

凯恩斯在世时，一直风光无限，虽然在1946年63岁就不幸去世，但其思想一直到20世纪70年代都是经济学主流。而哈耶克从20世纪50年代起一直寂寞地处在凯恩斯的阴影下，1974年10月4日终于获得诺贝尔经济学奖——这是自由主义学者首次获此殊荣。

哈耶克与凯恩斯虽然学术两极，但私交甚好。韦普肖特考证，哈耶克自伦敦初来剑桥，"本来是要搬到彼得豪斯学院住，而凯恩斯却以他善意的姿态，坚持要他的老对手在自己的国王学院附近找地方住，两人不时地在国王学院见面，履行教员职责"，于是，哈耶克与凯恩斯的见面和个人交往自然多了起来。另外，后来哈耶克曾对这一段与凯恩斯的亲密交往回忆道："我们有好多除经济学之外的其他共同的兴趣，如历史方面的。基本上，我们见面不谈经济学……所以，在私交上，我们成了非常要好的朋友，包括丽迪亚·洛普科娃。""虽然我仍然不同意凯恩斯的观点并与他有过白热化的辩论，但我们却保持了最好的私人友谊。并且，就他作为一个人而言，在很多方面我都对他怀有极高的敬意。"[1]

晚年的哈耶克也要把凯恩斯本人的经济理论与所谓"凯恩斯主义的理论及其政策主张"区别开来。譬如，在1975年9月25日于洛桑召开的国际会议上所做的题为《货币的选择：终结通货膨胀之道》的发言中，哈耶克就为凯恩斯他这位"宿敌"和老朋友辩护道："从某种意义上来说，过多

---

[1] 叶雷.凯恩斯与哈耶克谁赢了？[EB/OL].(2013-04-01)[2024-05-05].http://mzqb.cyol.com/html/2013-04/01/content_98116.htm.

地指责凯恩斯爵士，要他为身后的理论发展负责，这多少有点不公平。我确信，不管他以前说过什么，如若他还在世，一定是位反对目前通货膨胀的领袖。"

萨缪尔森与弗里德曼

萨缪尔森：凯恩斯的门徒

保罗·萨缪尔森把古典经济学的市场配置资源理论与凯恩斯主义国家干预经济理论统一在一个新的理论体系中，将数学分析方法引入经济学。1970年萨缪尔森获得诺贝尔经济学奖，比弗里德曼早了6年，他是整个北美经济学家中第一个获得诺贝尔奖的人。"在对提升经济理论科学分析水平的贡献上，萨缪尔森超过了当代任何一位经济学家"，瑞典皇家科学院在1970年诺贝尔经济学奖的颁奖词如此说；《经济学人》杂志评价其为"20世纪经济学家中最后一位通才"。特别是1948年出版的萨缪尔森经典著作《经济学》，已修订再版至19版，被译为40多种文字，全球销量上千万册，成为迄今为止发行量最大、影响最大的经济学教科书，完成了经济学从英国大本营向美国的历史性大转移。

值得一提的是，《经济学》有两个开创性特点：

第一，建立了经济学的基本学科叙述体系。因为是写给本科生看的教材，萨缪尔森把过去百年所有经济学家的理论进行了一次大融合，用7个单元（经济学的基本概念，微观经济学，要素市场，经济学原理的应用，宏观经济学，经济发展、经济增长与全球经济，失业、通货膨胀与经济政策）告诉大家怎样从零开始学习经济学。直到今天，它们依然被应用着，成为经济学的一个基本框架。

第二,区别于之前古典经济学家始终以对话和论辩的形态发展,用观点和说理针锋相对,即便有理论或公式推导,数学应用也只是辅助而已;萨缪尔森则把数学模型大规模地引入经济学体系,画出了全世界的第一条供给曲线、需求曲线和成本曲线,把数学变成了经济学的一个基本的学理训练和工具,让经济学似乎成了一门可以通过公式和数据、函数推导的学科。对此,也有人批评萨缪尔森将经济学引入了"窄门",他的教科书将一代又一代的学生带入了一种错误而痛苦的经济学范式。

毋庸置疑的是,他最为持久的成就是全世界一代又一代的年轻经济学家用他的教科书来学习经济学,这使得他成为凯恩斯最有力的布道者。如果说之前的经济学是群雄争霸,那么萨缪尔森在《经济学》中做到了"横扫六合,一统天下"。于是,1961年《经济学》出版到第5版时,萨缪尔森就给自己立了个门派——"新古典经济学"。

弗里德曼:哈耶克的继承人与同路人

米尔顿·弗里德曼是哈耶克之后获得自由市场论者最多支持、声望最高的经济学家。当凯恩斯的学生、麻省理工学院的保罗·萨缪尔森开始用一版版的经济学教科书来普及凯恩斯的思想,数学符号和计量经济学就成为那个时代经济学的代名词。而弗里德曼却在美国国家经济研究局做着实证研究,并酝酿着对凯恩斯众多门徒的挑战。

弗里德曼的学术观点其实就是货币至上,认为只要剥夺央行的自由裁量权,制定一个按照固定规则执行货币政策的制度,就能让价格保持均衡和小幅上涨的稳态趋势,创造出企业良好成长的宏观环境。弗里德曼与凯恩斯主义学派存在两个重要分歧：

第一，货币中性和货币政策。弗里德曼认为，货币数量决定价格，货币供应量的变动既影响物价水平的变动，也影响总产量或国民收入的变动。弗里德曼承认货币对产出的影响，但并不认为凯恩斯主义学派所说的货币扩张可以拉动总需求，也不支持政府扩张货币来抗通货紧缩（简称"通缩"）。

第二，货币需求和货币流速。凯恩斯主义学派认为，流动性偏好导致货币被储藏，货币流速下降，物价下跌，因而提出可以增加货币投放，降低流动性偏好引发的通缩风险。但是，在弗里德曼看来，货币需求是个人拥有的财富及其他资产相对于货币预期回报率的函数。因此，相对稳定的货币需求决定着货币流速的稳定性。从长期来看，弗里德曼不认为存在"流动性陷阱"。

弗里德曼与施瓦茨一起所做的关于大萧条的研究得出的教训，就是中央银行可以通过将大量的货币注入经济来解决流动性问题，从而影响陷入衰退的经济。1969年，弗里德曼提出"直升机撒钱"的概念。他设想了这样一个场景：一架直升机飞过社区上空时撒下美元钞票，这些钱被居民捡走，他们将此视为意外之财并进行消费，带来实际产出增加，从而助推经济增长。"直升机撒钱"由此得名。

弗里德曼孜孜以求的目标既是经济性的，也是政治性的。与哈耶克一样，他痛苦地强调不把自己看作名保守主义者，而是古典自由主义者。他所关注的首要议题，就是致力于阐明为何要显著缩小国家权力。弗里德曼对美国政治的持续影响力在2009年茶党的崛起中显露无遗。这是一场反对大政府、反对税收的愤怒的草根运动，源自小布什、奥巴马和伯南克的经济刺激政策。这一运动清除了共和党中的温和派,并为2016年唐纳德·特朗普当选奠定了一定的基础。数十年来弗里德曼长期致力于宣扬古典自由主义,为之铺平了道路,并帮助特朗普登上了总统的宝座。

20世纪末,《时代》周刊的编辑们聚在一起评选世纪经济学家,最后他们选了约翰·梅纳德·凯恩斯,但是他们差一点就选了米尔顿·弗里德曼。事实上,主编诺曼·佩尔斯廷很希望弗里德曼能够胜出。诺曼如此评价弗里德曼,"清楚地说明自由市场的重要性和政府过度干预的危险",而且"人矮却站得高"(身高不足1.6米)。

微妙的背反与转向

1966年,美国《新闻周刊》杂志同时邀请了保罗·萨缪尔森和米尔顿·弗里德曼撰写专栏。这是一个很有意思的选择:首先,萨缪尔森和弗里德曼的学术观点高度对立,前者被认为是凯恩斯主义在美国的代表人物,而后者则激烈反对政府干预,抨击凯恩斯主义。其次,萨缪尔森和弗里德曼有很好的私交,均认为对方是其所属经济学阵营中的最佳对手。萨缪尔森曾说,"弗里德曼教授是一个有能力的学者,也是保守主义经济学中古典自由主义强有力的代言人";而在萨缪尔森获得1970年诺贝尔经济学奖后,弗里德曼称赞对方是"一名聪明绝顶且具有原创精神的数理经济学家……帮助重塑和改善了我们这个学科的理论基础……他做出了重要的科学贡献,对我们当今的经济学理念有显著的影响"。

萨缪尔森与弗里德曼的论战,成为20世纪60年代至本世纪初美国乃至全球经济学领域最重要的对决。《纽约时报》甚至断言"借助于萨缪尔森先生与米尔顿·弗里德曼之间的争论,一名历史学家可以完整地讲述美国

20世纪有关经济政策的公共争论"。就像是凯恩斯与哈耶克曾长期在剑桥共事,成为毕生论敌,彼此激发了好胜之心,不断致力于推出新作来赢得论辩胜利那样,萨缪尔森与弗里德曼在《新闻周刊》上的专栏,以及其他很多公众演讲、论述场合展开的持续争论,不仅上升为20世纪后期两个聪颖头脑的智力对决,也深刻地影响了美国乃至全球很多国家和地区的公共政策。

更有意思的是,萨缪尔森与弗里德曼双双完成了学术上的转向:

萨缪尔森一开始抗拒凯恩斯,却成为凯恩斯最有力的布道者。1933年,经济大萧条,罗斯福上任后实行了一系列复兴政策。哈佛资深一辈的经济学家普遍持有悲观态度。凯恩斯的《通论》出版不久后,《经济学季刊》就刊出了哈佛教授(如列昂惕夫、熊彼特)的批评。但是,这种新思潮的火苗正在迅速燃起,一些哈佛年轻教员为凯恩斯所倾倒。他们在哈佛创立了凯恩斯研讨会,而萨缪尔森在这个研讨会上读到了《通论》的副本。当时他的老师列昂惕夫对于《通论》持贬低态度,萨缪尔森最初也有些抗拒。而萨缪尔森在对学生劳伦斯·克莱因的论文指导中,对凯恩斯经济学的脉络进行了系统化的分析,最终定义为"凯恩斯革命"。1946年,凯恩斯去世。萨缪尔森受邀撰写一篇悼文,他的评价也反映了他对凯恩斯理论的发展趋于成熟:"《通论》充斥着混乱和困惑,组织结构一团糟;但它的确是一部天才之作,分析既明显又新颖,它的贡献在于为分析有效需求水平及波动提供了一个相对现实的完整体系。"[1]

弗里德曼接受的是凯恩斯主义教育,却走向捍卫自由市场经济。1928

---

[1] 智本社.经济学最后一位"通才"萨缪尔森:战后凯恩斯主义的发展脉络[EB/OL].(2021-11-11)[2024-05-05].https://m.163.com/dy/article/GOGVU1K1054379BW.html.

年，弗里德曼考入罗格斯大学。大学毕业后，弗里德曼选择进入芝加哥大学继续深造。此时，芝加哥大学经济学还是凯恩斯主义的天下，弗里德曼接受的仍然是凯恩斯主义教育。但弗里德对凯恩斯主义政策实施的后果产生了怀疑。在弗里德曼看来，人的最高价值是自由，而自由与私有财产、市场是密切相关的。弗里德曼认为，反对政府干预，就是捍卫市场自由，就是捍卫人的自由和尊严。为了捍卫自由市场经济精神，弗里德曼开始著书立说批判凯恩斯主义经济学。从20世纪50年代中期开始，弗里德曼出版了大量著作和论文，宣扬自由主义经济学。1957年，出版的《消费函数理论》批判凯恩斯的边际消费倾向递减规律，否定政府公共支出对增加有效需求的作用；1962年，出版的《资本主义与自由》全面阐述了政治自由与经济自由的内在联系，分析了政府干预对个人自由的危害及市场在维护和实现个人自由方面的作用；1963年，与施瓦茨合作出版的《美国货币史》，利用对美国经济史资料的周密分析，证明1929年的大危机不是源于市场的自发作用，而是政府不适当干预的结果……

富有戏剧性的是，弗里德曼是20世纪初血汗工厂工人的孩子。他的母亲曾经在一个血汗工厂做临时工，后来开办了自己的裁缝店；父亲则做小本生意。而血汗工厂被认为是自由市场发展的必然，这在卡尔·马克思的《资本论》中早有论述。至今在西方经济学家眼中，马克思的理论"罪不可赦"，他将自由市场打入前所未有的冷宫，而冷战时期美国最大的"敌人"苏联，就是马克思社会工程化影响下的产物。弗里德曼全然忘记了自己的身世，他的精神导师就是亚当·斯密，他在自由市场上毫不妥协。

在一定程度上，2008年金融危机再次检验了弗里德曼和萨缪尔森这么多年相互争论的思想，而两人分别继承了哈耶克和凯恩斯在之前论辩中的角色。如果弗里德曼关于衰退时期增加货币供给的观点被证明是正确的，那么，2008年及之后一段时期的经历则主要证明了萨缪尔森的新古典综合理论更切中要害。在光景好时，市场经济的一般原则是有用的。然而，当经济进入衰退时，凯恩斯主义的治愈方案仍将发挥重要作用。

现代货币理论与经典经济学派

"财政赤字货币化"争议：现代货币理论争论的延续

一个国家财政入不敷出时，通常会寻求以借债的方式解决支出问题。这笔借入的钱就是赤字。通常情况下，政府债券的买主都是企业和个人，而如果"财政赤字货币化"，则买债的主体就变成了国家央行，这样的债政府卖政府买，一般都是零利率或负利率。同时，政府本就缺钱，央行只能通过"印钱"的方式买债，可见所谓的"财政赤字货币化"就是央行通过印钱，购买财政发行的债务，那债务就变成了货币。也就是说，借钱变印钱，一字之差，天差地别。原来借多少总要有所顾忌，毕竟借钱总要还利息。财政赤字货币化以后，政府花钱，央行买单。

每当发生危机的时候，大家不约而同想到的办法就是发货币，发更多的货币。如今，"财政赤字货币化"被置于舆论的风口浪尖。放在全球视野来看，这场争论是"现代货币理论"在中国的延续。"财政赤字货币化"并非新论，其背后的理论支撑是现代货币理论（Modern Money Theory，MMT）、第三类货币政策（Monetary Policy 3，MP3）。

1974至1975年，中东产油国因不满西方国家支持以色列，决定大幅提高石油价格，引发世界性经济危机。西方资本主义国家逐渐陷入滞胀，美国芝加哥大学米尔顿·弗里德曼反凯恩斯主义的货币理论逐渐被学界和业界接纳。政府对于货币供应管制不当被认为是陷入滞胀的主要原因。这是MMT的启航点。此后来自澳大利亚的纽卡希尔大学教授比尔·米切尔首次使用"MMT"对这一新生理论命名。

主流学派认为政府以印钞来解决财政赤字或者债务问题，会带来严重后果，这就好比私人部门入不敷出就要破产倒闭一样。衡量一个国家债务多少的标准是债务占GDP的比例。世界银行认为当债务占到GDP的比例超过77%时，这个国家的经济就会减速。如果一个国家的债务与GDP之比过大，投资者就会要求利率提高，甚至会抛售这个国家的债券。而推高的利率将让政府的负债成本变高，需要借新债还旧债。如果这个国家的债务是别的国家的货币，那么这个国家就会破产，比如斯里兰卡。如果债务发行的是本国货币，就是印钱还债，不可能破产。传统经济学家认为，印钱还债本质上是一种隐形的国家破产，他们管"印钱还债"叫"债务的货币化"，说的是中央银行直接印钱购买政府债券，压低市场利率，或导致市场货币总量增加，造成市场通货膨胀。而"长期通货膨胀+债务货币化"造成的低利率，会造成实际利率变为负数，给储蓄者或购买国债的投资者加一个无形的税，让政府逐渐脱债。长此以往，国家的债务会货币化，货币会贬值，经济会崩溃。

但MMT认为政府的负债对应的是私人部门的盈余，其实是一件好事；相反，如果政府有盈余，私人部门负债则是一件坏事，这会加大衰退的概率。过去200多年，美国最大的7次经济衰退之前，政府都出现了财政盈余。其次，MMT认为私人部门面对的预算约束，并不适用于政府。只要债务以本币计价，产能没有被充分利用，那么"无中生有"印钞也不会有严重的问题。

在一定程度上，MMT认为传统经济学把当代政府的财政过程搞反了，政府的财政从来不是先收税后支出，不够了才去借。MMT认为政府花钱的时候，直接发国债印钱、花钱，收进税后再还一部分债务，消灭一部分货币；如果收的税务不足以还债，那剩余的部分就成了债务。说到底，MMT的本质就是不要关注政府赤字有多少，而是关注社会经济总量，控制好货币发行小于前者，并且监控这些钱流到哪里，不发生通货膨胀。

2000年4月，MMT拥护者詹姆斯·加布雷斯受邀赴白宫参加比尔·克林顿总统举办的一场会议，讨论如何处理财政盈余问题。彼时克林顿邀请了200多个经济学家来商量如何处理财政盈余。多数人认为，有财政盈余是一件好事，可以偿还债务、进行减税。但加布雷斯语出惊人，"财政盈余是一种危险。这意味着资金从公司和普通老百姓手里流向了政府的储钱罐"，本质上是一种紧缩。因此，"财政盈余是一种负担"。他说完此观点后，在座的经济学家哄堂大笑。

其实直到2020年，MMT都是经济学界的非主流。MMT那几位主要推动者也并非来自经济学传统强校，乃至于MMT也不是完全独创的，以前的经济学理论里也有相似的影子，比如弗里德曼的"直升机撒钱理论"、克纳普的"货币国家理论"。可惜，面对近年全球经济增长乏力，"正统"经济学始终无法给出走出困境的"药方"。此前被视为"异端学说"的现代货币理论，走上历史舞台是迟早的事情。

从理论之争到利益之争

放在全球来看，MMT与其说是理论之争，还不如说是经济与政治之争。芝加哥大学布斯商学院的全球市场倡议（IGM）论坛曾对50位最受人尊敬的学术经济学家进行调查，发现没有一个受访者同意MMT关于财政赤字、债务货币化或通货膨胀的核心主张。萨默斯和克鲁格曼这样的"左倾"凯恩斯主义经济学家，也激烈地谴责MMT的主张是"危险的"和"明显站不住脚的"。但是，在政治上，MMT却颇受青睐。美国的进步民主派就旗帜鲜明地支持MMT。左翼民主党代表人物伯恩·桑德斯、"绿色新政"（the Green New Deal）的旗手沃伦（Warren）、国会众议员科特兹（Cortez）都是拥护者。2016年桑德斯竞选总统时就聘用了MMT支持者、美国石溪大学教授斯蒂芬妮·凯尔顿（Stephanie Kelton）作为经济顾问。在2020年总统大选中，由于受到新冠肺炎疫情的冲击，联邦政府需要为扩大财政赤字或提高债务上限寻找理论支持。MMT因此声名大噪。

部分观点认为，MMT是目的导向的，从目的正义反推工具理性，其逻辑与政治或意识形态运动有共通之处。MMT遵循的不是主流经济学中约束条件下的最优决策范式，而是先抛出"政治正确"的政策目标——为所有人提供工作，为所有人支付大学学费，以及保障全民基本收入（Universal basic income，UBI）等，而后再论证政策可行性。

谁为MMT买单？

2004年，中国曾动用当时4000亿美元外汇储备中约800亿美元向大型国有银行进行股权注资。这次注资取得了不俗的商业回报（据测算，当初800亿美元的投资现已增值至超过4000亿美元），更重要的是，这一举措令中国银行体系健康发展，资本实力、资产质量和经营效益不断提高，得以更有效率地将居民储蓄转化为对实体经济的投资，服务实体经济的实力大幅提升。

在有效需求严重不足和财政支出效率较高的情况下，财政赤字货币化对于缓冲危机冲击和重启经济可能会有一定的效果。然而，一旦财政赤字货币化趋势形成，通胀也将随之而来。正是鉴于赤字货币化这一手段的危险性，只有在迫不得已的危急时刻才可以动用这样极端的政策手段进行"抢救"。而对于当下中国而言，还远远没有到需要被迫"与魔鬼共舞"的地步。MMT支持财政赤字货币化的一个重要前提条件是市场处于流动性陷阱中和市场利率为零。中国的利率和存款准备金率仍有很大下调空间，这是与美国、日本的零利率时代最大的不同。中国人民银行数据显示，2024年2月5日，金融机构平均存款准备金率约为7.0%，其中大型、中型、小型银行的存款准备金率分别为8.5%、6.5%、5.0%。同时，我国的利率水平也远未接近于零。2024年2月18日，中国银行1年、3年、5年定期存款利率分别为1.7%、2.35%、2.4%。中国人民银行授权全国银行间同业拆借中心公布，2024年2月20日贷款市场报价利率（LPR）为：1年期LPR为3.45%，维持不变；5年期以上LPR为3.95%，较上月下降25个基点。贸然推进赤字货币化很可能是"病急乱投医"。

另外，对于"财政赤字货币化"是否能够有效刺激经济，我们也要打一个问号。要知道，以赤字货币化促进投资、刺激经济的传统路径，必须是在资本市场与商业银行的传导机制都有效的前提下才能发挥作用。对于当下的中国来说，这两个传导机制俨然失效：

就资本市场来看，中国股市尚未实现从政策市、炒作市到价值投资的根本扭转。

再看商业银行，政府虽然一再强调金融服务实体，但出于自身安全性考量，货币宽松，银行放款一般都放给了国企，有相当规模的民企也能拿到一些。而大部分中小企业要么无法受益，要么只能做国企的供应商或合作者，间接受益。在经济活动放缓、付款拖延的情况下，中小企业的资金周转相对困难。

更为重要的是，赤字货币化、现代货币理论只适用于美国、日本等极少数国家。无论美国采用多么激进的财政赤字货币化政策，最终买单的一定是世界各国。也就是说，美国可以充分利用美元的国际化地位，轻松地把风险转嫁给其他国家。而世界上大多数国家都无法在大规模印钞的同时，还能保持稳定的通胀率和汇率。就此来看，美国比中国更有底气，也更有手段来挥舞起"赤字货币化"的大棒。然而，无论是中国还是美国，经典市场经济背景下的货币投放注定造成虚拟经济对实体经济的挤压。理想中的货币政策传导机制认为货币被私人部门吸收之后，将投入商品和服务的研发、产销环节之中。不幸的是，在现实生活中，除了货币之"水"和实体经济之"面"，还有许多形形色色的东西，尤其是虚拟经济的重要组成部分金融资产体系。给跨国公司减税，带来的未必是大公司资本支出或研发投入的增长，而是从股市回购公司股票，以推高公司市值。给小微企业的经营贷，很可能被挪去炒房炒股。"钱生钱"成为获取财富的主要方式。也就是说，美联储并不具有把货币注入实体而不注入华尔街的能力，结果就是财政年年"触目惊心"。美国财政部数据显示，其国债总额在2023年9月就突破33万亿美元大关，到2023年底，又从33.9万亿美元升至34万亿美元。

在一定程度上，赤字货币化、货币福利化变异为对强势群体的变相讨好，反而扩大了贫富差距。无论是货币政策还是财政政策，服务于某些群体,哪怕是出于挽救之目的,定然会伤害其他群体,纵然我们未必完全知道谁受到伤害。大萧条后,美国实施福利政策,加大转移支付,贫富差距逐渐缩小。但是,从20世纪80年代开始,投资银行及跨国公司崛起,金融资产持续膨胀,贫富差距持续扩大。如今美国贫富差距日渐接近大萧条前期的峰值。为什么?从格林斯潘开始,美联储实施"不对称操作",持续下调利率,低利率、宽货币相当于给富人提供更加廉价的筹码。通常来说,量化宽松对金融、房地产有利,对科技创新、互联网、知识产业及服务业不利;大量货币流入资本市场推高了金融资产,膨胀了富人的财富,对富人有利,对穷人不利。货币越多,越是积重难返。

此外,货币肆意收放更会加剧美元与国债之间的悖论,长此以往,美元的霸权地位能否维持也将被打上问号。美元以国债为抵押发行,国债又以美元为兜底发行。美国国债扩张的同时,美元也在扩张,这是一个空对空的过程。美元滥发是在不断增加政府国债数额,最终要求全球承担起美元贬值的损失。长远来看,必将对美元的国际货币地位造成严重的威胁,各国将"用脚投票",逐渐远离美国,不让美国的通货膨胀祸及自身。

如果说中国资本市场和商业银行传导机制的失效是"赤字货币化"实施的最大阻碍,那么美国MMT的风险则在于国家经济主导下福利投放传导机制的失效。美国为了缓解低收入群体生计困境的策略更多是以财政赤字转移支付来安抚低收入阶层,但这只能在短期内得到缓解,无助于问题的根本性解决,且随着时间的推移,只会使问题愈加严重。这进一步折射出发达国家现实的国民生活和福利水平可能已高于经济增长带来的可持续福利水平。如果收入分配制度没有巨变,那么企业和居民无力加杠杆,唯一出路就是政府持续加杠杆。最终整个国家都将陷入"财政赤字货币化—利率走低—金融资产价格上涨—贫富分化—购买力不足—需求下滑—经济增长停滞—（金融危机）—财政救助—财政赤字货币化"的恶性循环。

经济学诺奖的是与非

为什么避免银行倒闭至关重要？

2022年10月10日，瑞典皇家科学院在斯德哥尔摩宣布，将2022年诺贝尔经济学奖授予美联储前主席、经济学家本·伯南克、芝加哥大学经济学教授道格拉斯·戴蒙德和圣路易斯华盛顿大学经济学家菲利普·迪布维格三名经济学家，以表彰他们关于银行在经济和金融危机中所扮演的角色方面的研究。在诺贝尔奖官网上有这么一段针对上述经济学家的评述：他们"极大地提高了我们对银行在经济中所扮演的角色的理解，尤其是在金融危机期间。他们研究中的一个重要发现是，为什么避免银行倒闭至关重要"。

严格而论，"为什么避免银行倒闭至关重要？"这个议题在近40年前便已被经济学关注。早在20世纪80年代，伯南克对20世纪30年代的大萧条做出了深刻研究。1983年，伯南克在《美国经济评论》发表了其代表作《金融危机在大萧条传播过程中的非货币效应》。针对20世纪30年代大萧条的实证研究，伯南克分析，银行挤兑、银行信贷萎缩等因素影响金融中介的效率，典型现象是严重影响储蓄与生产性投资的转化过程，进而导致经济衰退。

同年，戴蒙德和迪布维格合作建立了一个著名的银行挤兑模型。他们在《银行挤兑、存款保险和流动性》这一论文中分析，为了使经济运转，储蓄必须用于投资。现实中的投资项目需要长时期的投入，然而储户总希望在发生意外支出的情况下立即拿到自己的钱。而银行介入可为上述问题提供最佳解决方案。通过充当接受许多储户存款的中介机构，银行可以允许储户在他们希望的时候获得他们的钱，同时也向借款人提供长期贷款。然而，他们的分析也表明，这一过程涉及多重均衡。如果大部分储户相信银行的协调能力，可实现多赢；一旦大量储户同时跑到银行取款，引发银行挤兑，导致银行难以偿付并停止对项目的资金供应，则出现多输。这一多输的风险可以通过政府提供存款保险和充当银行的最后贷款人来预防。概言之，两位学者从博弈论均衡的角度论证了银行机构的脆弱性和银行挤兑发生的可能性，在经济学界一鸣惊人。这一论文中的分析模型被称为戴蒙德-迪布维格模型。后来关于银行挤兑问题的大量讨论，普遍建立在这一模型的基础之上。

可以说，银行一半是"天使"，一半是"魔鬼"。银行的天然软肋在于害怕挤兑。由于业务和属性的相似，银行与其他金融机构、实体经济投资项目更是环环相扣。换言之，银行挤兑极容易产生连锁效应，引发社会系统性震荡。

"全球储蓄过剩论"及争议

关于伯南克的"全球储蓄过剩"论比较正式完整的表述，可以追溯到2005年3月10日，伯南克在弗吉尼亚经济学会圣睿智讲座上发表的《全球储蓄过剩和美国经常账户赤字》的演讲。他采用开放经济与国际金融的视角，将美国经常账户赤字的增加和当今世界长期实际利率相对较低的原因很大程度上归结为全球供给的显著增加——全球储蓄过剩。

这种全球储蓄过剩是一系列发展的结果：第一，除美国外，德国、日本和其他一些主要发达经济体在人口老龄化、资本劳动率高企等背景下，储蓄动机高企。但事实证明这一原因并不能解释过去10年中全球预期储蓄的增长，使发达经济体普遍出现家庭储蓄增长乏力乃至缩减的现象。第二，发展中国家和地区从国际资本市场的资金净使用者转变为资金净供应者。从结构性来看，这种全球储蓄过剩导致国际资本出现反向流动。一方面，美国国内资本投资需求旺盛。美国拥有发达的金融系统，是其他国家投资的乐土，吸引大量的资本流入；另一方面，美元独特的国际地位使经历过一系列金融危机的发展中国家与新兴市场国家积极寻求美元资产来避险，因此稳定币值。发展中国家这些过剩的储蓄一旦流入国际资本市场，绝大多数都会用来购买如美国国债这样的美元资产。全球过剩的储蓄纷纷涌入美国，支撑起美国股票市场的繁荣，提升了住房价值，促进美元汇率升值……一系列资产价格效应进一步带来了财富收入效应，刺激了美国家庭消费，降低了美国居民的储蓄需求。伯南克认为美国的国民储蓄缺口还将继续扩大，这意味着美国经常账户赤字还将继续，美国对国际资本流入的依赖性更强。

因此，伯南克总结称，"美国快速增长的、巨额的经常账户赤字不能都归结于美国财政赤字，而应该将解释的角度从国内转向国外"[1]。依据这套理论，伯南克顺理成章地认为2008年国际金融危机的根源就在于全球经济失衡，主要原因仍是高储蓄率、贸易顺差的发展中国家与新兴市场国家，将过剩资本大量地流入低储蓄率、贸易逆差的以美国为典型的发达经

---

[1] 叶李伟.本·伯南克对危机经济学的贡献及其争议——2022年度诺贝尔经济学奖得主学术贡献评介[J].经济学动态，2022(10)：140-160.

济体，导致后者出现流动性过剩，触发了资产泡沫，最终引发金融危机与经济危机。

按此逻辑推演，既然伯南克提出全球经济失衡是本次危机的根源，那么无论是发达经济体还是新兴经济体，都应对这场危机负责，协作起来一起根治全球经济失衡问题。一方面，要求美国等贸易逆差国提高储蓄率，减少财政赤字。另一方面，像中国这样有贸易盈余的国家则需平衡国际收支，改变鼓励出口的经济政策，推行金融自由化改革，改善国内的投资环境与金融环境，同时刺激国内消费。最终促使过剩的储蓄流出美国，流向资本边际效率高的发展中国家，使全球经济结构符合经济学逻辑（即工业化国家作为一个整体，应该保持经常账户有盈余，并向发展中国家提供净贷款，而不是相反）。

不可否认，伯南克的思想、理论与行动也存在比较明显的局限性。例如，他提出的治理策略很大程度上代表了美国利益的政策立场，把全球经济失衡的调控责任更多地推向新兴经济体，特别是中国。又如，他过多地关注金融危机的后果与危机补救，弱化了经济学的预测与预防；分析框架过度依赖理论与宏观经济模型，却对现实中的危机后知后觉……

当然，这些不足并不能否定伯南克作为一名著名经济学家在危机经济学上的重要贡献，也不能否定他在大危机来临时行动上的果敢与在历史上的重要作用。用伯南克《行动的勇气》这部书封面上的一句话来结束："在所有危机当中，都会有两类人：敢于行动者，以及惧怕行动者。"

美联储经验与经验的陷阱

伯南克是"学而优则仕"的典型。2002年初的一天，正在学校办公的伯南克接到了一个来自华盛顿的电话。电话的那头是美国时任总统经济顾问委员会主席的格伦·哈伯德。他代表总统小布什询问伯南克，是否有兴趣走出学校，为美联储工作。对伯南克而言，这意味着一场新的人生旅程：他将挥别历时25年、著书立说的学者生涯，走出理论的象牙塔，走进真实的世界挥斥方遒。这位宏观经济学家学以致用的想法最终让他做出决定，而这一人生重要转折的过程也比想象中顺利得多、快速得多。经过了一些例行的审核之后，小布什于2002年5月正式提名了伯南克；同年8月，伯南克正式加入美联储。

2006年，执掌美联储长达19年的传奇人物艾伦·格林斯潘卸任，伯南克被任命为美联储主席。在格林斯潘掌舵美联储时期，为了刺激经济，长期采用低利率政策，引发房地产领域巨大的泡沫，这也让次级抵押贷款市场迅速膨胀。与此同时，格林斯潘又奉行自由主义市场经济政策，有诸如"市场永远都是对的""放松监管，让金融机构自己决定风险承担水平"等信条，导致衍生品市场上各种产品泛滥。在这样的背景下，金融机构将蕴含巨大风险的次级贷款打包成各种金融产品进行出售，让金融风险开始集聚。

刚刚接任美联储主席的伯南克成为"接盘侠"。伯南克深受弗里德曼的影响，也是个"大萧条迷"，其硕士论文和早期公开发表的学术论文很多是从银行信用的视角对大萧条进行阐述分析。他认为大萧条很大程度上是美联储在信用紧缩期间不愿提供流动性导致的。

面对2007年金融市场的全线告急，流动性的迅速枯竭，伯南克振臂一挥，美联储定向纾困金融机构，创设一系列流动性便利工具，向关键的信用市场提供流动性。客观来说，伯南克的反应是迅速的，只是包括他在内的美联储多数成员，以及美国政府、国会，低估了金融机构的相互依赖性和危机的传染速度。随着危机的深化，美联储的救助行动也越来越超越常规：从连续降息到资产负债表扩张，各种手段不一而足。雷曼破产之后，经过3次连续降息，截至2008年12月，联邦基金利率（区间下限）降至零。如何在零利率约束下开展货币政策成为美联储的当务之急。美联储不得不扩张资产负债表。从2009年3月到2014年10月缩减资产购买结束，美联储一共实施了3轮量化宽松政策。美联储总资产从2008年8月的0.9万亿美元增至2010年9月的2.3万亿美元，到2011年6月第二轮量化宽松结束时，总资产规模达到2.9万亿美元；再到2014年10月第三轮量化宽松临近结束时，总资产已逼近4.5万亿美元。美联储尽管出于应对危机的考量，不断加大各种政策工具的实施力度，但它也是"手持火柴的灭火人"——一边灭火，一边可能留下新的"火种"。

第五章　福卡智库视角下的金融逻辑

百年金融的历史性演变

金融理论从古典走向现代

人类发展历史离不开货币或者金融，就此而言，世界史就是一部金融史。翻开历史画卷，最早的金融活动可以追溯至公元前3000多年的古巴比伦王国。当时，古巴比伦的寺庙和宫殿被当作储存贵重物品的安全场所，这可以被视为早期的金融机构雏形。同时，两河流域诞生了世界上第一个城市——乌鲁克。在鼎盛时期，乌鲁克的面积达450公顷，人口达5000左右。当时，两河流域南部居民就已经与叙利亚北部、伊朗西部、海湾地区、两河流域北部地区建立了频繁且密切的贸易往来关系，这就催生了金融合约的出现。

随着货币兑换业务与跨区域商贸的发展，欧洲孕育出了现代银行，为其对外殖民扩张奠定了价值交换与资源配置的基础。金融业在资本主义国家迅速发展，不仅为建立现代金融体系奠定了坚实基础，也加速了跨区域生产活动的集中，在此基础上造就了一大批近代银行家、金融家与巨富家族。这些早期致富者确立了现代私人所有制与"私有财产神圣不可侵犯"的律条，激励了越来越多的人为财富而奋斗，进而形成了冒险主义与技术创新创造高额回报的时代氛围，客观上推动了近现代欧美列强对外掠夺与扩张式的国家崛起。[1]

从西方金融的演变历史来看，金融业的出现逻辑是价值交换与资源配置，数千年的金融活动都可以归结为一系列跨时空的价值交换行为。[2]随着时代的发展，从农业文明到工业文明，金融工具的形式、金融服务的组织方式、金融机构的种类、金融市场的覆盖范围等都发生了革命性的变化。到了20世纪，包括华尔街在内开展的一系列现代金融活动，某种程度上促生了现代金融学科。

在20世纪金融理论的发展史上，20世纪50年代是一个重要的分水岭。在此之前存在的金融市场理论体系被称为古典经济学中的金融理论。在凯恩斯主义出现之前，古典金融理论主要局限于分析货币和信贷的功能，将其定位为经济学的一个分支，对货币的职能、银行的流动性、信用机制、货币与经济的关系、国际收支平衡、汇率的决定等问题进行探讨。

1936年凯恩斯所著《就业利息与货币通论》的问世，堪称经济学的一场革命。凯恩斯将货币视为一种资产，把货币资产融入实际经济中，指出货币对就业、产出、收入等实际经济有着重要而特殊的作用，打破了货币与实物经济之间的"两分"，创立了以货币经济为特征的宏观经济学。随后，英国经济学家约翰·希克斯和美国凯恩斯学派创始人汉森创立了商品市场与货币市场相结合的IS-LM模型；鲍莫尔深入分析了交易性货币需求

---

[1] 陈雨露，杨栋.世界是部金融史[M].北京：北京联合出版公司，2013：1-22.
[2] 杨慧玲.金融不稳定性的逻辑：一个马克思主义的阐释[J].当代经济研究，2018(5)：14.

与利率之间的关系，从而提出了"平方根定律"；弗里德曼于20世纪50年代提出现代货币数量论，认为货币供应量的变动既影响物价总水平变动，也影响总产量或国民收入变动。

20世纪五六十年代，由于直接融资的迅速发展，金融市场上金融工具不断创新，新的金融机构不断涌现。这直接助推了金融理论的内涵和外延不断发展，不仅出现了商业银行的负债管理理论，而且出现了大量以金融市场为研究对象的微观金融理论。例如，1952年马科维茨提出的投资组合理论，被认为是现代金融理论的开端。此外，风险—收益理论、期权定理、有效市场理论与公司理论构建了现代金融理论体系，并推进金融理论研究由定性描述向定量分析的方向发展。到了七八十年代，各种金融创新活动层出不穷，有关金融工具的定价、风险估测及金融规避等问题成为研究的重点。并且，以现代金融理论为基础，以数学模型为分析方法，兼顾经济学、投资学、数学等学科的新型交叉学科"金融工程学"在西方兴起。八九十年代，全球接连爆发了欧美股市大崩盘、拉美债务危机、欧洲货币危机、东南亚金融危机，有关金融体系的稳定性、危机的成因、防范机制、监管模式等方面的研究成为经济学家们关注的焦点。

总体来看，金融理论的发展从古典走向现代，主要实现了三个方面的转变：第一，分析工具的转变。古典金融理论承袭古典经济学的一般均衡分析法，侧重于理性研究；而现代金融理论越来越多地运用数学、模型分析法，侧重于定量分析。第二，问题研究层面的转变。古典金融理论较多从宏观层面分析，例如对货币供求、通货膨胀、就业问题的分析；而现代金融理论越来越多地从微观层面对金融进行研究，成为指导微观企业金融行为的重要手段。第三，研究领域的转变。古典金融理论的研究集中于经济金融领域，而现代金融理论的研究已跨出这一领域而走向社会，不仅要关注经济学、金融学，还要涉猎政治学、社会学和历史学等多个领域。

世界经济问题集中反映在金融上

法国学者布罗代尔将不同形式的资本做过一个形象的比喻："工业资本主义为圣父，商业资本主义为圣子，其地位最低，金融资本主义则是贯穿一切的圣灵（其地位最高）。"当正常的投资机会无法为工商业积累的资本提供出路时，这些资本就会以金融资本投机的形式，无处不渗透，无处不控制，最终侵入并征服一切工商领域。金融顺理成章地成为世界经济问题的集中反映。而金融问题又集中在期货炒作与衍生品过度交易之中，无论是价格紊乱、全球通胀还是经济危机的背后，都有着金融衍生品的身影，原本为规避风险的金融衍生品现在却成为最大的风险之源。次贷危机正是由次级贷款证券化而生，受期货投机影响，全球小麦价格2007年上涨112%[1]。当时的德国总统克勒指责全球金融市场成为一只"怪兽"，金融产品的复杂性以及无须多少自有资本便可进行巨额杠杆交易的可能性，让这一"怪兽"得以成长，从而使金融衍生品对经济的影响由正面推进转为反面骚扰。

世界经济竞争主要集中在因国民禀赋差异形成的比较优势上，如资源、劳动力、技术等。在工商资本时代，国家经济竞争主要通过国际贸易以和平的价格竞争方式进行，或采用非价格竞争的战争方式掠夺一国财富，这些竞争都是以可见的方式进行。然而，在金融—资本化时代，劳动

---

[1] 中国日报网."美国生意经"制造全球"粮荒"？[EB/OL].(2008-05-23)[2024-05-07]. http://www.chinadaily.com.cn/hqpl/2008-05/23/content_6707392.htm.

力、土地和各类自然资源等禀赋皆以货币计算，货币又可通过产权化、证券化或金融票据化等金融集成加以实现，金融集成也就成为金融化程度的体现，经济竞争则"进化"为金融化程度的竞争。在经济全球化的平台上，劫掠他国财富无须大动干戈，只要善使金融武器，即可在谈笑间"樯橹灰飞烟灭"。金融竞争堪称现代国家经济竞争中最重要也最危险的竞争，股票、货币及股指期货等金融衍生工具就是金融竞争的利器。

鉴于金融成为国家经济竞争的重要形态，有着合理的逻辑推导，似乎它成了每个国家追求的理想模式。然而，这只是一厢情愿的线性推导，从金融活动本身来看，以交易为驱动的特征意味着需要众多参与者，由于参与者的金融化程度各不相同，于是，在全球的金融化食物链中，处于低端的食草动物将被处于高端的食肉动物所捕获吞食。如果这种金融竞争"游戏"中没有其他国家参与，即风险少有向外传递、延伸的机会，金融控制权反而有可能成为自损权。

2000年纳斯达克崩盘犹如一场惊梦，当美国风险投资和产业基金疯狂追逐新概念，蜂拥进入科技产业而独自吹起的泡沫覆灭，纳斯达克市场和纽约证券交易所损失的市值达5万亿美元。根据经济体系遵循能量守恒的一般规律——过剩终将平仓，如果市场上超过实体经济需要的货币量越来越大，博弈者的心理波动越来越激烈，风险和机遇越来越难以平衡，那么阶段性泡沫和崩盘就无可避免。只不过参与交易的博弈者越多，容量越大，击鼓传花的时间也就越长。反观2007—2008年美国本土爆发的次贷危机，原因之一就在于美国没有与其互动的对手。拉美国家在政治上与美国拉开距离，东南亚国家已在1997年金融危机中吃过苦头，欧盟各国建立自己的欧元货币体系。结果"最后一棒"无人接手，于是，独占金融文明鳌头的美国搬起石头砸了自己的脚，成为金融平仓的主战场。

大凡新文明登场，相对以往历史既是种进步，但也隐含着某种风险。以蒸汽机为代表的工业文明一开始在英国登陆时，带动世界生产力飞速发展和社会财富积累，但也造成全球资源枯竭与环境破坏。金融文明的登场意味着资本——金融时代的到来，新的生产力必然将加速资本流通和资源配置，提高全球资本效率，而另一方面也意味着社会系统风险增大，无法识别与控制的金融风险使监管愈发艰难，从而增加爆发全球金融危机的可能。

国家层面亦是如此，率先进入金融文明的英、美等发达国家已处于风口浪尖，一方面作为新游戏规则的制定者，它们享有金融文明带来的一夜暴富与前所未有的繁荣；另一方面这些国家最终还是难逃危机爆发、财富平仓的命运，面临衰退的可能。

金融危机理论的迭代与局限

每一次重大的经济危机都是对传统经济理论的一次挑战，也是重构宏观经济学研究、经济周期框架的重要契机。

20世纪80年代以来，经济危机出现了新特征，最明显的就是以金融危机为先导的经济危机呈现周期性的频繁发生。金融危机是金融周期走向极端的表现，往往成为一国甚至世界经济由繁荣转向衰退的转折点，例如过去几十年，美国的经济波动基本上是由20世纪80年代末的储贷危机与2007年的次贷危机这两个金融周期主导的。

然而，虽然金融危机的严重性变得越来越明显，金融市场动荡对经济周期的影响也越来越显著，但是在很长的时间里，大多数经济学家仍紧盯着消费与投资、物价与就业、GDP增长等经济总量指标，对金融危机的实质性影响判断不足。

近年来，经济理论界在不断进行反思与迭代，相关的经济理论研究出现了以下方面的改进：一是深化了对于市场机制、市场与政府关系等问题的认识。新自由主义经济思潮所倡导的那种"市场是天使、政府是魔鬼"的市场"原教旨主义"被越来越多的人所摒弃。二是加强对金融风险及金融危机的预警与控制。一方面发现了现代金融体系存在的、过去被人们疏忽的诸多漏洞及薄弱环节，在完善和强化金融监管方面形成了一些共识；另一方面又得出了金融危机不可预测的"测不准定律"[1]，走向了消极悲观的不可知论。三是深化了有关金融发展、金融创新与实体经济关系等问题的认识。金融发展过程中脱离实体经济，是导致金融危机的深层次原因。

理论界对金融危机的反思无疑是值得充分肯定的，但若从反思的深度与广度、反思的理论成果等方面来看，还远远不够。目前还存在两个方面的局限性：一是"头痛医头、脚痛医脚"，固然深化了怎样更有效地预警危机和治理危机，但如何预防金融危机、如何减少乃至有效抑制导致形成金融危机的内在因素这些深层问题仍未得到足够重视。二是关于金融危机理论的视角和范围，主要局限于微观经济学、宏观经济学和金融学等学科，但实际上金融牵一发而动全身，缺乏体系性、与时俱进性的研究往往会让我们在百年一遇的国际金融危机面前措手不及。

---

[1] 谢识予.金融风暴源与罪[M].北京：人民出版社，2013：125.

金融理论与现实脱节

华尔街模式：神话与崩塌

早在17世纪初期，荷兰已率先出现现代资本主义制度的雏形。荷兰人将银行、证券交易所、信用、保险和有限责任公司有机地统一成一个相互贯通的金融和商业体系，不仅带来爆炸式的财富增长，还使荷兰这个小国在当时跻身欧洲一流强国。1622年，荷兰取得曼哈顿岛的所有权，荷兰人在此建立"新阿姆斯特丹"。1653年，为防备英国殖民者的入侵，荷兰人在城市北部建立了一道防御墙（Wall），华尔街（Wall Street）这个名字就来源于此。

1664年，英军攻占新阿姆斯特丹后，将其改名为新约克郡，简称"纽约"。1775年，美国独立战争爆发，摧毁了纽约作为主要港口和商业中心的地位。但战争刚一结束，纽约就开始快速恢复。1789年，美国时任总统华盛顿邀请汉密尔顿担任财政部部长，处理当时美国最紧迫的问题——混乱的财政和金融状况。

汉密尔顿从三个方面入手：第一，建立完善的联邦税收体系，保证国家有稳定的财政来源。第二，用美国政府信用作为担保，发行新债券，去偿还旧的国债及战争债务。第三，仿照英格兰银行的模式建立中央银行，代表政府管理金融并监管国家的货币供应。

对于当时的美国来说，汉密尔顿的计划直接带来了美国经济的繁荣。1784年，汉密尔顿成立了纽约第一家银行——纽约银行。自此开始，一座城市、一条街道和他们注定的命运走到了一起。[1]

19世纪末，华尔街迎来了一波新浪潮，即工业化的崛起。美国经济的快速发展带动了企业的兴起和股票市场的繁荣。大亨们如摩根、洛克菲勒等人开始在华尔街崭露头角，他们通过财富的积累和对产业的控制，成为当时的金融巨头，开创了财富帝国的先河。

其后，虽然1929年的股市崩盘、2007年的次贷危机等都对华尔街造成了一定冲击，但其故事并没有停止。它依然是全球金融业的中心，吸引着来自世界各地的投资者、金融专业人士和企业家。科技的发展催生了一系列新的金融模式，比如高频交易、数字货币等，这些新技术正在重新定义金融业的格局。

时至今日，华尔街仍然是全球金融体系的中枢。但另一方面，科技的发展使得金融交易更加迅捷高效，同时也带来了新的挑战和机遇。当下以华尔街模式为典范的世界金融正对着两大根本性问题束手无策：

一是随着市场经济走入"最高阶段"，金融难以摆脱"充当一般等价物—讲故事、炒概念—击鼓传花—形成黑洞"的原罪。自20世纪80年代以来，新自由主义旗帜下的美国，一反罗斯福新政下长达40多年的金融抑制政策，放任金融业背离为实体经济担任融资中介的产业服务模式。1998年商业银行性质的花旗银行与从事保险业的旅行者集团合并，实质上突破了《格拉斯-斯蒂格尔法案》，次年《格雷姆-里奇-布利雷法案》从立法角度为金融自由化背书。随着2008年金融危机爆发，尽管2010年以"沃尔克规则"为基础的《多德-弗兰克法案》又一次限制了金融自由化，但孰料这

---

[1] CMKT咨询圈.华尔街四百年：一部美国金融史，半部美国经济史[EB/OL].(2023-11-21)[2024-05-05].https://www.163.com/dy/article/IK1CHG3F0519CUGP.html.

次限制期更短，不过10年后，这道金融枷锁便再一次被冲破。自此，美国金融行业以创新为名，热衷于击鼓传花的衍生品与套现游戏，由此导致了华尔街模式下虹吸一切要素资源的"黑洞"——金融脱离实体经济自我空转，稍有不慎就引发爆仓等连锁反应。从2008年的雷曼到2023年的硅谷银行，皆是如此。

二是随着科技经济登上历史舞台，创新的高风险、高投入与现有金融资本模式难适配，迫切需要重塑投行系统。科技经济时代，科技与产业进入混沌的"无人区"，创新过程充满了高度不确定性，科创失败率几乎是99.99%。大量研发资金的持续性消耗远不是银行等传统金融能解决的，也不是各类风险资本能填补的。只有一套与之相适应的投行系统既能够以专业化能力降低金融在社会资源配置中的中介成本，又能通过参与更多的直接投资和项目整合，平掉绝大部分的亏损，还能提供全生命周期服务，构建"科技创新—直接融资—投资管理"的良性闭环。

归根结底，金融本就存在着"一半天使，一半魔鬼"的两面性。当自由流淌的资金如同经济躯体里的活力血液，资金向最需要、最有效率的地方集聚，为社会不断创造出更多新的财富时，金融就是笑靥如花的天使；当资金只向安全的少数领域与人群集中时，就如同打开了"潘多拉的盒子"。金融与生俱来的两面性与矛盾性特点，注定了人类历史发展的曲折性与多变性。高效的金融体系必然是金融演进客观规律在特定经济发展阶段下的适应性选择。当下，一些传统的金融模式、金融理论、金融概念已经无法适应不断涌现的经济金融实践。

美国金融监管模式的失灵

2023年硅谷银行的案例已经说明，从多个角度看，美国当下经典的银行管控标准已然显得过时：

第一，以往用于衡量机构状况的指标似乎渐趋失灵。例如，2020年，硅谷银行母公司SVB金融集团突破1000亿美元的门槛。美联储对这一级别金融机构要求的杠杆率、核心资本充足率分别为4%和8.5%，而SVB金融集团的两项指标分别达到了7.93%和16.08%，远高于监管最低要求。根据该集团2022年年报，其核心资本充足率为15.4%，近乎是最低要求的两倍。[1] 以硬性的数字指标而言，硅谷银行完美符合监管要求。但美联储在其报告中反思道，"随着硅谷银行近年来不断壮大，美联储却忽视了更广泛的问题，比如该行多年来一直突破内部风险限制"。

第二，当下的监管模式忽略了金融机构业态的变化。当下金融机构的规模、结构、业态和技术手段与十几年前相比，早已发生翻天覆地的变化。从结构上看，硅谷银行超出25万美元限额的未承保存款占90%，且主要集中于科技和风险资本相关的公司和个人，这与传统商业银行的结构全然不同。从业态上看，2023年同样倒闭的签名银行是一家为加密货币公司服务的银行，其结算存款一般不用于贷款投放，而是大量配置于证券市场。在美联储加息的背景下，签名银行的资产快速贬值，形成账面浮亏。在大客户破产造成存款挤兑压力的情况下，签名银行被迫将浮亏的证券资产提前出售，直至最后破产清算。从技术手段上看，发达的社交媒体可以

---

[1] 思想库报告.硅谷银行危机，监管该负怎样的责任？[EB/OL].(2023-03-21)[2024-05-05].https://www.163.com/dy/article/I0CC4UAJ0519S2BP.html.

迅速传播恐慌情绪，而手机银行使得挤兑的爆发更加"惨烈"，例如硅谷银行3月9日一天存款流出420亿美元，次日立刻翻了超过1倍，达到1000亿美元。[1]

第三，现有监管模式下，金融机构对利率变化应对迟缓。美国金融监管本来就侧重于合规、公平和透明度，而不是决策和行动的速度。加上宏观环境迅速变化，监管部门就只能在事后"亡羊补牢"。按照美联储监管副主席迈克尔的说法，其实2022年硅谷银行有员工已经意识到，更高利率会给其债券组合带来风险，并试图推动管理层做出改变，但管理层却抱着侥幸心理，赌利率下降。不只是金融机构自身，监管机构在利率问题上同样糊里糊涂。2021年年中，美联储预计超低利率时代还将继续；到2022年晚些时候，利率已经显著上升了，监管机构才想起来警告硅谷银行其利率风险模型是不够的。

当下的美国监管模式的失灵，正是数十年金融自由化过度的后果。一方面，美国在监管上市场过度。美国废除《格拉斯-斯蒂格尔法案》标志着金融自由化淹没了监管逻辑。此后，在针对金融的监管上，时而也会打上补丁，例如奥巴马执政期间推动的沃尔克规则，禁止银行利用参加联邦存款保险的存款，进行自营交易、投资对冲基金或者私募基金。这本是2008年金融危机之后，欧美国家强化金融监管的尝试。但本质上是面临危机的应激反应，一旦情况有所好转，便即刻放开对华尔街的"紧箍咒"。最终，该法案于特朗普执政期间被投票修改，放松银行对于风险投资基金等方面的交易限制。另一方面，美国在货币政策上过度宽松。如今持续多

---

[1] 清华金融评论.本轮美国银行危机：启示和辨析 | 国际[EB/OL].(2023-05-03)[2024-05-05].https://www.163.com/dy/article/I3R6RJH70530P452.html.

年量化宽松政策的恶果已然显现，美国通过美元的滥发造就虚假的增长繁荣，并借助美元霸权将风险转嫁，以致新兴经济体的资产在此期间被严重高估。但泡沫总是要被戳破的，如今，美联储只能凭借加息来对抗通胀，且不说金融系统能不能撑得下去，关键是其收效有限。2024年4月，美联储发布了半年度金融稳定性报告，明确指出持续通胀是美国金融稳定所面临的头号风险。报告显示，2024年2月美国CPI回落到3.2%的水平，但是3月又反弹到了3.5%的高位，核心CPI更是维持在3.8%的水平上，同比和环比都上涨0.4%。[1]

归根结底，美国基于市场原则，对自由资本的迷信，已致使金融监管出现时代性错位。2022年诺贝尔经济学奖得主伯南克将金融的本质论述为"将储蓄变为投资"。以他为代表的一众西方金融精英笃信，只要设下参数标准用于政府监管，剩下的交给市场自我调节，就可以避免金融原罪的终极宿命。殊不知，存贷周期（短存长贷）是所有银行都绕不过去的结构问题。当大量的资金涌入金融投资产品，尤其是衍生品与虚拟金融产品时，危机的种子就已经埋下。再叠加政府监管失灵大背景，不仅商业银行更加难以保全自身，危机也会向社会各个角落蔓延，或将是大概率事件。

传统理论"无用武之地"

深究起来，金融理论断层是全球面对危机难有作为的根本原因。当下金融精英各有各的"宗门"，表面上看这些学派彼此有争论，例如凯恩斯

---

[1] 21世纪经济报道.全球财经连线 | 通胀成美国金融稳定头号风险，全球货币政策拐点将至未至[EB/OL].(2024-04-22)[2024-05-15].https://www.21jingji.com/article/20240422/herald/f89c360ac6ca9bf3161b9dc79eef12a0.html.

与哈耶克的继承者们水火不容，塞缪尔森与弗里德曼针锋相对，但剖开"外相"，西方金融理论的核心始终都围绕着市场经济的唯一性，笃信市场的修复功能。

例如，自20世纪30年代经济大危机后，不少美国政府官员围着凯恩斯与哈耶克的理论打转。一言以蔽之，当危机来临，市场往往求助于凯恩斯；一旦承平日久，哈耶克往往又占据上风。二者争不出结果，很大程度上源自对"市场"共同的执念：在哈耶克眼中，市场自我即可调节。尤其值得注意的是，哈耶克的理论成为近年来加密货币的支撑理论之一，因为哈耶克主张："只有铸币权真正掌握在私人机构手中，个人自由才可能得到最大保障。"然而事实证明，加密货币的大起大落使得金融市场的波动更胜往昔。在凯恩斯眼中，"加大政府投资，增加就业和刺激消费"等一系列政府干预是短期的刺激，目的是扩大有效需求，在市场投资与消费不足的前景下查漏补缺。凯恩斯主义主张政府以"经济手段"——如积极的财政政策和适当的货币政策——来调控经济。而行政性调控抑或结构性改革并未在此范畴之内，因而政府干预有时就是在隔靴搔痒，而未触及现有金融体系的内在缺陷。

围绕着"市场经济唯一性"这一主基调，西方金融理论在过往的框架中难以"自我革命"，而随着世异时移，百年大变局降临，金融理论进一步与现实脱节。

第一，随着美西方各国拉升"国家经济"的权重，"市场经济唯一性"在现实市场中被逐渐抽离。例如，在应对硅谷银行破产的问题上，美联储宁可牺牲市场信誉，也要将"美国优先"的精神贯彻到底。一方面，美联储以一年期紧急贷款的方式来保住存款，但与其说美联储是在救银行，不如说是在救美债。概因加息让美债收益率大幅下跌，但为了死保美债以及其代表的美元霸权，美联储不惜拉全体纳税人下水，用美元信誉对冲自身加息所引发的危机。另一方面，金融市场采用对外转移风险的方式让国外股东承担损失。如瑞典最大养老基金Alecta在硅谷银行、签名银行、第一共和银行的风波中，投资损失合计高达12.7亿欧元。[1]而美国国内的大股东，如硅谷银行的首席财务官CFO与首席执行官CEO则在"千钧一发"之际抛售股票跑路。

第二，西方金融理论始终回避"金融原罪"。根据伯南克的理论，金融的本质是将储蓄引导到投资。从整个经济的角度来看，储蓄必须等于投资，但是在给定的时间点上，从个人的角度来看，两者经常出现时间错配。而金融核心的功能就是匹配这些"错配"，银行等金融中介机构应运而生。但问题在于随着金融混业经营在衍生化、杠杆化中走到极致，被投进各项金融产品的储蓄更像是进了无底洞，系统性危机不断发酵。不难看出，经济学家往往将问题归咎于外生冲击而被动生成，却轻视源于金融与经济体系的缺陷自动内生而成的"金融原罪"。

第三，从"0"到"1"的基础理论创新本就艰难，更不用说当下金融理论的"显学"在应用创新。如果与自然科学相类比，从"0"到"1"的基础理论创新在金融领域同样艰难，其往往需要长期的积淀。而自20世纪90年代以来，金融专家则痴迷于"采摘低垂的果实"，其发力点多在于应用型创新中。例如围绕着金融衍生品、金融工具和衍生品套利等领域，套

---

[1] 极目新闻.瑞典最大养老基金连踩三雷，投资美国三家小银行血亏140亿元[EB/OL]. (2023-03-14)[2024-05-15].https://baijiahao.baidu.com/s?id=1760317326788349569&wfr=spider&for=pc.

期保值交易、资产多元化组合、资本资产定价模型和期权定价、金融工程等复杂金融理论不断显现与完善，并作用于投资领域。其实这本来无可厚非，毕竟金融是"经世致用"的学问，但问题在于政府机构放松管制和过度金融化的态度，在这种趋势上"火上浇油"。在金融市场快速增长扩容时，更多精巧的交易方式和大胆的投资结构不断投放于市场，少有专家学者将目光转向长期的基础理论攻坚，而多变的市场趋势又让这种沉思与积淀变得更加艰难。

第四，金融理论的构筑与应用出现了异化。第二次世界大战后，数理经济学和计量经济学蓬勃发展，数理概率论与贝叶斯概率等新的数学工具和模型融入金融学的研究之中。这一度促进了当时理论的繁荣，但这套理论逻辑中"理性代表人"的最优模型过于理想主义。在资源稀缺的环境和金融服务嫌贫济富的风险分担模式中，大部分人产生不了西方金融理论"理性代表人"的示范效应，事实上反而造成了"赢者通吃、阶层固化"的结果。尽管交易成本理论、信息不对称理论、博弈论、行为金融学等一众理论不断打上补丁，但仅限于人与人之间的局部性关系，都没有真正分析市场权力关系，使金融理论在实操中受到限制。

当下全球面临的百年变局，政治经济结构已经演化，但思想理论却还处于呆滞状态，这无疑可能会影响社会结构调整变革的历史进程。

金融的本质是什么？

金融是分业还是混业？

2008年金融危机爆发后，人们开始认识到，需要对金融机构与业务的规模及复杂度进行更多的优化，乃至模式、监管上的创新，比如分散化、非混业、去集团化等。与此同时，金融混业正伴随着金融再全球化的波涛登陆中国的海岸，不单银行、券商、保险、信托等彼此业务渗透，就连腾讯、阿里巴巴京东等企业掀起的互联网金融风潮也风生水起。银行与其他各方的业务争夺，本质上就是混业与分业之争。

对此，业界始终有争论：支持分业的认为混业是危机之源，华尔街即是先例，混业的前提是完善严格的监管，中国尚不具备条件；支持混业的则认为中国不应因噎废食，银行业务发展到一定程度，混业是金融创新和全球化时代背景下的必然要求。

实际上，世界金融业重复着从分业到混业再到分业的轮回。以美国为例，针对1929—1933年金融大危机，美国制定了《格拉斯-斯蒂格尔法案》，以致金融从混业转向分业经营。美国金融业能有今天的繁荣，分业制度可谓功不可没。可该法案仅实行66年就被推翻，1999年美国原有金融体制自身存在的弊端促使《金融服务现代化法案》的诞生，清晰地描述了金融业从"简单中介人"到"万能垄断者"的历程。

虽然分业经营制度被终结，但仍不能绝对地说混业制度就比分业制度好。因为20年后，美国在2009年又否定了前面的所有法案，颁布了《多德-弗兰克法案》（《格拉斯-斯蒂格尔法案》的加强版）。然而，这并未真正化解金融危机，特朗普在任期间就欲废除这一最严监管法案，放松金融混业和监管，以促进就业和经济增长。

如此看来，金融是分是混，不过是时势环境所需的正常制度变迁罢了。如今，现实行业边界越来越模糊，金融不单内置于企业，其功能早已如春风化雨融入社会。其实在福卡智库看来，金融早已"分中有混，混中有分"，从监管看，关键是怎样寻找金融在发展与稳定、创新与风险间的均衡点。

金融有无好坏之分？

每一轮金融危机爆发，都会引起全球对金融是好是坏的争论。以美联储前主席格林斯潘为代表，支持金融的一方认为，金融市场可以最优地配置资源，不会产生重要的金融扭曲。因为经济学的普遍观点认为，可以利用货币增长带动经济的驱动力——总需求的增长，适度的通货膨胀有利于经济增长，而金融能以一定的杠杆（如债务）撬动和数百倍放大，尤其是金融资本和产业的深度融合，推动社会财富爆发式增长，不能不说是个奇迹。这意味着如果它能正常运转，金融就能帮助我们走向前所未有的繁荣。

只是每次大危机、大萧条，专家和民众都将自身遭遇的不幸归罪于金融。尤其2008年金融危机后，全球对金融的口诛笔伐达到顶峰。因为成本—收益的考量决定了金融的"二八定律"，即80%以上的资源覆盖20%的富裕人群和企业，以致金融被称为"富人游戏"，而中小企业融资难迄今全球无解。尤其金融的精英化和金钱化，导致几何级数放大的财富并没有为所有人类共享，反而扩大了贫富差距。华尔街对广大民众也就是1%对99%，他们的摩擦极端爆发，就让金融成了众矢之的。

鉴于此，有专家提出社会需要好金融，并认为金融是好还是坏在于能否促进储蓄向生产性投资转化，实现资源配置优化，进而帮助实体经济创造新增财富，反之则是坏金融。可在福卡智库看来，正如人性难说本善还是本恶，金融也并无好坏之分，却存在天使与恶魔共生的两面。

一方面，金融是分工的产物，社会需要金融。因为通过金融中介，社会储蓄转化为生产性投资，并在不同产业、地区、企业和家庭间配置，以满足社会复杂多样的最终需求。但另一方面，不得不说过度金融化最终也会导致经济泡沫的产生与破裂，进而引发危机。

可即便如此，社会还真离不开金融。亚马逊、苹果等都是金融造出来的巨无霸企业，难道因为金融有恶的一面就因噎废食？金融交易没有绝对的好与坏，只有盈利与亏损、适不适用、可控与否之分。如此，金融是把双刃剑，关键是看人类如何应用、怎么把握分寸。

金融与实体究竟是什么关系？

金融虽无好坏之分，但金融的快速发展确实与实体经济出现了某种程度的不适应，引发两者关系的质疑。偏向实体的一方认为，实体经济是金融发展的根基，服务实体经济是对金融的本质要求。因此，金融不能够背离实体经济，若脱离实体自我循环、以钱炒钱，就会成为无源之水。偏向金融的一方也很无奈，因为金融想为实体服务，但问题是实体经济低迷，缺乏有利可图的投资机会，金融何以提供服务？这固然有金融自身的问题，但更多是实体经济结构扭曲的问题。而中立方则认为，金融无实体则不存，实体无金融则不旺。金融与实体就像一对孪生兄弟，如老子曰：有无相生，相生相克。金融与实体相生之时，其乐融融；金融与实体相克之际，则危机重重。还有专家认为，金融与实体的边界早已日益模糊，因为经过几十年层出不穷的金融创新和持续不断的金融自由化，实体早已不同程度地被金融化和"类金融化"，以致经济虚实难辨。更何况金融业是服务业，服务业本是实体经济的一部分，因而有学者认为，金融服务实体经济，本身就是个伪命题。

从理论上讲，金融与实体确实密不可分。因为实体经济决定社会财富增长的速度，金融决定其加速度，虽然是手段但同样创造财富。若实体真的很糟糕，还让金融不顾风险为其服务，那是有违资本逐利本性和市场规律的。毕竟金融业本身就是调动社会的钱，使"钱尽其用"，这也是金融创造财富所在。加之虚拟（金融）和实体本就是经济一体，"你中有我，我中有你"，既有相互博弈，又有彼此扶持。因此，虽不能指望金融到处救火，但至少"金融空转"并未达到"钱尽其用"，也需合理引导资金流向，如流向新经济、科创、实体等，推动社会进步。

金融的核心是风险控制？

金融确实让人爱恨交加，爱其作为"媒介+信用"的初衷，恨其制造泡沫。一方认为，金融的核心是风险管控；另一方则不以为然，因为人类进入风险社会，风险早已无处不在。即便每个金融机构都认为自己控制了风险，但如果所有的金融机构都这么认为，那么整个宏观层面会产生更大的一致性的系统风险。更有甚者，认为风险不可测，则金融以风险控制为核心就是个伪命题。毕竟人类希望通过科技进步消除世界的不确定性，未料技术进步无论带给人类多少福祉，都未能消除世界的不确定，反而制造了更多的不确定。人类生活在一个不确定性的世界。尤其是最终导致决定性改变的小概率事件（黑天鹅），小到不可预测。再加上如果过度保护、过度防范，一定会降低自身的反脆弱能力，因此，就有专家认为需正视风险的存在，并非消灭风险，而是合理利用风险，有时危机也是转机。

不得不承认，金融资产规模的急剧扩张必然伴随着不断攀升的金融风险，尤其是所谓的通道业务都是让钱跑路的，风险又如何控制？再加上金融创新本义对冲风险，孰料最终却反而制造风险，原因就在于金融创新以投机获取利益而非规避风险为主要目的。在金融工具的设计初衷里，投机不过是通过为削峰填谷、平抑波动创造空间从而实质性降低风险的手段，然而，当手段带来的利润高于其所屏蔽的风险成本时，投机就逐渐上升为主角，手段渐渐演变成目的，最终导致系统一致性风险空前增加，危机一触即发。

显然，金融离钱很近，离人性更近，金融通过管理风险获利，但金融的高收益恰恰体现了它的高风险。而中国金融发展到今天，规模很大，结构发生重大转型，并出现了潜在风险现实化、微观风险宏观化、局部风险系统化、系统风险全面化。面对如此风险变异，金融天生就带风险，并以风险承担为主业，那么防范化解金融风险（尤其是系统性风险）无疑是金融工作的根本任务。既要防"黑天鹅"，也要防"灰犀牛"，让"钱尽其用"，使风险在可控与可承受范围内，就应是金融的本分。

中国金融的独特表达

从金融资本到产业资本的"逆向"演化

历史证明，金融过度创新必然引致周期性的实体经济危机。金融的初心就是服务于实体经济。唯有发达的实体经济，才能构筑国家核心竞争力，抵御内外部风险，构建良好的经济基本面。

就此而言，从金融资本到产业资本的轮替，不仅源自对华尔街金融路线的反思，顺应金融改革引导资本回归初心的纠偏，资本的选择最终还是要复归实体经济发展的长久逻辑。只不过从金融资本向产业资本的过渡中，如果说金融资本的膨胀受金融原罪的牵绊、应金融改革的纠偏，那么产业资本则被其企业"基因"限制了发展天花板：

一是战略定位有领域限制。产业CVC（Corporate Venture Capital，企业风险投资）第一顺位诉求是在企业内部以投资方式驱动创新与模式扩张，触角往往是产业上下游，带有明显的领域偏好与风格，这也构成产业CVC难以跨行业的"短板"。

二是经营策略相对模糊。如果产业CVC作为企业的一个部门而存在，经营重心便面临服务于业务生态还是财务回报的选择。斯坦福商学院一项调查显示，74家代表性标普500公司CVC中，只有1家为纯财务导向，16家为纯战略导向，剩下的57家皆为财务和战略的混合导向。[1]

三是受权限掣肘，决策流程缺乏灵活度。和金融资本相比，产业CVC考虑到战略诉求，决策流程相对冗长复杂。据创业邦调查，产业CVC汇报对象有CEO（21%）、CFO（18%）、CSO（15%）、非高管职位（10%）、企业发展部负责人（9%）、董事会（8%）、创新部门负责人（7%）和其他（14%）。[2]换言之，产业CVC既要向业务部门解释项目对公司的战略意义，又要向财务部门科普早期公司投入产出的时间差，还要向董事会强调做半年尽调就投不进去了。一圈摩擦下来，怎么抢得过行动迅速的市场化机构？更何况资本本就有从产业资本到金融资本演化的"路径依赖"，正是工业革命后产业资本的高度集中为银行等金融机构提供了

---

[1] 创业邦.VC即服务：CVC制造工厂[EB/OL].(2022-07-31)[2024-05-15].https://new.qq.com/rain/a/20220731A02JL200.

[2] 同上。

大量货币资本来源，构建了金融资本的基础。当下产业资本依然容易滑向金融资本，毕竟与产业资本踏踏实实的线性积累相比，金融资本高增速与溢价、激进报酬的诱惑力不容小觑。

就此意义而言，金融资本与产业资本不是机械的资金转移，也不是简单的范式迭代，关键在于有机融合、相辅相成，构建与科技产业并轨的新资本模式。科技经济不确定性高企，任谁也无法押注究竟哪一单向的科技突破将带来产业性变革。科技浪潮的翻涌之下，投资的根本还是要投未来，这需要极大的专业度和辨识度、前瞻性，甚至还需要一点运气。无限风险与无限机遇相交织，不仅天然切断了产业资本向金融资本演化的冲动，而且对应着无限资本，仅靠产业自有资本难以支撑。

由此，一方面，周期互补，金融资本覆盖短线，产业资本主攻长线。产业资本相较于金融资金相对更加稳定，不必受基金存续期的时间限制，不必受投资人的财务回报要求限制，从而有更长的投资期限忍耐度，便于与金融资本周期互补，形成市场短线、长线的差异性搭配。另一方面，空间互补，横向金融资本为主力，纵向产业资本先行。金融资本充分调动机制灵活、决策高效等优势赋能横向跨行业布局；而产业资本则充分发挥产业资源方面的优势，在垂直赛道纵向深挖，并"以点带面"地撬动金融资本。

事实上，近年来在产业投资领域最活跃的25家龙头企业，共计投出了近400家国家级/省级"专精特新"。这些产业龙头似乎也形成了一种天然的品牌背书，包括天岳先进、鲲游光电、纵慧芯光等在内的投中企业也吸引国家大基金、红杉、元禾等PE/VC扎堆跟进。毋庸置疑，长短搭配、纵横交错的产业资本与金融资本融合模式将构建一套综合性、矩阵式产业投资生态，为科技经济崭露头角持续蓄力。

补齐金融市场还是变革金融市场？

经过多年发展，我国已在形式上建立了包括主板、科创板、新三板、区域性股权交易市场（四板）、券商柜台交易市场（五板）的多层次资本市场；同时，大宗商品交易市场、期货市场的建设也在如火如荼地展开。以期货市场为例，中国期货业协会数据显示：2023年，全国期货市场累计成交量为85.01亿手，累计成交额为568.51万亿元，同比分别增长25.60%和6.28%。[1]根据美国期货业协会统计的2023年上半年成交量数据，中国内地期货交易所中，郑商所、大商所、上期所和中金所在全球交易所期货和期权成交量排名中分别位居第6、第8、第9和第25位。[2]

补齐金融市场确实在一定历史时期内对中国金融业的发展起到了积极作用，不仅有利于调动社会资本的潜在积极性，将民间储蓄转化为产业投资，也为创新宏观调控机制提供便利，将间接融资转化为直接融资，撬动资本杠杆化解了中小企业，尤其是科技型企业的融资困局。但硬币的另一面是伴随金融市场的发展出现了许多乱象，如"8·11"汇改、包商银行破产、华夏幸福债务危机等；中小企业在融资中的占比低，实体经济还在资金短缺的泥沼中挣扎。

归根结底，补齐金融市场沿袭自西方，而以美国为代表的西方国家已

---

[1] 新华网.2023年全国期货市场成交量同比增长超25%[EB/OL].(2024-01-02)[2024-05-15].https://baijiahao.baidu.com/s?id=1786981957080591557&wfr=spider&for=pc.
[2] 新浪财经.郑商所、大商所、上期所入列全球交易所期货与期权成交前十，我国上半年期市成交创历史新高[EB/OL].(2023-08-17)[2024-05-15].https://baijiahao.baidu.com/s?id=1774455204933329750&wfr=spider&for=pc.

走到市场经济最高阶段，金融游戏陷入了"充当一般等价物—讲故事、炒概念—击鼓传花—形成黑洞"的原罪中，金融脱离实体自我空转，稍有不慎就引发爆仓等连锁反应。尽管美国金融乱象频出，但到目前为止美国依然在金融领域稳坐霸主之位，不禁使一些人产生了"中国可以效仿美国金融"的幻想。

这其实是犯了对中美两国金融差异性认识不足的错误。美国虽然有纷繁复杂的金融衍生品市场，但真正维系美国金融霸权的是美元在国际货币体系中的统治地位。美国通过向全世界输出美元导致新兴市场国家经济过热，在宽松政策退出之际美国又会打出"加息+缩表"的紧缩政策组合拳，让美元"变贵"的同时又让国际市场上的美元货币流通量减少，收割全世界。而目前人民币显然还不具备美元在全球货币体系中的地位，同时中国金融又有其区别于别国的复杂性。

一方面是政府与市场的界面不清。中国股市迄今仍是重融资轻投资的政策市，政策一来，股市就动。摇摆于政府和市场之间，中国金融的复杂性在两者拉扯中急剧膨胀，当下还未能有效发挥资源优化配置的功能，并不适宜再容纳更多规则复杂、规模庞大的金融衍生品。

另一方面是新老金融叠加。乘着新科技的东风，许多所谓的金融创新肆意生长，成为各种投机套利、圈钱的陷阱，曾经的P2P乱象即为明证。这些所谓"创新"的背后往往聚集了各种纷繁复杂的金融衍生品，一旦崩盘可能引发系统性金融危机。

因此，对于中国金融来说，与其补齐金融市场，不如用新的手段变革金融市场。

第一，利用税收手段规制金融市场。金融作为最典型的现代产业，频繁的交易、庞大的资产必然带来巨大的经济收益，如此之大的财富如不纳入课税范围，势必形成巨大的税收空洞，甚至成为避税的又一"渠道"。典型代表如美国，即便拜登在2022财年预算案中，将资本利得税率翻了一番，从原来的20%提高到39.6%，而且这项增税还要回溯到2021年4月，但依然挡不住富人们在避税上智计百出。据美国网站"为了公众"（ProPublica）的报告，2014—2018年，最富有的25位美国人的实际税率仅有3.4%。[1] 众多富人花式避税，如贝索斯用债务利息支出、"其他支出"等投资损失及抵扣来抵消赚到的每一分钱；巴菲特将全部家产在死后捐给慈善组织避税；马斯克甚至通过借贷即将股票作为抵押品向银行贷款在美国避税。可见，在金融市场纷繁复杂的美国，富人利用法律和规则的漏洞逃避纳税责任、侵占社会财富已经成为严重的问题。未来中国金融系统有必要根据自身实际情况利用资本利得税等手段对金融市场进行规制。

第二，支持适度的金融衍生，禁止金融衍生品过度扩张。金融江湖里，如果说股票和债券像刀和剑是最基础的武器，那么金融衍生品则像暗器，无处不在，却又不易察觉。对抗不确定性本是金融衍生品发展的初衷，但过度的金融衍生却成了金融风险的放大器。国资委已于2020年1月20日发布《关于切实加强金融衍生业务管理有关事项的通知》，未来加强监管将成为常态，"严格管控、规范操作、风险可控"的金融衍生业务监管体系将逐步建立，在有效管控风险、规范业务操作、强化监督检查的基础上合理、适度地发展金融衍生工具，防止过度发展可能导致的系统性风险。

---

[1] 界面新闻.美国顶级富豪纳税率仅3.4%，远低于普通上班族[EB/OL].(2021-06-09)[2024-05-15].https://baijiahao.baidu.com/s?id=1702092786255638412&wfr=spider&for=pc.

第三，开辟"金融资本化、资本基金化、基金平台化、平台股权化"的道路。金融的结构性失衡实际上已经造成了经济结构的扭曲和系统性风险的累积，中国金融有必要走从间接金融到直接金融，从债务主导的银行体系转向股权为主的资本市场，以及从银行到基金的"和平演变"道路，金融脱媒将是主要方向，提高直接融资比例未来仍要靠资本化、基金化突围。

总之，金融历史岔路口已然开启，一些传统的金融理论和金融概念已经无法解释不断涌现的经济金融实践，甚至连金融本身也面临着重新定义。2017年的第五次全国金融工作会议已经实现了对金融工作的转轨纠偏。未来中国金融工作的开展方向是变革市场而非补齐市场，防范金融风险，一切为实体经济服务开路，唯有如此，才能使中国金融走上良性发展的正途。

中国金融监管不走华尔街道路

金融作为繁荣与危机交织的特殊行业，每一次进步意义上的蜕变都伴随着监管的质变。以美国金融发展史为例：1792年5月17日，24名经纪人在华尔街的梧桐树下签订了世界上第一份证券行规，结束了新大陆18世纪以来，谁都能成为经纪人、没有报价牌、没有固定的交易场所的证券交易乱局。1933年美国参议院举行的"皮科拉听证会"，将一个多世纪以来市场操纵股价、内幕交易等行为暴露出来，催生了《格拉斯-斯蒂格尔法案》的出台，确立了银行分业经营原则，防止银行与证券公司勾结逐利。继而1934年《证券交易法》出台，不仅意味着信息披露制度逐渐成形，也留下美国证券交易委员会专司证券监督和管理工作。即使在如今看来已经有些变味的金融衍生品领域，最初的芝加哥期货交易所能得以飞速发展，也离不开保证金交易和标准化合约两大制度作为其信用基石。既能保证金融创新撬动社会资源，又能提前预防金融系统性风险，这是适应时代的金融监管模式必须寻求的平衡。

中美金融发展诚然有不少分歧，有的体现在政策周期上；有的体现在业务模式上，例如美国不断炒作加密货币，中国在法律上对加密货币是完全禁止的，更鼓励资本为实体服务；有的体现在时运上，如面对2008年危机，中国拿出4万亿元救市，而美国选择无限量化宽松……但这些分歧或是周期性的选择，或是只涉及单个方面，真正施加全域性、长期性影响的还是监管模式。

不同于美国，中国的监管模式走的是一条复式化的道路。从经典的监管视角来看，中国金融市场在30年内快步走完西方300年的路，大概分为三个时期：

一是改革开放初期，只有"监督稽核"的概念，而没有"金融监管"的概念。此时，由于"大一统"的银行体系，加之银行体系的业务也基本上局限于存贷款，相应的监管机构只有中国人民银行稽核司（现"中国人民银行稽核监督局"）。直到进入20世纪90年代，证券市场的建立与发展丰富了中国金融体系，银行专业分化逐步完成，使得现代意义上的"金融监管"理念正式落地于市场。

二是分业监管形成时期，1993年，党的十四届三中全会指出，金融体制改革要对"银行业和证券业实行分业管理"，分业监管思路自此出现。分业经营的核心内容是限制商业银行的经营范围，禁止其进入证券、保险、信托、租赁等非银行业务领域。2003年中国银行业监督管理委员会成立，标志着分离式金融分业监管体系初步成型。

三是互联网金融时代监管阶段性趋严。伴随着互联网行业对金融行业的渗透，金融业态变得更加复杂。金融业务在信息技术的影响下，一旦爆雷，就会掀起狂潮；金融投资逐渐露出"脱实向虚"的一面。因此，金融监管阶段性收紧。

从非典的监管视角看，中国金融市场的穿透性监管正逐步走出一条和华尔街截然不同的道路。在机构表外业务监管上，中国监管确立了"实质重于形式"原则和"穿透"原则。银行的表外业务，如委托投资、承销债券、代客理财、代理收付、财务顾问等，明面上按照现行企业会计准则不计入资产负债表内、不形成现实资产负债的业务，但这些业务事实上会引起损益变动。根据2022年底发布的《商业银行表外业务风险管理办法》，按照全覆盖原则，将把所有表外业务统一纳入监管。在机构业务范围内，金融衍生品业务或将在银行业务体系中淡化。以"原油宝"事件为导火索，招商银行、华夏银行、工商银行等银行陆续暂停了具有衍生品性质的个人外汇业务与贵金属投资业务。概因金融衍生品的交易模式存在"对赌"色彩，即当客户做多时，银行则做空。反之亦然，这类模式并不符合当前商业银行回归服务实体经济和企业综合金融服务的政策导向，还有分业经营的监管要求。在整体监管格局上，由分业监管变为相对集中监管。

2017年以来，金融混业经营使得分业监管模式不具有穿透监管能力，容易产生监管的灰色地带，所以监管由分业变为相对集中是大势所趋。在中国金融监管体系的改制中，倾向于根据金融市场的性质分别进行监管，以推动同一类业务在不同行业资本监管标准下协调一致。

第三篇

金融危机的轮回:这次不一样?

市场经济从初级发展到高级阶段,金融脱离实体经济自我循环,内置了过剩的"原罪"。而过剩必然有泡沫,泡沫必然要蒸发,过剩必然要平仓。这是金融运行的内在规律,这也导致阶段性泡沫和崩盘(十年一轮)不可避免地发生。然而,相比此前金融危机是金融衍生过度下的市场失灵,如今,有形之手和无形之手搅和在一起,人们面临的已经不仅仅是市场过剩和危机,还有政策扰动、干预过度导致的过剩和危机。人们一边批评美国的量化宽松政策,一边又担心该政策退出后捅破泡沫的矛盾心态,从根本上其实体现的是危机的内涵已经发生变化,即经典的市场失灵已经被非典的政府失灵叠加市场失灵所取代。

第六章 金融危机 10 年轮回周期

金融危机 1.0:1987—1988 年世界大股灾

"黑色星期一"的连锁效应

1987年10月19日,星期一,纽约股市刚刚开盘,道·琼斯指数经过一段波动后突然开始下跌,交易所瞬间陷入一片恐慌之中,投资者纷纷开始不计成本抛售股票。由于股市与期市相互驱动,股价和期指跌落速度越来越快,交易量猛增。各机构在两个市场上大量进行交易,将这场灾难推向了顶点。而纽约股票交易所计算机系统也几乎陷入了瘫痪的状态。当股票交易数据涌进计算机时，计算机几乎无法处理。卖单蜂拥而至时，信息系统处理速度远远滞后。开盘后不到1小时，巨大的抛盘数量让计算机比实际交易速度慢了20分钟；中午，计算机系统中的指令转换系统（DOT）慢了约75分钟。由于指令转换系统容量不足，传送到该系统的3.96亿股的交易竟有1.2亿股没有执行。[1]这则可怕的消息传到华尔街股市，引起一阵恐慌。

一直到休市，道·琼斯指数暴跌508.32点，跌幅达22.62%，超过了1929年10月29日纽约股市暴跌的纪录，市场蒸发金额达5000亿美元。[2]华尔街作为全球股市中的"风向标"，使得恐慌像瘟疫一样蔓延全球，日本、新加坡、马来西亚、澳大利亚等国家，伦敦、巴黎、米兰、法兰克福、阿姆斯特丹等城市，均有不同程度的下跌，全世界范围内股市都受到冲击。这一天损失惨重的投资者也不计其数，世界首富萨姆·沃尔顿一天之内股票价值损失21亿美元，世界上最年轻的亿万富翁比尔·盖茨损失39.45亿美元，电脑大王王安仅在10月19日下午就损失了3100万美元。许多百万富翁一夜之间沦为贫民，更可怜的是那些普通投资者，多年积蓄转眼间蒸发，甚至变得负债累累。银行破产，工厂关门，企业大量裁员，整个社会人心惶惶。

受美国股市崩盘的影响，伦敦、法兰克福、东京、悉尼、香港等地股市也开始狂跌；"1929年的股灾又来了吗？"巨大的恐慌像瘟疫一样在全

---

[1] 中国经济网.美国股市：1987年股灾 富翁一夜成贫民[EB/OL].(2008-09-27)[2024-05-15].http://finance.ce.cn/sub/cf/hwsc/200809/27/t20080927_13673988.shtml.
[2] 凤凰国际iMarkets.1987年的股灾 美股猝不及防地暴跌23%蒸发5000亿美元[EB/OL].(2017-10-17)[2024-05-15].https://finance.ifeng.com/a/20171017/15728967_0.shtml.

球蔓延。在欧洲，伦敦《金融时报》股价指数1987年10月19日下跌183.70点，跌幅为10.1%；瑞士信贷银行指数的跌幅为11.3%；联邦德国为3.7%；法国为6.1%；荷兰为7.8%；比利时为10.5%。在亚洲，日本东京的《日本经济新闻》股价平均指数在1987年10月19日下跌620点即2.35%后，20日再跌3800点即14.6%；香港恒生指数在19日下跌421点，即11.3；新加坡《海峡时报》指数19日下跌169点，跌幅为12.4%；澳大利亚所有普通股价格指数下跌80点，跌幅为3.7%；ftse30指数下跌183.7点，跌幅为10.1%，ftse100指数下跌249.6点，跌至2053.3点，投资者损失达500亿英镑。巴西、墨西哥的股市跌幅在20%以上，巴黎、法兰克福、斯德哥尔摩、米兰、阿姆斯特丹等股市均有6%至11%不同程度的下跌……[1]

美国政府虽然迅即采取了救市措施，但经济还是陷入了长时间的停滞。不仅投资者对于美国市场的信心受挫，社会生产的速度放缓，连消费者也信心不足。在这一年内，美国的私人消费开销出现锐减。低迷的经济和投资量的减少又加剧了经济状况的恶化，形成恶性循环。大量失业的出现让经济问题慢慢转化为社会问题。可以说，1987年的股灾将以消费为主导的美国经济带入了转折点。

过度的量化交易刺穿股市泡沫

股灾并非凭空发生，而是在多年的时间里逐渐酝酿出的风暴，并最终威胁到整个美国金融体系。

第一，20世纪80年代，美国股市在低利率、低通胀、货币宽松等因素

---

[1] 夸克聚合商务.金融危机大回顾之1987年股灾：损失超过"二战"的"失控大屠杀"[EB/OL].(2018-06-11)[2024-05-18]. https://www.sohu.com/a/235149038_640245.

的影响下，迎来了一波牛市，大量国际游资进入，股市泡沫化趋势明显。道琼斯工业指数从1984年8月底的1224.37点迅速上升到1987年8月底的2662.95点，上涨117.5%。反观美国经济，从1983年至1987年，美国经济年均增速在4%左右。[1]股市增速远远超过实体经济增速，自然为日后的股价暴跌埋下隐患。

第二，从金融市场来看，20世纪80年代出现了两个结构性变化：一是市场参与主体，机构投资者超过散户成为最重要的市场投资者。美国投资公司协会（the Investment Company Institute，ICI）数据显示，1980至1990年期间，货币型共同基金增长了足足18倍，同一时期，股票型共同基金也有了实质增长，上涨10倍。[2]二是程序化交易的流行。所谓程序化交易，就是电脑通过软件参与到交易中。程序化交易的买卖决策透过电脑的辅助，将各种交易理念转化为电脑程序语言，能克服心理障碍，排除人为情感因素，用电脑取代人性，消除交易时人性的恐惧、贪婪、迟疑及赌性等四大情绪因子。但程序化交易起到的助涨助跌作用成为全球股灾的催化剂。

第三，全球金融市场的联动使得1987年美国股灾迅速演变成全球股灾。外汇市场担心美元贬值，开始大规模抛售美元。而市场由于担心美元走软迫使美联储加息，进而压低美国国债价格，于是集中抛售美国国债。

---

[1] 尤苗.全球经济危机标志性事件　1987年全球股灾：第一个现代意义上的股市崩盘[EB/OL].(2023-07-28)[2024-05-15].https://mp.weixin.qq.com/s?__biz=MzAwMjExNDU1Mw==&mid=2650608444&idx=1&sn=e89d4b39a65b18ed19afb1fbfc74b6d9&chksm=82c6e5aab5b16cbca98350336e338a754086cd52afc37f8f85161880436798c8f1377e01d19c&scene=27.

[2] 21世纪经济报道.1987年股灾：浴火重生的美国共同基金[EB/OL].(2008-11-05)[2024-05-15].http://finance.sina.com.cn/roll/20081115/01225509969.shtml.

大量抛售将美国长期国债利率推升至两年内新高。对于股市投资者来说，国债的高收益率成为巨大诱惑，越来越多的投资者考虑出售股票。1987年股灾前几周美国股市就出现大量抛售，在一轮轮抛售中基于金融衍生品的投资套利模型又加速了这种恐慌。美国国内不同市场之间的联动叠加上全球金融市场的联动，使得美国股灾很快蔓延，最终演变成全球股灾。

金融危机 2.0：1997 年亚洲金融风暴

"亚洲经济神话"的终结

亚洲金融危机发生于1997年，始于泰国，随后进一步影响了邻近国家的期货市场、股票市场、货币市场的资产价值。印度尼西亚、韩国、泰国是受此金融风暴影响最大的三个国家。这场危机分为三个阶段：

第一阶段：1997年7月2日，泰国政府宣布放弃固定汇率制，实行浮动汇率制，这一政策正中以索罗斯为首的国际金融炒家下怀。当天，泰铢兑换美元汇率下降17%，引发外汇等其他金融市场一片混乱。随后，菲律宾比索、印度尼西亚盾、马来西亚吉特在泰铢的影响下，成为国际金融炒作者的攻击对象。10月下旬，矛头转向中国香港，10月23日，香港恒生指数大跌1211.47点，28日下跌1621.80点，跌破9000点大关。[1]但中国香港政府宣布不会放弃联系汇率制，挡住了金融投机者的攻击，恒生指数由此上扬。11月中旬，韩国也爆发金融危机；1997年下半年，日本一系列银行和证券公司相继破产。由此，由东南亚金融风暴转变为亚洲金融危机。

---

[1] 中国经济网.1997年亚洲金融危机[EB/OL].(2011-07-08)[2024-05-15].http://intl.ce.cn/zhuanti/2011/china/jrwj/201107/08/t20110708_22530928.shtml.

第二阶段：1998年印度尼西亚金融风暴再起，在经济严重衰退的背景下，印尼政府于2月11日宣布将实行印尼盾与美元保持固定汇率的联系汇率制，以稳定印尼盾。然而，此举遭到美西方的一致反对，印尼陷入巨大的政治经济危机。受此影响，东南亚汇市再起波澜，新元、马币、泰铢、菲律宾比索纷纷下跌。4月8日，印尼政府与国际货币基金组织达成一份新的经济改革方案，东南亚汇市风暴才平息。但危机并没有止步，而是进一步传导至日本，日元大幅贬值，亚洲金融危机继续深化。

第三阶段：1998年8月初，以索罗斯为首的国际金融投机者对中国香港发动新一轮攻击。中国香港政府予以还击，金融管理局动用外汇基金进入期货市场和货币市场，吸纳国际炒家抛售的港币，将港币兑美元汇率稳定在7.75∶1。经过一个月的苦斗，国际炒家损失惨重。国际炒家在中国香港失利的同时，在俄罗斯也遭遇惨败。由于俄罗斯中央银行宣布年内将卢布兑美元汇率的浮动幅度扩大为6.0—9.5，同时推迟偿还外债并暂停国债交易，导致卢布大幅度贬值，引发政治经济危机。[1]连续的打击下，国际投机者元气大伤，并引发了美欧国家股市汇市的剧烈波动。

投资驱动型经济体的脆弱性

本次危机主要爆发于东南亚、东亚一带的投资驱动型经济体。从金融危机对各国冲击大小的排序看，固定资本形成占比更高的国家所受到的冲击更大，而占比相对较小的国家所受到的冲击相对较小，譬如危机前固定资本形成排名前四的是马来西亚、泰国、韩国、新加坡，除新加坡外，其

---

[1] 中国经济网.1997年亚洲金融危机[EB/OL].(2011-07-08)[2024-05-15].http://intl.ce.cn/zhuanti/2011/china/jrwj/201107/08/t20110708_22530928.shtml.

他三国在亚洲金融危机中均受到了巨大的冲击。印尼则是个例外，虽说固定资本形成占GDP的比重相对偏低，但在危机中所受到的冲击反而最大。这与其外债占比高、与国际救助机构发生摩擦以及内部的政治危机有关，已超越单纯的经济现象。投资驱动型经济体的脆弱性主要来源于以下原因：

第一，高资本形成占GDP比重与经济增速不匹配。在亚洲金融危机爆发前，泰国、马来西亚和韩国等国都出现了很明显高资本形成占比与GDP增速不匹配的情况。譬如泰国，1986年之后资本形成总额占GDP的比重由25.87%快速上升至1991年的42.84%，随后一直保持在40%以上的高位，但GDP增速却下滑。1996年，泰国资本形成总额占GDP的比重为42.53%，而GDP增速却进一步回落至5.65%，最终1997年亚洲金融危机于泰国率先爆发。韩国和马来西亚的情况也是同理。[1]

第二，金融自由化改革与金融监管不匹配。20世纪80年代，亚洲各国开始金融自由化改革。然而，有效的金融监管没有及时跟进。例如，对金融行业的准入缺乏管理，导致实力小、能力差、管理乱、风险高的金融机构遍地开花。又如，对银行和金融机构的财务状况缺乏监督，银行和金融机构可以随意借用大量外债，向无偿还能力的企业发放贷款，导致银行系统出现大量呆账、坏账。国际游资正是钻了这些金融监管中存在的空子，引爆了金融危机。

第三，金融开放反而助推了高外债之路。在高资本形成占比与经济增速不匹配的情况下，宏观杠杆率会上升，一些国家会以内债的形式体现出

---

[1] 财信证券.亚洲金融危机回顾分析：投资驱动型经济体之殇[EB/OL].(2022-09-17)[2024-05-15].https://baijiahao.baidu.com/s?id=1744181121010521445&wfr=spider&for=pc.

来，一些国家则会以外债飙升的形式体现。而东南亚在资本账户激进开放之后，其体现形式就是高外债之路。1997年6月底，除中国和日本外的东南亚和东北亚经济体总共向国际性银行借款3700亿美元，印尼、泰国、菲律宾、马来西亚外债分别在300亿—1300亿美元，短期外债占19%—41%不等。而且，泰国和印尼的外汇储备都低于短期外债。[1]国际货币基金组织在回顾亚洲金融危机的经验教训时对开放资本账户的节奏和改革顺序提出了问题，指出危机显示在保证国内金融体系的稳健性之前开放资本账户具有风险，在开放长期资本流之前选择开放短期资本流提高脆弱性。

金融危机 3.0：2007—2008 年次贷危机引发金融海啸

次贷危机远胜东南亚金融危机？

自2001年起，美国政府为了刺激经济，不断降息放水，鼓励当时的美国人超前消费，贷款买房、买车。在次贷危机前，大部分美国人都坚信美国的房价一直会上涨，美元永远是强势货币。经济危机的种子也就在这样的环境下不知不觉地生长了出来。

在当时的美国社会，想要通过贷款来实现购房和投资是非常容易的。不仅各大银行对贷款者的授信门槛较低，甚至民间还出现了不少私人借贷公司。这些私人借贷公司往往会先从银行借出一笔钱，再用比银行更高的利率贷款给那些信用状况不太良好的客户。如此一来，整个美国社会当中都形成了一条庞大的贷款产业链。这种将贷款二次借贷给第三方的模式，

---

[1] 中国经济时报.亚洲金融危机回顾与思考[EB/OL].(2022-08-19)[2024-05-15].https://baijiahao.baidu.com/s?id=1741541301873452054&wfr=spider&for=pc.

就被称为"次贷"。大部分的"次级贷款"的利率要远高于普通贷款,美国的银行也愿意做"次级贷款"生意。

然而,泡沫总有破裂的时候,2007年2月,汇丰银行宣布北美住房贷款按揭业务遭受巨额损失,减记108亿美元相关资产,次贷危机由此拉开序幕。2008年7月中旬,美国房地产抵押贷款巨头房地美和房利美遭受700亿美元巨额亏损,被美国政府接管。2008年9月中旬,雷曼兄弟破产,美林证券被美国银行收购。华尔街的五大投行倒闭了3家,彻底击垮了全球投资者的信心。在此背景下,美国的经济受到严重冲击,2008年第四季度,美国GDP降6.3%,经济降幅创26年之最,而企业利润下滑了超过1/4。[1]

其后,危机逐渐从私人部门扩散到其他国家的公共部门。2009年12月8日,全球三大评级公司下调希腊主权评级。从2010年起,欧洲其他国家也陷入危机,西班牙、爱尔兰、葡萄牙和意大利等国同时遭遇信用危机,整个欧盟都受到债务危机的困扰,受影响国家的GDP占欧元区GDP的37%左右。由于欧元汇率大幅下跌,欧洲股市暴跌,整个欧元区面临严峻考验。

与以往的危机大多由金融文明的主宰者在其他国家发动,速战速决地解决问题的情况有所不同,此次次贷危机却从金融文明阵营内部爆发出来,并从美国蔓延到英国及其他一些欧洲国家,尽管政府联手自救,但只能以延缓危机的方式维持表面的稳定。

追根溯源,2001年以来过剩资本在次级贷款政策的助推下不断挂靠到房地产的稳定之锚上,次贷债券化又利用了金融衍生品一份钱分成十份

---

[1] 商务部网站.美国08年第四季度GDP下修至下降6.3%[EB/OL].(2009-03-27)[2024-05-16]. http://finance.sina.com.cn/roll/20090327/18412756508.shtml.

使的杠杆作用，进一步撬动房地产的巨大利润空间。但衍生品既能助推房价，也能助跌房价，一旦玩出了轨，风险就极易被杠杆放大到不可收拾的地步。

究竟谁是肇事者？

一类观点认为投行是主谋。第一，创新过度过滥，杠杆效应被肆意放大，结果玩火自焚。自2003—2007年，美林和高盛的杠杆率猛增至28倍，大摩为33倍，破产前的雷曼是30倍。这还不算结构性投资工具（SIV）等表外业务的杠杆效应，若算上这些杠杆，华尔街投行的杠杆倍数可高达50—60倍。而资本充足率却只有1%—2%。[1]过高的杠杆率和过低的资本充足率使华尔街搬起石头砸了自己的脚。第二，金融腐败葬送华尔街。华尔街金融机构多为"百年老店"，官僚主义泛滥，忠诚度缺失，"CEO们"通过不断跳槽、大玩公司政治来抬高身价，以致"在华尔街做高管，更像一场政治游戏"，腐败低效将华尔街送上不归路。第三，投行"大到不能倒"绑架了国家社会，自由市场原则被证伪。金融一体化造成投行触角密布全球，影响的不仅是母国经济，还有全球利益，"大到不能倒"颠覆了传统的自由市场。而20世纪90年代长期资本管理危机中美联储的出手拯救也暗示投行们：大了就不会有问题，有美联储在底下兜着。美国两大房贷融资巨头房利美和房地美被美国联邦住房金融局收编就是铁证，而雷曼倒下则是因为"还不够大"。

另外一类观点则集中炮轰货币机制、金融监管。第一，2000年科技股

---

[1] 王胜邦，陈颖.危机测试新资本协议[EB/OL].(2009-07-10)[2024-05-16].http://finance.sina.com.cn/leadership/mroll/20090710/05196464028.shtml?from=wap.

泡沫破灭后，多年的低利率政策造成货币供应过度，从而引发楼市泡沫，进而为日后的次贷爆发埋下了祸根。第二，货币独裁是货币供应过度、制造泡沫的制度性原因。有人提出，美联储本质上是"货币独裁"，是一家央行说了算，而央行又是格林斯潘一个人说了算，绝对的权力导致绝对的滥发。相比之下，欧洲央行就不能随时供应货币，17个成员国都有否定权，"货币民主"就避免了货币滥发的制度缺陷。第三，美联储、财政部、证券交易所等近10个机构多龙治水，权限重叠、监管空白使五大投行基本处于"和尚打伞"的状态。美国政府对商业机构基本上是不监管的；"四大会计师行"等机构对其业务基本是不理解的，华尔街的笑话称"只有美林才能看懂雷曼的报表"。这种公司实际上只有股东自己才能守住最后的防线。但为了股权激励，他们彻底抛弃了华尔街创业投行的合伙人制度；而上市后的投行股权极为分散，没有强有力的股东能对管理层进行约束。监管的体制性漏洞使众多衍生品成了漏网之鱼。

关于次贷的爆发，福卡智库认为是宿命的、本质的。

一、金融必然有泡沫，蒸发平仓实属正常。市场经济从初级发展到高级阶段，金融脱离实体经济自我循环，内置了过剩的"原罪"。而过剩必然有泡沫，泡沫必然要蒸发，过剩必然要平仓，这是金融运行的内在规律。蒙代尔提出次贷将在两周内结束，是没有深刻认识到金融的内置"原罪"。

二、金融文明把泡沫与蒸发推向极致。衍生品的爆炸催生了金融文明，前者像千层派一样被层层切割、转手出售，并将全球纳入"击鼓传花"的游戏，从而把泡沫无限放大，蒸发力度空前。至于蒸发的途径主要有两种：第一种是资产冲销和减记。据彭博统计，自危机发生至2008年8

月18日，全球累计发生的资产减记和信贷损失已经达到5036亿美元，其中，美国占2528亿美元，受波及影响较大的欧洲占2281亿美元，亚洲为227亿美元。第二种是虚拟资产的蒸发。据日本《每日新闻》2008年10月11日报道，截至该报道日期，2008年以来日本和美国股市跌幅达35%至45%，市值总额也急剧萎缩。如果将欧洲、新兴市场和金融机构的损失也包括在内，2008年全球金融资产损失高达27万亿美元。

三、美国率先在金融文明初级阶段栽跟头。全球近60%的金融衍生品扎堆美国，此前无论是美国政府还是民众都从世界捞了不少金融文明的好处，而今先翻船也在情理之中。

金融危机4.0：2020年美国流动性危机

流动性危机戳破美股泡沫

2020年3月，长牛11年的美国股市终于"牛躯"大震，开启"股灾"模式。3月9日、12日、16日、18日，美股在10天内共发生4次熔断，当日道琼斯指数分别暴跌了7.79%、9.99%、12.93%、6.30%。

复盘此番美股暴跌，正是沿着疫情暴发蔓延—中国需求下降—油价大跌—美股暴跌的传导逻辑展开。2020年初，新冠疫情"黑天鹅"来势汹汹。随着疫情在全球范围内蔓延，各国封国封城，旅游业休克，产业链"断链"，经济运行停滞，石油市场遭遇突发性需求冲击。

再加之俄罗斯与OPEC针对石油减产未达成共识，沙特宣布日均产油提升到创纪录的1230万桶，并打响石油价格战，出现"油不如水"的魔幻情节。而油价大跌对美国影响最大，由于美国页岩油盈亏平衡点在每桶50

美元到55美元之间,这使得大多数页岩油企业面临极大的亏损风险。如惠廷石油已申请破产,成为本轮石油战首个"牺牲品",美国页岩油气产业遭受毁灭性打击。不仅如此,过去18年里,能源公司是华尔街最大的垃圾债券发行者之一,同时也是最大的垃圾债券借款人,全球油价波动自然传导至美国股市。

由此而言,"疫情+原油价格战"双重压力测试下,美国金融市场在多年牛市、宽松货币环境下积聚的杠杆和泡沫风险加速暴露。

为了应对流动性问题,缓解市场恐慌情绪,美联储先后采取了大幅降息、回购操作等一系列货币政策工具,以期释放流动性。2020年3月17日,美联储进一步重启2008年次贷危机时期的货币政策工具箱,建立商业票据借贷便利(CPFF)及一级交易商信贷便利(PDCF);3月18日,美联储又推出了货币市场共同基金流动性便利(MMLF)。然而,流动性危机在美国政府的强力救助下暂时缓解,但危机只是被推迟,深层次的经济金融脆弱性并未消除。

ETF是危机的下一个爆发点?

2020年,迈克尔·伯里(Michael Burry)这位传奇对冲基金经理的一则预言被推至风口浪尖。他认为被动投资代表的指数基金、交易型开放式指数基金(ETF)将会导致市场崩盘,并警告道:"像大多数泡沫一样,它持续的时间越长,崩溃就越严重。"这一推断无疑加剧了市场动荡不安的情绪,美国银行甚至发出报告,认为ETF就是新一代的CDO,ETF已经跟次贷元凶挂钩在了一起!2020年,在美股剧烈波动的2月24日至3月23日之间,ETF贡献了美股市场37%的交易量,换句话说,此间美股市场上每100美元的交易中有40美元是通过ETF进行交易。[1]有学者指出，跟踪2020年道指涨跌幅与ETF资金流动的周变化曲线可以发现，道指的涨跌与ETF资金的进出近乎完美地重合。还有人认为，ETF堪称"大规模杀伤性武器"，它们扭曲了股价，并埋下了市场暴跌的种子。尘世间的繁荣与牛市都各有主线，而历史上的股市大崩盘又各有扳机。那么，ETF是危机的罪魁祸首吗？ETF又是否会成为危机的下一个爆发点？

这种忧虑不是没有道理。与已有将近400年历史的股票相比，世界上第一只ETF诞生于1990年的加拿大多伦多证券交易所，此后的短短30年间ETF如海绵一样快速膨胀，成长为股市的一头"巨鲸"。以规避风险为初衷的ETF本就内置着缺乏价格发现这一弊端。大量投资者将被动投资打包买入一篮子股票，不关心个股定价，忽略对各成份股的研究分析，导致大量资金没有参与或经过价格发现过程就配置了股票。一旦遭遇重大抛售，ETF抛售可能会引发流动性较低的股票出现问题，可能加剧市场崩盘的程度。

ETF助涨助跌的特性是加速市场跳水的助推剂。ETF打破了传统基金与二级市场间的"缓冲"，让市场的反应更加敏感。在资本市场长期基金面宽松，企业盈利状况良好的情形下，ETF带来的就是一轮良性反馈，但是在熊市环境中，相对应的就是一轮恶性循环：指数下跌—投资者赎回—被动基金卖出成份股—股票价格下跌—美股指数下跌—更多投资者赎回—美股指数进一步破位下跌。如此一来，被动型投资所造成的流动性问题犹

---

[1] 上交所期权之家.ETF是否加剧市场波动讨论——数据说话，ETF加剧美股趋势波动了吗？[EB/OL].(2020-04-27)[2024-05-16].http://finance.sina.com.cn/option/2020-04-27/doc-iirczymi8672783.shtml.

如华丽外袍下掩藏的"虱子"。在美股长牛期间，大量的资金通过ETF、指数基金等被动投资资产进入股市，但是投资者并不知道真正的投资价值何在，因此，这些资产很有可能会盲目随大流，在认为市场良好的情况下一致卖出，这样会导致卖出方数量多于买入方数量。在此情况下，买入卖出不再是"随时恭候"，反而也会连带对股市中流动性较小的股票产生影响：可能会发生价格崩溃，最终导致股市崩溃。

可见，ETF的种种问题已经暴露出美股深藏的诸多内生隐患，任何一个其他的外生导火索都会最终导致美股的崩盘。金融市场的发展过程，本身就是一个更多投资工具不断产生的过程，如做空、期权等机制本身只是市场的工具，虽说不能让它完全为市场的动荡"背锅"，但历史已经证明，金融一旦有什么大规模创新，市场就会养出一只黑天鹅。ETF的盲目膨胀正在不断为市场堆砌泡沫，ETF大量建仓，注入了天价的流动性，使得市场产生自我强化，为涨而涨。但是，在这个过程中，ETF基金所持个股的基本面并没有任何的增长，只是由于不断有人报出更高的价格购买，所以，买者越来越多，科技股备受关注，科技ETF也不断上市，以致出现了天价科技股行情。泡沫要破灭，金融要回归，当市场开始全面清算，ETF势必将成为危机的下一个爆发点。

金融危机的本质与宿命

相同的根源与演化路径

比较历史上的金融危机，不难发现其中的共同点。

第一，有着相似的美元货币政策紧缩诱因。"黑色星期一"爆发前，由于高通胀以及美国经济政策转向刺激供给、鼓励储蓄的里根主义，1987年初美联储启动加息，联邦基准利率连续3次上调后降息过1次，随后再度连续3次加息。在亚洲金融危机爆发前的1994年，美联储再次进入加息通道，在13个月内接连7次加息，1997年3月又加息25个基点至5.5%，美元走高导致东南亚国家资本突然外流。2007年次贷危机爆发前，美联储从2004年6月起的27个月内连续17次加息，联邦基金利率由1.0%升至5.25%，加息幅度4.25%，高利率抑制居民新增贷款，购房需求减弱；同时随着货币收紧，抵押贷款利率居高不下，低收入群体偿债压力加剧，最终导致次贷危机爆发。

第二，有着相似的流动性泛滥导致泡沫经济的条件。从1982年8月开始，美国股市进入了长达5年的牛市。在1997年与2007年前夕，东南亚国家和美国房地产市场同样异常繁荣。由于房地产在宏观经济中的作用，以及房地产具有高杠杆属性，并与金融深度关联，每次经济繁荣多与房地产带动的投资有关，同时每次经济萧条也多与房地产泡沫破裂有关，甚至有"房地产是周期之母，十次危机九次地产"的说法。

第三，货币危机往往是压垮骆驼的最后一根稻草。在历次美联储加息—资本外流—金融危机的过程中，最普遍且最关键的环节就是发生货币危机。在金融危机中，货币危机通常由债务危机、资产泡沫破裂及外汇储备告急所引起，而债务危机往往由高杠杆率或财政赤字率过高引起；反过来，货币大幅贬值则会进一步加剧债务危机、银行危机以及金融市场的崩溃，从而引发全面危机。

第四，金融危机全球性特征以及向经济危机传导现象愈发明显。一方面，在世界经济高度紧密联系背景下，金融危机会从危机初始国以多样的传播路径（如国际贸易、金融机构、国际资本及预期等）、复杂的传播机制及快捷的传播速度，在更多的国家之间相互传染。各国经济之间的相互交织，使得这种传播得到强化，越来越呈现为区域性乃至全球性的金融危机。另一方面，金融体系崩溃导致信用紧缩，最终危害实体经济；经济增长放缓继续导致居民收入下降、消费和投资活动趋弱，经济进一步下行，形成金融—实体经济的衰退循环。

金融系统运行的底层逻辑面临崩塌

过去20余年，随着金融全球化和自由化浪潮，金融信用肆意扩张。若在此基础上再大水漫灌，将进一步加剧金融信用创造与所在国经济匹配及监管脱钩，资金淤积在金融体系内，且为了追求短期的资本利得，资金会转向从事较高风险资本操作。

但讽刺的是，在这场金融大扩张中，金融市场逐渐发生扭曲。从市场表现看，金融市场脆弱性陡升，当央行决策成为全球金融市场价格的主要驱动者时，它们就替代了经济基本面在确定市场价值中的正常作用。如果说过去至少还有市场规则作为收敛，那么在国家主义下的金融毫无节制，资产价格变得扭曲了。在此过程中，早已深深埋下下一次"明斯基时刻"[1]的种子，一旦当中央银行停止购买政府债券，甚至开始放弃宽松政策时会引起重大修正的风险。

从系统运行看，金融系统运行的底层逻辑也面临崩塌。一方面，它违背了传统金融理论。零利率甚至负利率超出了传统金融货币理论框架，违

---

[1] 指资产价格崩溃的时刻，是一种资本主义的周期理论，由美国经济学家海曼·明斯基提出。

背了货币时间价值原则,打破了名义利率不能为负数的"零约束下限"信条,甚至违反市场规律。毕竟世界上没有任何一种商品或服务,可以零价格出售或出租。但在负利率的条件下,出借者要为资金成本"买单",且规模供应。另一方面,它撼动了金融实践的基础。根据金融资产定价理论,当期价格是基于未来现金流的折现,有效投资是以"正折现率"为前提。折现率为负,意味着金融资产远期价值低于现价,直接导致估值底层逻辑坍塌,资产配置活动便失去了存在的意义,金融投资系统也被动摇。即便是大萧条时代的美国,甚至发明了"食利阶层安乐死"隐喻的凯恩斯,也从未设想过实行零利率、负利率。而如今,美国、日本和欧洲各国正在尝试货币政策中"不可思议的边界"。

金融危机战场一分为二

作为危机根源性制造国的美国将是第四次金融危机的主战场。第三次金融危机中,尽管美国金融市场遭到重创,经济景气指数急剧下滑,但美元的世界货币地位并未动摇。当时没有哪个国家能比美国更好地提供既具规模又相对灵活的投资级资产,美元仍被视为金融世界的终极避风港。因此,即使危机最严重的时刻,一波资本浪潮依然流入了美国市场,国际投资者包括国际对冲基金从股市、国际石油期货、原材料期货等市场撤出的大量资金被换成美元,美国的投资者也纷纷抛掉海外资产将其资金调回国内,美元非但没有贬值,反而还升值了。

可以说,美国当时是世界性的金融安全岛,凭借这一功能,即便它捅破了篓子,却没有火山爆发。但第四次金融危机的源头是货币注水,美国又是过度杠杆的"始作俑者",是货币洪水的深涝区,而滥发货币透支的是国家信用，因此，这必将对美元地位产生根本性动摇，美元不可逆地走弱。美国不但在危机的国内战场"自己挖坑自己跳"，而且还受殃于金融危机的第二主战场——原辅材料提供国。因为拉美的原辅材料提供国作为美国的后院，一直被美国用金融和经济手段控制着。这些原辅材料提供国经济一旦"失火"，美国在该国的设施和机构也会迅速崩溃，华尔街资本势力的控制系统可能将会因此而崩塌，美国经济将加速下坠。金融安全岛不再安全了，美国将在第四次金融危机中受灾深重。

不过，美国决不会"独吞后果"，由此产生了危机的第二个主战场——原辅材料提供国。其实，美联储的每次降息和加息，对新兴国家来说实施的都是长羊毛和剪羊毛的轮回。量化宽松时，美联储大规模发行货币、降息，抛出鱼饵，就有鱼儿上钩，等到加息时就有经济体承受其后果。

而最容易上钩的国家就是原辅材料提供国，因为这些国家大都产业结构单一，经济依靠原材料、矿产、能源出口，其他商品需要进口。美联储撒钱时美元疲软，这些国家借入美债上瘾。每逢美联储加息、美元走强，进口成本都变得特别高昂（进口的"毒瘾"又戒不掉）；相反，出口价格却格外低廉——大宗商品以美元计价，美元走强，原材料、矿产、能源的价格迅速走跌。这样，经过货币扩张、紧缩，原辅材料提供国的财富将遭到浩劫，陷入金融危机的沼泽地。

20世纪70年代美国大搞货币宽松，巴西凭美债创造了"巴西奇迹"。20世纪80年代美联储叩响加息扳机，引爆了拉美国家的债务危机，巴西一夜之间一蹶不振。此后，伯南克坐着直升机撒钱，其继任者耶伦要让撒钱的直升机降落，委内瑞拉、尼日利亚、南非等国发出坐过山车式的哀号，阿根廷比索崩溃性大跌，委内瑞拉"倾覆"。至此，危机根源的制造国美国和危机能量的释放国原辅材料提供国将构成第四次金融危机的两个主战场。

边缘国家、新兴市场难逃"血洗"

历次金融危机中，无论成因如何，新兴国家往往是最为脆弱的。表象虽各有各的不幸，深层根由却极其相似：

一是经济结构单一，"双赤字"持续恶化。这些国家拥有丰富的自然资源，但没有完整的工业体系，过于依赖初级产品出口，以致国际收支极易失衡。国际货币基金组织数据显示，阿根廷、南非等"双赤字"正在恶化，经济脆弱已积重难返。

二是货币超发，通胀严重，经济本身陷入衰退。因为新兴市场往往为保持高增长而长期货币宽松。埃尔多安成日鼓吹"GDP翻3倍"的政绩背后恰恰是土耳其的M2在2003—2017年间增长24倍之多。天量货币供给开出低利率之花、结出高通胀之果导致虚胖的经济繁荣。但"出来混的总归要还"，形势一旦逆转，经济衰退、被动挤泡沫就将身不由己，比如委内瑞拉的极端通胀就不得不用新货币抹掉5个零的方式来替代旧货币。

三是过度依赖外资、外债，但外储不足，汇率自由，以致债务危机如影相随。大多新兴经济体本身底子薄，靠吸引外资、大举借债支撑经济高增长，却也积累大量外国资产和外债。因为这些国家长期贸易赤字，外储薄弱根本不足以偿还债务，再加上资本项开放，汇率自由根本挡不住资本大进大出。比如土耳其2022年第二季度末的外债高达4443.9亿美元，而土耳其央行数据显示，截至2023年1月20日，土耳其央行外汇储备总额仅为

792亿美元。[1]更别提越南等外储才几百亿美元,又如何抵抗债务违约风险?因此,症结还在这些边缘国家自身经济太脆弱。

---

[1] 中国商务新闻网.土耳其内胀外债怎一个愁字了得[EB/OL].(2023-02-06)[2024-05-16]. https://baijiahao.baidu.com/s?id=1757088542516296698&wfr=spider&for=pc.

第七章　金融危机新逻辑："双失灵"

市场失灵——市场原罪

绝对自由的市场经济"走邪入魔"

金融危机的本质是货币过剩，但在阴谋论看来货币可以被单方面、全权控制，控盘的是美国政府与美联储背后的几大家族。然而，此逻辑最致命的缺陷是政府与美联储背后的几大家族并不具备如其所期的控制力，他们有可能控制了银行系统内的货币，一旦货币流出，不仅流向难以追踪，而且还屡次"变身"为资本与热钱。更可怕的是，在此过程中，货币规模不断膨胀，扩张能力持续提升，投机模式被大量复制，制造出天量的、登记在各金融机构的资产负债表上的账面资产或负债，在现实中则依附在资源和资产的价格上，货币资本的杠杆性扩张与资产、资源品价格上涨的有限性之间的矛盾在价值规律作用下会自动平仓。显然，这是"自我膨胀、自我蒸发"的金融原罪所为。

所以，一方面，货币的"失控"证伪了整体性、长期实行货币阴谋的可能性；另一方面，货币的自动平仓又证伪了一以贯之、持续百年的"惊世阴谋"的可能性。当然，不排除偶尔的、局部的商业阴谋的存在，但以此作为推动金融史的内在原因则犯了扩大化与极端化的错误。

福卡智库从2006年开始全面研究新世纪的金融乱象，得出的结论是美英已进入新的文明阶段——金融文明，中国的东部则被金融文明拍打海岸。这是一种具有颠覆性的新文明，对于它的价值论，福卡智库概括为：以概念为一般等价物，即找出事物的差异点，将之无限炒作夸大，用概念和故事作为定价依据；必要的无效劳动，即金融文明最大的特征之一就是非理性繁荣，只是繁荣中包含大量的投资失败与货币蒸发，是这些必不可少的无效劳动成就了非理性的繁荣；要素整合加速度，即在全球化与信息化的共同作用下，金融交易的过程、流程被压缩、效率大为提高，要素整合的速度空前，从而产生难以想象的规模与效应；认知的差异成为影响金融活动的重要变量，即不同认知水平与能力决定国家、企业及个人在金融文明中的地位与命运，如被阴谋论误导，并以此为行动模式，其前途可想而知。[1]

此价值论的基础来自"经济全球化+市场经济体制=货币过剩"的公式，以交换为目的的市场经济本身就是制造过剩货币的体制，而全球化更是提升了制造过剩的能力，货币的过剩为货币交易独立于实体经济提供前提，创造了以货币为交易对象，进行资本化、证券化、市场化、国际化升级，并最终使货币摆脱传统媒介的约束、快乐地钱生钱、制造经济景气繁荣的新经济模式。

然而，这一完美过程从一开始就被内置了市场化的原罪——过剩货币

---

[1] 福卡智库.金融原罪与金融文明[M].上海：上海财经大学出版社，2009：140-154.

的蒸发。尽管格林斯潘、伯南克认为是市场出了问题，媒体认为是道德、金融创新过度及政府监管不力的结果，索罗斯认为是市场原教旨主义惹的祸，欧洲人认为是资本主义制度与自由主义出了问题，但他们几乎不约而同地忽略市场原罪——生产过剩与过剩的货币失去稳定之锚的事实，并且对货币的商品化属性缺少洞察，货币早已超越所谓的交换、流通、储藏等传统属性，已经成为全球最主要的交易品种，资本贸易额已经是实体经济贸易额的数百倍之多。既然是商品，就要服从一般规律，难逃经济危机的周期修理与倾倒在海里、烧毁在地里、销毁在厂里的命运，只不过货币危机的表达式是货币贬值、股市缩水、房价跳楼、油价暴跌、银行破产等，本质就是货币的消灭。

理解了金融原罪，金融危机就不再神秘。我们甚至可以发现其周期性、规律性的特征，从而使前瞻性、科学性的研究与预测成为可能。金融原罪论的特点是在对时代定性的基础上解构新文明，对在混序状态下诸变量进行全息全维的研究，试图为破解复杂形势寻找规律性因素、提供新的分析坐标。鉴于此，福卡智库认为，金融是国家间竞争的综合实力表现，至少还有政治、文化、技术、国家安全、国际关系等也在影响金融运行。而各国救市等行为往往会在"去杠杆化"的同时又放大了流动性的困局，可能"旧伤未治又染新疾"。伴随始终的是货币持续地蒸发，金融原罪一直在发挥作用。

金融陷入自我膨胀、自我蒸发的宿命

世界货币越是过度扩张，越会加速社会动荡分裂。这是因为：市场经济本质上就是交换经济，为提高交换效率产生了一般等价物。在市场经济

早期，货币的功能就是充当商品交换的一般等价物。货币可以随时方便地换成各种商品和财物，也可以储藏起来以后买东西用，进而促使生产模式发生改变，原来以交换为目的的生产变成以获取货币为目的的生产在其过程中出现资金余缺，解决借贷需求的银行形成，这时货币的功能是存贷业务。企业主为追逐货币、追求利润最大化，必然不断追加生产，因此造成产能过剩。可以说，产品过剩是市场经济发展的必然现象。既然是过剩，就难逃被蒸发的宿命。

在周期性萧条中，银行融资几无可能，直接融资上升，并且市场经济也倾向于通过资产证券化来应对经济危机，利用种种金融工具（包括股票、债券、衍生产品等）做到账面平衡。证券之间、期货合约之间进行交换，尤其是经济全球化背景下国家与国家不同货币之间需要交换，货币就进入到自我买卖的新阶段。当货币自身成为买卖对象时，一般等价物就已经不再是货币了，而是概念。用老百姓的话说就是讲故事，把故事讲得天花乱坠，价值就高。不仅要价高，量也要上去，由此带来金融衍生工具的狂欢，推崇市场原教旨主义的华尔街精算师们依据复杂数学模型包装出次贷衍生债券、抵押贷款证券利率期货、股指期货、备兑权证等各式创新产品，人性的贪、自私和自大不断释放着"魔鬼"，麦道夫、莫齐洛等金融大亨相信所有的风险都可以用信用违约互换这样的工具神奇地抹去，让人产生乐在其中的"幻觉"。

中国市场经济行至中途，也迎来衍生品结构日益复杂、衍生层级越来越高的金融大爆炸。金融异化成巨大黑洞，虹吸一切社会资源，走向自我膨胀。说到底，在自由竞争、市场配置规律作用下，金融从骨子里就是要不断"滚雪球"。至此，如同产品过剩不可避免，金融过剩也是市场经济的必然产物。并且，金融机构同样被"过剩蒸发"的宿命所俘获，雷曼兄弟、桥水基金、P2P机构等接连爆雷，下场惨不忍睹。可见，市场经济发展主导着金融沿着"一般等价物—存贷—讲故事、炒概念—衍生品—金融黑洞"的脉络不断演进，陷入金融原罪。

躲不过的政府失灵

货币政策的"算计"与"无奈"

市场导致的金融问题本已深重，而一些政府由于对市场经济和金融危机的本质认识不清，在财政相对紧缩的情况下，寄望于货币放水救市，又进一步推动金融原罪从市场扩展到国家。

愈加庞大的货币、金融从市场和政府两个层面制造出来。前一个是市场化过度，后一个是政府主动投放，累积出货币、金融最大泡沫。也可以说，政府在所谓市场金融创新的同时创造出货币，推动金融原罪增长。问题是，过剩就要平仓，只是时间早晚的事。

政府超量货币发行助长金融原罪，加剧市场和社会动荡。而更深刻的原因在于货币滥印稀释了国家信用，对社会的收入凝聚度遂弱化。货币本是价值标准，有着相对稳定和客观的锚。但金本位早已走进历史，货币当局再也不必受其约束，具备了无限印钞的可能。没有了客观锚定物，货币价值也不再那么具有刚性与恒定，各国法定货币成为国家信用支撑的一个承诺。

不断印钞导致货币贬值，透支的是国家信用。当今市面上大部分流通的美元不仅是靠虚无缥缈的美国信用印出来的，美国还通过发行债券来提供印钞的充分借口，当需要还债时，就任性地打开印钞机。美元贬值实质上减少了还款，美国国家信用可见一斑。美国的国家信用贬值，政府和政治的权威也就走上下滑通道，即政治贬值、政治通胀，政治收敛不了人心，社会矛盾必将趋于激化，甚至反政府活动、"街头政治"也将盛行，从而坠入乱局。

"印钞"的逻辑——美国撒钱，全球买单

每一轮危机之后，重灾区的美国都冲在前面，无一例外地带头开闸放水。2008年次贷危机后，为挽救陷入危机的美国金融机构，从2008年11月到2012年12月，美联储先后推出四轮量化宽松政策。大量购买国债、联邦机构债券、抵押贷款支持债券，美联储总资产规模从2008年的1万亿美元左右骤然增加到2012年末的2.85万亿美元，美元发行急速扩张。[1] 此外，欧洲央行实行负利率；日本实施超级量化宽松，每年购买资产规模从30万亿日元扩大至80万亿日元。[2]

2020年3月，受新冠疫情冲击及经济衰退影响，美国股市短短10天连续4次熔断，大批企业面临债务危机。为救助股市，美联储祭出无限量化宽松手段，不仅购入国债，而且大量购买企业风险资产包括垃圾级债券。在不到3个月的时间，美联储增加购买国债和垃圾级企业债3万多亿美元，美联储资产规模急速扩表，释放出巨量美元流动性。美国开启印钞模式，骤然增发3万多亿美元，用于联邦政府对企业、个人"大把撒钱"的救助计

---

[1] 陈光磊，邱楠宇. 美联储总资产规模或持续上升[EB/OL].（2013-04-01）[2024-05-19]. http://www.jjckb.cn/opinion/2013-04/01/content_436981.htm.

[2] 原英次郎. 日本央行实行超级量化宽松政策的真实意图[EB/OL].（2014-11-14）[2024-05-19]. https://world.huanqiu.com/article/9CaKrnJFPdj.

划。到6月份美联储资产规模最高达到7.22万亿美元,见表7-1。[1]

表7-1 2019年末至2020年6月12日美联储资产扩张情况表

单位:亿美元

资产科目	2020年6月12日	2019年末	变动
总资产	72176	42138	71.28%
一、证券资产	59883	37511	59.64%
(一)美国财政部发行的证券	41504	23288	78.22%
1.财政票据	3260	1695	92.33%
2.美国国债	35267	20079	75.64%
3.通货膨胀率连结债券	2611	1259	107.39%
(二)资产抵押证券	18355	14199	29.27%
二、回购	1673	2349	-28.78%
三、贷款	1958	0	NA
(一)优先级贷款	84	0	NA
(二)一级交易商信贷工具	58	0	NA
(三)货币市场共同基金流动性工具	269	0	NA
(四)薪资保障计划流动性贷款工具	569	0	NA
(五)商业票据融资机制	127	0	NA
(六)公司信贷工具	373	0	NA
(七)大众商业借贷计划	318	0	NA

---

[1] 出行一客.压垮美元的最后一根稻草:开启天量任性印钞模式[EB/OL].(2020-07-18)
[2024-05-19]. https://baijiahao.baidu.com/s?id=1672551690329868512&wfr=spider&for=pc.

续表

资产科目	2020年6月12日	2019年末	变动
（八）市政流动性工具	160	0	NA
四、央行流动性掉期	4445	37	11913.51%
五、黄金	110	110	0.00%
六、特别提款权	52	52	0.00%
七、其他	4055	2079	95.05%

数据来源：福卡智库根据彭博社数据整理

美国政府一手发债一手印钞。美元流动性扩张稀释了美国原有对国外的负债，美元无限量化宽松的外溢效应，相当于对世界财富的公然洗劫。美联储天量放水虽然短期内可以帮助美国走出金融危机，刺激股市短期回升，但并不能反映经济真实的基本面，实际上反而推升了美国股市的泡沫化。如果美国继续放纵运用这种量化宽松特权，势必导致全球美元流动性泛滥，冲击他国金融市场，加剧全球金融市场的风险。

美联储放任运用无限量化宽松特权，严重削弱美元的信用基础。如今的美元纯粹是信用货币，不同于布雷顿森林体系时期与黄金挂钩，而是以美国国家信用作为支撑。美元发行的依据是其持有的联邦政府债券、公司债等，而美国负债规模不断创下历史新高。美国联邦政府于2020年3月推出总额约2.2万亿美元的经济纾困计划，通过直接发放现金补贴、增加失业救济金、减税、贷款援助等多种方式为家庭和企业提供援助，这是美国历史上规模最大的财政支出法案。[1]随着美国财政支出大幅增加，2020

---

[1] 出行一客.压垮美元的最后一根稻草：开启天量任性印钞模式[EB/OL].(2020-07-18)[2024-05-19]. https://baijiahao.baidu.com/s?id=1672551690329868512&wfr=spider&for=pc.

年6月，美国政府债务累计已经达到26万亿美元，为美国2019年GDP的121%。[1]如果是其他国家，这样的负债水平已经要发生债务危机了。

美元成为世界货币，植根于美国经济活力以及积极的财政政策，由此保证美国经济在全球的公信力。如果美国政府债务规模继续攀升，美债将陷入依靠发新债偿还利息的"庞氏融资"模式，有引爆美元信用危机的危险。

"左右为难"的美联储

不得不承认的是，美国已滑落两大危机的夹缝之中。一面是美国银行业走入"倒闭多米诺骨牌"的危险区间。短短2个月内，硅谷银行、签名银行、第一共和银行接连倒闭。根据美国联邦存款保险公司数据，前3家已倒闭银行合计资产5485亿美元。相比之下，2008年全年倒闭25家银行，资产总和3736亿美元。[2]可见，此次涉及的资产远远超过2008年。类似硅谷银行的大规模偿付危机正暗流涌动，根据南加州大学、西北大学等高校的4名经济学家推算，全美持有大量未受保存款的银行还有186家，都可能像硅谷银行那样"垮掉"。另一面是美债如滚雪球般膨胀，且围绕违约风险的政治恶斗已成惯例。从奥巴马到拜登，美国债务上限自18万亿美元（2015年）提高至31.4万亿美元（2023年1月），即便如此，也填不上财政窟窿。两党为此展开"漫长的缠斗"，相持不下4个月。直到2023年5月27日，双方达成初步协议，众议院将在5月31日投票。情势像极2011年8月的"惊魂

---

[1] 新华社.创历史纪录！美国国债总额超26万亿美元[EB/OL].(2020-06-13)[2024-06-03]. https://baijiahao.baidu.com/s?id=1669374427325324422&wfr=spider&for=pc.
[2] 国际在线.衰退警报！美债收益率曲线倒挂创下43年来最长纪录[EB/OL].(2023-05-24)[2024-05-19]. https://baijiahao.baidu.com/s?id=1766757102685502100&wfr=spider&for=pc.

时刻"——最后期限前几个小时勉强脱险。

　　银行危机之所以产生，一方面是受到市场前景整体趋弱的影响。随着创业投资风潮降温，硅谷银行等大型科技投资银行的客户即科创企业进入"消耗余粮"的荒年，愈发频繁地提取"未受保存款"，对银行构成"慢性挤兑"的压力。而另一方面，持续激进的加息政策也大幅恶化了银行财务结构。根据美国联邦存款保险公司数据，随着美联储"踩上加息油门"，美债收益率曲线倒挂创下43年来最长纪录，造成美国全部银行持有债券的账面损失总额从2021年底约80亿美元，膨胀至2022年底约6200亿美元。债务危机愈演愈烈，首先是因为美国财政政策没有了辗转腾挪的空间，只能以债务货币化缓解财政清偿压力。其次是与外部"去美元化"进程息息相关，在多国推进跨境贸易本币结算的努力下，外部环境对美债、美元的配置需求持续走低，在扩大美债风险敞口的同时又压低了各国加仓的可能。

　　由此，一个再直观不过的事实浮出水面：美国当前面临银行与债务两大危机交织在一起的恶性循环。一方面，债务危机弥漫将加剧美国银行混业经营的交叉风险。不同于中国分业经营的模式，美国银行同时开展传统信贷、投资银行业务，既以持有美债作为短期拆借的抵押物，又将其作为各种金融组合产品的"原材料"。另一方面，银行危机阻碍美国以债务货币化为财政"造血"的惯用路径，无论银行破产还是互保，都使金融系统蕴含的流动性逐渐干涸。由此，银行便无法在政府需要融资的时候继续加仓或持有国债，而纷纷抛售的结果，使美国财政借新还旧的"庞氏骗局"难以为继。故从本质上讲，美国两场危机交织在一起，美联储可谓左右为难，核心凸显为金融过度化，当信用红利透支完毕，原本的惯用伎俩也就失去了用武之地。

危机扁平化、隐性化、长期化

失灵的货币传导机制

一旦货币长期超发,通胀阴云就会紧随而来。借钱与印钱看似只有一字之差,但借钱需要还本付息,这便对政府行为有了天然约束。而财政赤字货币化意味着政府行为将没有法律约束,央行就此沦为财政的提款机,赤字规模就会不断扩张,"借新还旧"的螺旋式循环会一再上演。如果财政融资趋向于"无成本",政府天然有滥用第三类货币政策和现代货币理论的倾向,由此产生的危害并不只是政府行为的一般意义上的失范,更是政府刺激经济行为的失控。扩张的赤字最终又会转化为货币流动性进入到社会,其出口或是通货膨胀或是资产价格猛涨,从而损害经济稳定运行的基础。以史为鉴,1948年国民党当局决定发行"金圆券",突出考虑的就是解决财政困难。本意是好的,但是"四大家族"很快借此大发横财,不断加码印钞,导致民不聊生、物价飞涨。最后法定货币系统崩溃,百姓苦不堪言。

看似无成本的操作,实际上却是以通胀或资产价格猛涨的方式让整个社会来为财政赤字货币化行为买单,导致收入分配不平等问题进一步发展。也就是说,政府部门一旦丧失"纪律",经济风险有可能转化为社会风险,将对整个经济体造成严重的衍生危害。

20世纪二三十年代,德国、日本先后开启了"财政赤字货币化",结果就是两国的法西斯政府先后上台,疯狂的对外战争给两国人民带来了巨大的灾难。1923年，也就是"一战"结束后的第5年，原本期待迎来和平、繁荣的德国人民怎么也没想到，一场新的危机正在悄悄靠近。"一战"后惨败的德国组建了民选的魏玛共和国政府。面对满目疮痍的国家，魏玛政府除了偿还战胜国巨额战争赔款，还需要面对工业衰退、领土丧失带来的困境。为了尽量满足德国民众的生活，魏玛政府通过扩大财政支出提振经济。但是政府的税收根本无法维持财政开支，德国选择了赤字货币化政策。德国没能控制好赤字货币化的力度和节奏。从1923年5月起，纸马克的数量开始失控。当年11月一个月时间内，美元兑纸马克的价格已增长了8912%，4.2万亿纸马克只能兑换1美元，魏玛政府信用扫地。[1]

相似的情景在6年后于日本再次上演。连年巨额的战争消耗、关东大地震、"昭和金融危机"等一系列事件叠加1929年开始的"大萧条"，让当时尚不完善的日本金融体系遭到毁灭性的冲击。从1927年起执掌日本大藏省（即现在日本财务省前身）的高桥是清，在20世纪30年代初日本经济停滞不前时，让日本央行直接为政府的财政赤字提供融资。此外，他还通过放弃金本位、贬值日元等手段促进日本出口。1936年，高桥是清遭到日本军部暗杀，此前日本央行直接为政府提供融资的措施逐渐失控，越来越多的钱流向军部，日本也在军国主义的道路上越走越远。

正如哈耶克所指出，中央计划无法全面掌握社会中各种信息，政府配置资源的能力和效率天然弱于私人部门，由政府主导资源配置将造成金融的扭曲，无法实现最优化。"财政赤字货币化"只不过是更加大了政府对经济的控制力度罢了，维持住的只不过是企业大而不倒——就像日本央行

---

[1] 华尔街见闻. 直升机撒钱，旧秩序丧钟已经敲响 [EB/OL].(2020-04-06)[2024-05-19]. https://baijiahao.baidu.com/s?id=1663183165571975218&wfr=spider&for=pc.

一直购买企业债，可这些年日本经济也没多少起色。真正的问题不是放水放得不够多，而是如何控制水流的方向。

"大水漫灌"，货币失锚

持续多年的量化宽松让全世界"大水漫灌"，货币纷纷拉开"贬值"比赛。2008年次贷危机终结高增长后，全球经济增速下台阶，陷入长时间的低迷。拯救危机有很多条路，量化宽松只是下下策，隐患极多且难以消除，但各国之所以明知量化宽松是"饮鸩止渴"，却依然争先恐后采用，是因为此路径最为简单、方便，开动印钞机即可。于是，每一次危机顺理成章就带来一轮量化宽松刺激。有数据显示，自2009年以来，包括美联储、欧洲央行、日本央行和英国央行在内的全球四大央行已向全球经济注入大量流动性，流通量越多，钱就越不值钱。

如此一来，由于流动性泛滥，全球债务规模激增与负利率环境正构成一种恶性循环。国际金融论坛发布的《全球债务监测》报告称，2023年，全球债务激增超过15万亿美元，创下313万亿美元的历史新高。[1]为了暂时缓解日益高昂的债务利息兑付压力，有20多个国家的利率都为零或以下，然而，负利率在世界范围内进一步抬升资产价格，不仅进一步堆砌资产泡沫，还引发全球货币竞相贬值，反而让政府更加依赖廉价债务，陷入"负债—印钞—负债"的恶性循环。贸易保护主义阴影难消、地缘政治冲突等非经济因素干扰增多，都是汇率稳定的头号威胁。

外部局势纵然复杂，但从内部因素看，汇率市场进入动荡期，是货币

---

[1] 界面新闻. 2023年全球债务创313万亿美元新高，新兴市场偿债压力较大[EB/OL].(2024-02-22)[2024-05-19]. https://weibo.com/ttarticle/p/show?id=2309405004211728547910.

缺锚的必然结果。就本质而言，决定一国货币内在价值或定力的，并不是外在的压力大小或诱惑程度，而是该货币所挂靠的锚是否坚实、可靠。国际货币体系的发展历程也是货币寻锚的历程。20世纪初，国际货币体系建立，经历了金本位制、金汇兑本位制、布雷顿森林体系、牙买加体系四个阶段，与之相伴的国际货币也由黄金、英镑向以美元为中心转变，布雷顿森林体系后期，国际货币基金组织创设特别提款权以弥补国际储备资产不足。

从表面看，美元显然是国际货币体系的锚，然而，单一主权信用货币难以作为唯一的世界货币长期维持全球经济的日常运转。

首先，由主权货币（即某个国家的货币）作为国际货币体系的中心货币，是有其内在缺陷的，这就是著名的"特里芬悖论"[1]。一方面，美元要成为国际货币，就需要美国通过持续的贸易逆差不断输出美元，以满足其他国家将美元作为储备货币和交易货币的需求；另一方面，长期贸易逆差将导致美元贬值，从而使国际社会不愿意接受美元。

其次，货币的背后是国家信用，美国不断透支国家信用的行为决定了货币锚的脆弱性。美元长期以来一直是世界主要的国际结算货币，美国作为美元的拥有国借此剪各国羊毛甚至转嫁危机，这让许多国家为了避免受美国的控制，而不得不弱化对美元的依赖。目前包括俄罗斯、委内瑞拉和

---

[1] 特里芬悖论由美国经济学家罗伯特·特里芬提出。由于美元与黄金挂钩，而其他国家的货币与美元挂钩，美元因此取得了国际核心货币的地位，但是各国为了发展国际贸易，必须用美元作为结算与储备货币，这样就会导致流出美国的货币在海外不断沉淀，对美国来说就会发生长期贸易逆差；而美元作为国际货币核心的前提是必须保持美元币值稳定与坚挺，这又要求美国必须是一个长期贸易顺差国。这两个要求互相矛盾，因此是一个悖论。

伊朗等，越来越多的产油国宣布石油出口不再用美元结算；法国、德国和英国于2019年初发起的旨在继续交易伊朗石油的INSTEX（贸易互换支持工具）支付系统已完成了首笔交易。

最后，美国经济的空心化已导致美元的霸权地位摇摇欲坠。因为美元霸权的一本万利，收益相对较低的实体经济纷纷外逃，致使美国出现了不可逆转的产业空心化。没有强大制造业支持的美元经济，是外强中干的美元经济。发行在外的美元数量不断增加，其假定前提是全球对美国商品和服务的未来需求将持续增长。与此同时，美国生产大家愿意买进的东西的能力却在下滑。当这两者迎头相撞时，一场美元危机便不可避免了。

由此来看，汇市动荡既是世界经济问题的缩影，又是货币内在缺锚的体现。即便是黄金，也锚不住货币。

第一，黄金总量"有限性"与发挥货币职能所要求的"无限性"之间存在矛盾。受制于有限的黄金供应量，金本位下的货币供给必将到达极限，而世界经济的未来发展空间及其对应的货币需求则可能没有极限，两者之间必然存在冲突。这意味着金本位货币体系并不能带来安全感，一旦有风吹草动，市场主体往往会争先恐后地挤兑黄金，争取让有限的黄金更多地落袋为安，这种矛盾使得金本位难以稳定维持。

第二，黄金难以匹配当下的市场经济与信息文明。如果说印钞能制造适度通胀推进市场车轮，那么黄金则因资源有限等易通缩制约经济。更别提信息文明滚滚而来，复杂化、虚拟化的经济活动早已不是有限的黄金可以应对的。

第三，即便强制回到金本位，危机中的金本位更像是风险催化剂而非稳定器。金本位之下，宏观调控特别是货币政策几乎无处发力，这使得市场失灵缺乏"看得见的手"的及时纠正和调整。加之黄金储备分布不均等，由此可能触发的全球利益再分配势必引起更大的政治风险。显然，避险情绪的不断上升虽让黄金成为"香饽饽"，但就货币锚来说，黄金难堪大任，回归金本位更是无稽之谈。

综上来看，当下的国际货币体系已陷入失锚旋涡，虽然暂时仍由美元支撑着，但是美国与非美国因素都在不断侵蚀着这一支撑，美元地位已不断受到动摇。欧元的诞生其实就有对抗美元的意味，至少欧元区内部的贸易结算已经完全无须美元。欧元在全球储备货币当中的占比从零已经提升到20%左右，而现在又多了人民币，美元在国际储备货币当中的份额势必继续减少。随着国际货币体系的不确定性增强，全球将进入货币体系多元化时代。

美国金融难以逾越的四座大山

当前，有四座大山横在美国金融面前。

一是金融原罪：无法克服的宿命。雷曼兄弟与硅谷银行即为例证，二者的共性之一是均持有一定比例的"问题资产"，前者持有大量"有毒"的资产抵押证券，后者则持有大量已经浮亏的债券。虽然硅谷银行危机最大元凶是美联储加息，但问题就出在金融总难以抵挡"钱生钱"不断衍生的诱惑。本来加息是为降低通胀，让钱流回银行，但硅谷银行做的是科技公司的贷款，因为获得贷款的成本越来越高，科技公司大量把钱取出。关键是硅谷银行买入大量固定收益类产品锁死了流动性还加了杠杆，以致美联储一旦快速提高利率，硅谷银行放在美债和抵押贷款的910亿美元存款立马蒸发了150亿美元，才有了后续甩卖资产遭遇疯狂挤兑的一幕。正所谓

"苍蝇不叮无缝的蛋",美国金融在混业经营中长期游离于监管之外,且因长期低利率而大量积累了久期错配、杠杆过高等问题,以致美国如此快速从降息逆转为加息,就立马戳破了金融虚假繁荣的泡沫。说到底,美国走到了市场经济的最高阶段,并深陷于衍生化的金融原罪中。

二是蒸发泡沫:过剩就要平仓。2008年因为"两房"毫无节制地贷款给没有还款能力者,并在CDO/CDS爆仓下引发次贷危机,进而引爆全球金融危机。正是为对冲这场危机,美联储启动量化宽松,用"直升机式撒钱"延缓了危机,却引得各国央行跟进而致全球通胀高烧。于是,当年衍生化的市场过剩尚未正常平仓,反倒制造了超发的天量货币过剩,并用后一个泡泡来掩盖前一个泡泡。可美联储政策逆转戳破了两个泡泡,再叠加"币圈"无限制的概念炒作与近10万亿美元的虚拟泡沫,三个泡沫同时现出原形,无疑将造就一场史无前例的金融崩盘与洗牌。因为"出来混的总归要还",无论是政府超发还是金融行业的杠杆衍生,泡沫都将通过通胀或者危机被无情地蒸发,无奈地兑现其能量守恒。

三是信用连带:多米诺骨牌效应。且不说当初雷曼兄弟破产带来的连锁效应,点燃欧债危机乃至让全球动荡,仅是硅谷银行倒闭就已蔓延到整个西方银行业,具体则从纵横两个方向蔓延危机。从纵向看,硅谷银行专注于服务科技企业,近一半的美国初创公司开设银行业务。可以说,硅谷银行催热科技行业40年,但科技行业给硅谷银行的时间却连40小时都没有。调查显示,近400家科创公司可能受牵连,100多家企业在未来30天内无法支付工资。这无疑成了美国科创的"噩耗",美媒甚至扬言没了硅谷银行或将倒退10年。从横向看,银行挤兑如病毒般传染,背后正是缺乏信任之后的"用脚投票"。想当初,对于科创高风险,别人不敢放贷的,硅谷银行靠"投贷一体"模式就敢放款，可如今连全美最佳银行都倒了，中小银行们岂不更糟？金融业的灵魂就是信用，信用既有链接更有生态，一个导火索就可能启动信用倾倒的多米诺骨牌，从美国蔓延到欧洲，乃至全球连带地被危机拖下水。

四是特权反噬：去美元化浪潮。因为美元是世界货币，"二战"后美元和黄金挂钩，布雷顿森林体系确立了美元霸权地位。即便之后布雷顿森林体系崩溃，美国又借中东乱局将石油贸易结算与美元绑定，让美元霸权延续至今。早在1965年，法国总统戴高乐就批判美元享受了"过度特权"，因为美国可以通过发行货币来为贸易赤字买单，而不承担汇率风险。1971年当欧洲财长们担心美国输出通胀时，美国财长抛出那句名言——"美元是我们的货币，但却是你们的问题！"不管是东南亚金融风暴还是2008年金融危机，背后都有"美元潮汐"作祟。美国多次制造"降息放水—加息回流"将危机转嫁他国。全球苦美元久矣，这让四五十个非美国家联合起来去美元化，就连中东石油也开始抛弃美元，沙特与中国用人民币结算石油……或许，美国金融在危机前期可以凭借超强地位虹吸世界资金，但在市场经济前提下，一旦涌入美国趋利资金无利可图就会一哄而散，美元将承受特权反噬之害。

由此，美国金融进入"多事之秋"。因为美国所有银行都陷入存款负增长、贷款贷不出去的困境，在"短存长贷"中被利率逆转而从浮亏转为实际亏损（为稳住流动性而甩卖资产）。美国政府动作频频，从洪水漫灌、巨额举债、广撒货币到一味加息，这已不是简单的头痛医头脚痛医脚，反而进一步加重了基础疾病。

正所谓"瘦死的骆驼比马大"，美国依然强大。在国家强势支撑下，美国大概率是底部横盘，经济进入滞涨状态，这还算是低力度的。但从国运和趋势角度看，深陷金融原罪的美国将无奈陷入大衰退、大洗牌，继续在错误道路上越走越远。因为如今已少有当年罗斯福时期的政策空间，不排除美国滑入中长期大萧条的可能。

第四篇

金融的未来：新的趋势与使命

金融正面临百年一遇的历史岔路口：金融已然成为支撑国民经济的重要部分，谁都无法离开金融；与此同时，谁都拿金融没办法。现实已经表明，没有监管的市场无法自行实现要素自我优化配置。但即便是被监管的市场——真市场，也会宿命般地让社会失衡，对真市场的调控，以往所谓的监管效力不再，必须用变革、创造去对冲，让金融业回归初心、回归本业。在此背景下，中国打造现代金融体系将走出一条非典型的复式路径——"大政府+大市场"，复式金融不仅是一种金融要素的高度整合，还将呈现出一种全新的金融组织方式变革。更为重要的是，与百年变局的真底牌（变革生产方式、生活方式、交易方式）相吻合，让金融服务实体、服务科技创新成为中国经济底层逻辑。

第八章　国际金融的决堤与重构

新老玩家，无一幸免？

从20世纪90年代初美国废除《格拉斯-斯蒂格尔法案》算起，世界银行实现了一段高度自由化的发展。30多年之后，世界金融市场汇集了众多的角色：欧美老牌玩家与踌躇满志的新兴经济体在牌桌上相遇。然而，当下的金融市场暗流涌动，无论新旧玩家皆被卷入金融逻辑的百年变局之中，无一幸免。

瑞士"信用神话"正在崩塌

老欧洲或许比世界上任何一处地方对银行危机有着更深的感悟。现代银行制度在这里孕育，而其破产的连环恶果也由其最先品尝：14世纪佛罗伦萨的两大银行即巴尔迪与佩鲁齐倒闭，致使佛罗伦萨金融业与经济崩溃，连带着多米诺骨牌效应，使得欧洲经济在很长一段时间内不振；15世纪美第奇家族政治投机失败，当法国军队攻占佛罗伦萨时，其银行走到命运的终点；16至17世纪，围绕着欧洲本土的权力战争与新大陆的殖民霸权争夺，银行家在战争中嗅到财富的味道，然而"君以此兴，必以此亡"，南德意志的富格尔家族、热那亚的斯皮诺拉家族与多利亚家族等在权力的游戏中你方唱罢我登场，最终在与之合作王室的破产中得到了教训。

如今看来，硅谷银行倒闭引爆的银行危机不过是开始，风暴吹过大西洋，向欧洲大陆蔓延。2023年3月中旬，本就被美国硅谷银行危机折磨得风声鹤唳的金融市场，再一次被点燃恐慌情绪。3月14日，瑞士信贷自曝已发现财务报告程序存在"重大缺陷"，股价随之暴跌。瑞信的外部审计普华永道会计师事务所也就其2022财年财务报告内部控制的有效性发表了保留意见。而熟稔会计事务所"黑话"的人不难理解，所谓保留意见，不过是一个"体面一点"的判决罢了。紧跟着是一次"快刀斩乱麻"：3月19日，瑞士联邦政府宣布，瑞士信贷将被瑞银集团收购，交易总对价为30亿瑞士法郎（约合32亿美元）。[1]这相当于3月17日收盘市值的四成，整个瑞信被仓促间"四折贱卖"。倘若细数此次事件的受害者，瑞信所发行"额外一级资本"（Additional Tier1，简称AT1，规模为158亿瑞郎）债券的持有人血本无归，他们的债券被全额减记至零。来自中东的股东被"割了韭菜"。2022年10月，沙特国家银行以14亿瑞郎的价格收购了瑞信9.9%的股份。这次交易之后，该银行的股权不但被稀释，连本金都被打了狠折，不到半年的时间里，其账面损失达11亿瑞郎。而最大的受害者正是瑞士金融体系本身，其声誉在此次风波中近乎彻底"破产"。

长久以来，整个瑞士金融体系在全球富人群体中享有极高的声誉，而此次瑞信事件处理方式带来的恶果就是市场信任的崩塌。譬如AT1债券在并购或者破产清算时，其优先权高于股票。不过这次股票还未归零，债券却被全额减记。瑞士当局对AT1债券的处置在整个欧洲的相关市场上引起连锁反应，包括欧洲央行银行监管局在内的多家欧元区监管机构，纷纷宣称瑞士此次的处理方式是个"特例"，以挽回欧洲市场AT1债券下跌之势。然而对于金融而言，信任才是真正的资本，瑞士当局的举措看似将一场危机扼杀在摇篮中，但长久来看，其影响犹未可知。

当然，瑞信事件对瑞士整个金融体系的声誉的崩坏不过是个小小的引子，更大的前因早已种下。瑞士的"信用神话"立足于两个根基：保密制度与中立国地位，而今这两者岌岌可危！首先，银行保密法、匿名存款制度等一系列保密制度使得瑞士银行成了全球富人的头号选择。然而，近年

[1] 时代财经. 遭瑞银"四折"收购，瑞信美股盘前暴跌60%，债券将一文不值[EB/OL].(2023-03-20)[2024-05-19]. https://baijiahao.baidu.com/s?id=1760876919836828537&wfr=spider&for=pc.

来该制度在其他国家政府的司法调查面前让步。美国司法部在2008年发起了对瑞士银行的调查和起诉，理由是瑞士银行在帮助美国富人逃税，要求瑞士提供具体的名单。一年之后，瑞士银行屈服了，向美国政府提供了一份4450名美国客户的名单。这个口子一开，各国司法部有样学样，譬如2019年向法国政府提供的4万法国客户的逃税名单。最后，瑞士银行彻底放弃，与一些国家的税务机关共享信息。其次，瑞士中立国的地位也在不断动摇。作为欧洲的一分子，瑞士在政治正确与国家经济抬头的变局中不得不与美国合流。

当瑞士金融系统的两大根基逐步弱化，其"信用"在世界范围内破产或许是大概率事件。

日元贬值的"蝴蝶效应"

日本同样是国际金融牌局上的老玩家。在经济泡沫破裂后，日本陷入了长达数十年的衰退，成为日本"失去的30年"。然而，在全球经济下行的当下，日本从金融角度而言，似乎正在戏剧性地"起死回生"。2023年以来，一跃成为全球的"投资高地"和"股神"巴菲特的"新宠"。谁能想到，疲软了十几年的日本股市能够梦回20世纪90年代的巅峰。2023年5月，东证指数、日经225指数先后创下1990年8月以来最高水平，日经指数在不到半年的时间内突破30000点，累计涨幅将近20%。日本股市因此成为同期全球表现最好的市场之一。

与此相照应的是日元不断贬值的劲头。2023年日元全年跌幅为7.56%，最低谷的时候一度跌到1美元兑151日元的低点。其实，2022年9月日元曾一度跌破1美元兑145日元的关口，当时日本政府和央行出手干预外汇市场，以推动日元汇率回升。但和当年相比，日本相关官员2023年显得不急不躁，享受当下这一轮贬值带来的好处——日本股市创下新高，直接来看是量化宽松和资本炒作的短期现象。岸田政府完全延续了安倍时期的路线，日本央行虽然易主，但依旧维持量宽政策，这就导致了企业手头有大量现金，在日元贬值使得海外市场投资成本高企的当下，股市成了一个很好的出口。同时，外国投资者购买日本股票变得容易，也一定程度带来了股市的回升。在截至2023年5月12日的一周内，海外交易者净买入了价值7810亿日元（约合人民币397亿元）的股票和期货。[1]日本前财务副大臣神原英姿预测："美元兑日元汇率甚至可能超过160，或许是在2024年。"[2]

日元贬值的恶果，日本政府并非看不到。一边是贸易逆差越来越大。日元贬值之后购买力下降，进口时需要花费的成本比以往更高。而岛国的身份决定了日本的很多基本生活资源都需要进口，这方面的压力将伴随着日元贬值越来越大。另一边是输入型通胀。日本总务省数据显示，东京都的核心CPI在整个2023年同比上涨了3.0%，这是1982年以来的最高水平。在金融市场的利好面前，这些后果很有可能被选择性忽视了，或者说日本相关官员认为，在"红色""蓝色"两颗药丸之间，他们选择了最需要的那一颗。

然而，从长期来看，日本股市的走高与日本实体经济的表现存在背离，日本经济内置了大量潜在风险，无力支撑股市的长期繁荣：

---

[1] 金融界.海外投资者连续六周净买入 日股攀升至33年来新高[EB/OL].(2023-05-18)[2024-05-19].https://baijiahao.baidu.com/s?id=1766221169053054231&wfr=spider&for=pc.
[2] 智通财经.日元贬值压力大！"日元先生"：美元兑日元汇率可能升破160[EB/OL].(2023-07-07)[2024-06-03].https://new.qq.com/rain/a/20230707A00SVX00.

第一，在金融市场中，日本央行不仅债台高筑，而且过度的干预影响了金融的健全化。美元加息对于日本来说等于釜底抽薪，因为不加息就意味着大量资本将跑到美国挣利息，但日本又不敢加息，毕竟日本的债务比美国还要可怕。日本不设举债上限，据日本财务省当地时间2024年2月9日公布的数据，2023年末，日本政府债务总额达到1286.452万亿日元，创历史新高。[1]同时，日本央行不间断地大幅购买国债，截至2023年3月底，日本央行持有的国债余额累计超过581万亿日元，占国债发行量的一半以上，较前一年同期增加了10.6%，创历史新高。这不仅使日本央行资产负债表的健康性堪忧，也使其金融政策的弹性降低。

第二，在新一轮产业革命中，日本产业链空间急剧萎缩，当下的技术革命规模和20世纪经济高速增长的繁荣时期完全不能相提并论，企业竞争力下降。经历了"失去的30年"，日本核心产业（比如半导体）在全球中的份额已从50%下降到了不足10%，影响力大不如前。汽车产业竞争力也是显著下降。日本汽车工业协会数据显示，2023年日本汽车出口量为442万辆。而据中国汽车工业协会统计，2023年中国汽车出口量为491万辆。如此一来，日本的贸易逆差将持续拉大。

第三，老龄化、低欲望等社会问题已经成为制约日本经济增长的沉疴痼疾。2015年，日本经济学家大前研一的著作《低欲望社会》在日本国内引发了极大的反响。作者揭示了日本在人口老龄化逐渐严重的社会背景下，越来越多的年轻人不愿意背负危机、丧失物欲和成功欲，也抗拒结婚生子，比起"拥有"过后需要承担的人生风险，"不拥有"才是规避风险

---

[1]　北京日报. 日本政府债务总额超1286万亿日元，创历史新高[EB/OL].（2024-02-09）[2024-05-24]. https://baijiahao.baidu.com/s?id=1790400796843181578&wfr=spider&for=pc.

的最优选择。长此以往，这也让日本国内缺乏劳动力，日本国内的人口自然增长率也不断创新低，老龄化问题不断加重，许多日本老人仍坚持在工作岗位上，经济发展失去活力。

日元贬值带来了一波意想不到的蝴蝶效应。从短期来看，它让日本的金融市场迎来一波久违的繁荣。尝到了甜头的日本政府对贬值的负面效应麻木起来。但金融系统并非独立的个体，而是市场、贸易与社会多方交织的路口。从长期来看，与其说日本股市是"真牛市"，倒不如说是"假繁荣"。当有一天金融市场的虚假被戳破，日元贬值带来的负面影响将积重难返。

新兴经济体去美元化的理想与现实

同样理不清"牌路"的还有新兴经济体，他们是金融市场的新玩家，却因为自身内置的经济潜力巨大，对世界金融权力有了更多渴望。从前景上看，"金砖国家"显然听上去比动不动"失去几十年"的日本要光明得多，于是这些国家最近不约而同地达成一个共识。"去美元化"、推动"本币结算"将是他们金融系统革故鼎新的关键一步。

显然，新兴经济体有充足的理由以及一个关键的机遇来剔除美元霸权长期戴在他们身上的枷锁。当下，多重因素推动全球去美元化运动日渐清晰。不仅因为美元的周期性收割让各国不堪其扰，还因为金融制裁的滥用带来的负面作用也在侵蚀美元霸权。美元在国际货币体系的特殊地位需要确保一切的美元持有者能够在公开的市场广泛地使用和交易，用于购买商品或者偿还金融债务。而一旦这种兑现价值的手段被武器化，便大幅降低了境外官方部门持有美国国债的意愿。最重要的是，美国内部金融原罪矛盾积累，逐步失去金融安全岛的地位，银行危机是个明显的佐证。归根结底，美国金融在混业经营中长期游离于监管之外，且因长期低利率大量积累了久期错配、杠杆过高等问题。以往大量资金可以在美国的金融系统中"避险"，如今这种"资本伊甸园"成色渐褪，于美元辐射力而言可谓釜底抽薪。

但现实很快给新兴经济体推动本币结算的雄心上了一课。自2022年俄乌冲突爆发后，俄罗斯能源被西方国家拒之于门外，俄罗斯便将能源等出口转向东方，开拓新客户。印度也没放过这个便宜，开启"扫货"模式。根据印度商业和工业部的数据，在2022—2023财年的前11个月，印度对俄进口增长了近5倍，达到415.6亿美元。作为对美元霸权的回击，两国交易另选了其他货币，其中就有不少印度卢比。结果，印度欢天喜地地带着大量能源回家，俄罗斯看着账户里多出来的巨额卢比却高兴不起来。2023年5月5日，俄罗斯外长拉夫罗夫表示，俄罗斯已经在印度的银行里积累了数以十亿计的印度卢比，但是没法花出去。如果拿这笔钱向第三方国家购买产品，这些卢比就必须换成另一种货币，毕竟国际贸易中印度卢比的流通有限；如果去买印度的出口商品，也很难买到物美价廉的商品。而在原材料领域，俄罗斯与印度同为产粮大国，更不缺能源。想来想去，拿卢比去买印度国债或者去印度市场扩大企业投资，兴许能把钱花出去。印度经济可能因此受益。此次砸在俄罗斯手里的印度卢比某种意义上，或将是未来本币结算风险的预演，拉美、中东、非洲等国家大多处于社会动荡与物资匮乏（除了海湾国家），这些经济体货币先天不足。

一方面，经济结构的偏态决定了这些国家的货币难以买到有用之物。拿"金砖国家"中的俄罗斯、巴西、南非举例，虽然各自在一些工业制造领域有突出表现，例如南非的汽车生产和零部件制造，巴西的支线飞机制造和生物燃料产业，以及俄罗斯冶金和国防产业。但总体来看，这三个国家的支柱性产业依然是资源出口，俄罗斯主打石油、天然气，巴西也有拉美第二的石油储量和储量位居世界前列的铌、铁矿场，南非更是重要的铂金、黄金及煤炭等矿产出口国。可以想象的是，如果以上三国各自拿着彼此货币交易，刨去资源部分，会陷入尴尬的境地：我要的东西你生产不了，你卖的东西我自己也有。当然，这三国已经算得上是新兴经济体中的佼佼者了，其余国家多是工业成品缺乏亮点，亦无资源禀赋可依仗的底层玩家。

另一方面，汇率风险让这些国家的货币随时变为烫手山芋。以伊朗货币里亚尔为例。据央视新闻报道，2023年2月26日，伊朗公开市场上里亚尔兑美元汇率跌至60.15万里亚尔兑换1美元，两天前（2月24日）的汇率是54万里亚尔兑换1美元，再往前一年，41667里亚尔兑换1美元。[1]西方制裁、内部央行管理不善、通货膨胀及普通民众私下购买美元等硬通货都是造成里亚尔汇率急速贬值的元凶。无独有偶，近来阿根廷货币汇率也岌岌可危。阿根廷官方数据显示，截至2023年4月，阿根廷的通货膨胀率达到了8.4%，而近12个月来的累计通胀率已达108.8%，这是自1991年以来的至高水平。同时，阿根廷本币比索2023年以来累计贬值已超过23%。[2]通货

---

[1] 央视财经. 伊朗货币跌至历史新低！民众排长队换汇，推高美元汇率[EB/OL].（2023-02-27）[2024-05-19]. https://baijiahao.baidu.com/s?id=1758975487522651116&wfr=spider&for=pc.

[2] 搜狐财经. Trademax TMGM外汇平台：阿根廷经济现状，通胀压力与货币贬值[EB/OL].（2023-05-23）[2024-05-19]. https://baijiahao.baidu.com/s?id=1766651599048649394&wfr=spider&for=pc.

膨胀与货币贬值的双重打击下，比索现钞的购买力变得越来越弱，以至于阿根廷政府宣布将发行面值达2000比索现钞。试想，其他国家手中拿着这些随时价值急贬的货币，汇率风险不言而喻。

事实证明，去美元化不是新兴经济体金融症结的"灵丹妙药"，自身的内部政治风险才是这些经济体首要去解决的事情。一国货币是否能在国际市场上流动是结果而非策略，理不清"牌路"的新兴经济体在这个陌生的游戏中还有很长一段路要走。

全球金融板块大漂移

在金融格局面临震荡的当下，新旧玩家面临着不同程度的挑战，尤其是老玩家的"滑铁卢"使得金融生态上出现空位，弯道超车的机遇纷纷涌现。1915年，学者魏格纳出版了《大陆与海洋的起源》一书，按其所写，地球陆地板块在远古时期是一块连在一起的超级陆地，称为"泛古陆"。远古时期的地球海洋只有一个，称为"泛大洋"。而后沧海桑田，石破天惊，大陆板块在亿万年漂移之下，始有今日之貌。在金融领域，全球资本的流动与贸易的变迁如同一双看不见的大手，推动了全球金融板块的成型与转变。如今新一轮金融大变局降临，意味着全球金融板块将再一次漂移。

伦敦被谁超车？

在世界金融中心排名上，历来是伦敦与纽约争夺榜首，而伦敦多次败给纽约，只能无奈接受"老二"的命运。众所周知，是港口繁荣造就了金融中心。因为金融的初衷在于融通资金与管理财富,为经济且主要为实体经济服务。贸易串联起什么样形态的产业链和经济网络,就会有什么类型的供应链金融和金融网络。伦敦金融中心曾经辉煌,归根到底有两个原因:

一是靠英国的国家实力,扩延至海外的殖民统治,而成为"全球第一国际贸易中心"。18—19世纪伦敦的全球贸易不仅包括将美洲和亚洲的消费品以及北欧的原材料运到英国国内,再分销欧洲,还要将英国产的商品回流到日益增长的美洲和非洲殖民地市场,以致连接全球的国际贸易产生的大量的国际金融需求汇集到伦敦这个超级枢纽上。为国际贸易提供融资是伦敦金融业的核心业务,仅是伦敦市场上的承兑汇票交易量从1875年的5000万—6000万英镑增长到1913年约1.4亿英镑。在"一战"前夕,伦敦商业银行的承兑汇票交易量在整个承兑市场的占比高达70%。[1]

二是靠英国的资本信用,受益于"境外债券发行的世界中心"和"对外投资第一大国"。除"为国际贸易融资"的根本职责,"为政府筹款",尤其是发债为战争融资,率先让英国因较早建立政府融资的信贷体系而垄断了外国债券发行,比如1818年普鲁士债券的发行等。1822—1825年伦敦至少发行了20种近4000万英镑的外国债券。到1913年全球投资于国外的股权资本高达440亿美元,其中英国当仁不让,成为最大资本输出国,其次是法国、德国和美国。

显然,发达的国际贸易是国际金融中心的首要前提,其次是国家经济实力与资源配置能力。正是贸易经济的迁移和国家力量此消彼长,这才造

---

[1] 李显波.三百年来顶级国际金融中心发展的势与道[EB/OL].(2020-09-07)[2024-06-03].
https://www.sohu.com/a/416919069_260616.

就伦敦的国际金融中心地位逐步被后来居上的纽约赶超。不过，凭借殷实的家底，伦敦在"二战"之后仍能在金融之城的排位下保二争一。尤其是撒切尔时代，通过废除固定佣金制、解除金融管制等金融大改革，引发伦敦金融城"大爆炸"（Big Bang），而在20世纪80年代重回巅峰。

然而，真正给予伦敦致命一击的或将是英镑急转直下。自1931年脱离金本位以来，英镑发生了8次货币危机。如今第9次危机悄然而至。英镑在2022年4月加速贬值，9月26日以1.0349美元距离跌破平价只差毫厘。英镑的断崖式大跌看似是前首相特拉斯发布"迷你预算"惹的祸，背后实则是英国经济无以为继。尽管10月24日新首相苏纳克上台似乎安抚住了市场，但特拉斯留下的500亿英镑的财政缺口、英国养老金危机的隐患及金融市场脆弱的崩盘，都让英国如履薄冰。正如保罗·沃尔克在《时运变迁》中所述，英镑兑美元汇率"达到前所未有且让很多英国人感到羞辱的1∶1的水平"，当年撒切尔夫人尚且可以给里根总统打电话，敦促美国干预以支持英镑，但时隔37年后英镑与美元再次接近平价，"前首相却不是撒切尔夫人，我们还可以期待再次由英国来发起汇率政策的协调吗？"

如果说英殖民帝国瓦解是英国的"一次回归"，表现为英镑让位美元，那么英国脱欧将是英国的"二次回归"，或表现出过敏超调反应。英国脱欧回归其作为岛国的离岸平衡手，意味着英国的银行和金融公司失去进入欧盟市场的自由通道。于是，尽管还没有一个单一的欧盟金融中心能够威胁到伦敦，但阿姆斯特丹承接一些股票业务，法国获得一些对冲基金业务，德国接手一些银行业务，欧洲央行强制投行迁回巴黎、法兰克福等大陆本土，伦敦作为全球金融中心的地位，显然将被欧洲大陆各区域性金融中心所耗散。彭博社汇编数据显示，相比2016年英国股市总市值尚比法国股市高1.5万亿美元，2022年11月14日法国股市市值（2.823万亿美元）超过英国（2.821万亿美元）。[1]这意味着巴黎取代伦敦成为欧洲最大的股市所在地，也成为伦敦渐失金融中心宝座的实据。对伦敦更具威胁的是欧盟计划要求衍生品交易商使用欧洲清算所进行部分交易，这将让衍生品清算市场成为争夺的主战场。因为伦敦金融中心不仅主导了欧洲业务，也主导着世界利率互换和货币衍生品，其衍生品清算的美元比纽约还多。欧盟自然想利用英国脱欧之机分一杯羹，强制回流欧元计价交易让全球资金重返欧洲。

英镑危机将让英国回归岛国该有的位置，失去欧盟依托而被边缘化。这也将拂去伦敦金融中心的巅峰光辉，在危机中心的变性与能量释放中寻找新均衡。为了让伦敦金融中心重新焕发活力，英国政府通过效仿撒切尔夫人时代策划Big Bang 2.0来推动超过2300亿英镑过剩资本脱离被困实体。伦敦金融城的自治政府在2021年启动15年规划，通过改建空置办公楼为住宅、增加零售商铺、发展文娱旅游等来实现复兴。在英国经济衰退与英镑继续沉沦之际，伦敦金融城的自救已宣告其并没有想象中那样风光华丽。

外资冲击下新加坡的得与失

世界金融中心榜单上除了纽约和伦敦对榜首的争夺之外，同属"亚洲四小龙"的新加坡和中国香港对第三名的争夺格外激烈。两者面积、人口

---

[1] 环球时报. 巴黎取代伦敦成为欧洲最大股票市场，美媒分析几大原因[EB/OL].(2022-11-16)[2024-05-19]. https://baijiahao.baidu.com/s?id=1749646510956603134&wfr=spider&for=pc.

相当，崛起轨迹高度类似，都是购物天堂、多元文化包容、金融贸易航运发达的港口城市，就连全球金融中心指数（GFCI）也不相上下。如今榜一在银行危机中遭重挫，榜二被后来者居上，亚洲双城迎来了自身的重大机遇。

根据新加坡金融管理局的数据，2022年，新加坡的资产管理规模高达5.4150万亿新加坡元，比2020年增加16%，净流入的资金高达4480亿新加坡元。来自伦敦一家投资咨询机构的研究显示，受国际局势影响，2022年大约有2800名资产净值达100万美元或以上的富翁迁移到新加坡，比2019年的1500人多出87%。

资本涌入，一来巩固了新加坡财富管理中心的根基。长期以来，新加坡以稳定的政治经济环境、透明的法律机制和监管制度以及对资产和客户隐私的保护，获得全球富人青睐。据Henley&Partners的统计，2022年2800名亿万富翁从全球各地迁至新加坡，比2019年（1500人）增加87%。受益于2019年出台的家办税务豁免政策13R和13X（2022年已分别更名为13O和13U）等优惠政策，越来越多超富家族选择在新加坡设立家办或卫星办公室。截至2021年底，家办数量达700个，仅2022年前4个月就暴增100个。二来成为科技金融成长的又一处庭院。早在2019年，新加坡就推出了《支付服务法》（PSA），明确数字令牌的牌照；2020年，通过了《Crypto发售指南》，并提议《金融业综合法案》；2021年，推出1200万新币的新加坡区块链创新计划。2022年5月，新加坡官宣打造"加密金融中心"，Web3的星星之火形成燎原之势。

更不能忽视的是，新加坡"小国寡民"现象的背后藏着雄厚制造业的根基。新加坡的贸易结构更分散，经济多元化并周旋于美国、中国、印度和东南亚之间，走出了科技赋能高端制造之路。新加坡经历4次产业转型，将制造业从劳动密集型转向资本、技术和知识密集型，并通过人才、研发和科技提升高端制造附加值，以致2019年中高端工业增加值比重超80%。可以说，新加坡的特质不止于金融，更在产业空间，兼具贸易、消费、金融、科技、制造等并进。在避免金融产业"脱实就虚"的基础上，新加坡有庞大的实体产业支撑。

不过出乎意料的是，外资的涌入对新加坡而言未必就意味着经济的增长。《时代周报》数据显示，新加坡GDP在2023年第一季度同比增长0.1%，接近零增长的边缘，显著低于2022年第四季度的2.1%增长。[1]新加坡贸工部的数据显示，该国三大经济领域的增速皆放缓，其中出口为导向的制造业，连续两个季度萎缩。不仅经济增速不及预期，迅速涌入的热钱为新加坡的房价、物价带来压力。最明显的表现发生在新加坡的楼市。2022年，新加坡私人住宅价格平均上涨8.6%，连续6年走高，海外买家交易量有增无减。而海外买家给新加坡楼市带来的剧烈冲击，除了买卖市场，租赁市场也大受影响。到处都是租客"求着"房东签订合约，甚至还有不少需要租客互相竞价才能租到房子的案例。不单单是楼市，新加坡统计局2023年4月24日发布的最新数据显示，各项消费指标全部同比上涨，其中食物价格的涨幅最大，为7.7%。休闲与文化消费价格上升6.8%，服饰与鞋价格上扬6.3%，交通费上升6.2%，住房和水电费上涨5.2%。新加坡金管局和贸工部预测，2023年全年整体通胀率介于5.5%至6.5%，核心通胀率介于3.5%至4.5%。

---

[1] 时代周报. 无数热钱涌入的新加坡，经济为何"熄火"？[EB/OL].（2023-04-26)[2024-05-19]. https://baijiahao.baidu.com/s?id=1764225201317420053&wfr=spider&for=pc.

这种反差暴露出新加坡在竞争中最致命的一个缺陷——缺少腹地为资本缓冲。如果新加坡和中国香港比较，香港最大的底气和优势是背靠中国大陆的战略纵深，并将伴随中国站在世界舞台中央而成为与太平洋经济中心相匹配的国际金融中心。在中国资本项未完全开放的情况下，香港承担了难以复制和取代的"超级联系人"的角色。新加坡只是个城市国家，何以与"泱泱大国"比较，仅从历史经验看，伦敦的背后是英国"日不落帝国"的辉煌，纽约的崛起是美国称霸全球的支撑，甚至纽约超越伦敦，靠的都是庞大国家权力的接棒带来货币地位的转移。

新加坡地处贯穿太平洋和印度洋的咽喉，扼马六甲海峡而以转口贸易繁荣，成为世界贸易中转枢纽。如今在金融意义上，新加坡成为世界资本的中转站越来越成为现实，但资本与富豪蜂拥而来，摆在新加坡的问题越发尖锐：如何协调富豪与普通居民之间的社会公正？如何疏导庞大的资金到该去的地方，而不是堵塞在金融空转中？这些问题叠加在新加坡一贯"威权主义"的行政风格下，显得越发重要。

国际资本为中国香港带来怎样的拐点？

新加坡"国父"李光耀曾说，中国香港为新加坡示范了一个人口稠密、没有自然资源的小岛屿如何找到生存之道，为此新加坡对其怀有感激之情。新加坡和中国香港犹如天生的镜像两面，注定会一直你追我赶。

不过，香港的经济也存在一些问题。一方面，经济越来越虚拟化、空心化。在香港经济结构中，包括金融在内的服务业占比92.9%，制造业只有1.4%。另一方面，科技创新的动力、活力不足。制造业转移至大陆，香港失去了科技创新的压力和动力，港口贸易因中国加入WTO、与西方直接往来而被边缘化，且低收费的中转集装箱居多，旅游也是徘徊在低端的购物环节，而不是酒店美食和观光。金融业、其他服务业都在走下坡，当然，只要香港找到新的"金刚钻"，就不用担心没有新的"瓷器活"。然而，一般的制造业都没戏。因为香港的地价已被房地产业操纵一路上升、平均工资已被金融带动接连企高，制造企业应付不了高涨的用地成本、用工成本。

再看社会方面，偏态的产业结构造就了一批金融大亨，也愈显高端金融与低端服务业的两极分化，缺乏中间层的黏合，加剧香港整个社会的撕裂。强势集团沿着自由市场的逻辑，还发展到垄断的地步，香港的港口、交通、超市、电力等全部被纳入大资本的网络中，广大民众却被边缘化。年轻人有"三不上"——不能上楼（买不起房）、不能上流（进入不了上流圈层）、不能上位（难以获得升迁）。至此，香港对外的吸引力大受打击。

受到瑞士银行爆雷的影响，国际资本涌入香港，无疑为香港回了一口血，备上一箱子弹，但枪口往哪里转？香港集聚着富人，吸引着人才与资本，这是香港模式最典型的特征，毕竟头部人群、资本和人才才是能真正撼动一个城市基石的力量。未来，对于香港，不仅要有"吃得下的好胃口"，即进一步提升对全球资本的吸引力，还要有"能吸收的消化系统"，即对于流入的外资合理安排利用，而不是被外资抄底、剪羊毛。过去香港的整体经济结构走入偏态，没有跟得上产业的升级，如今在外资利用上必须化被动为主动，让大量外资导入产业发展、科技发展，具体来说，将金融与产业群紧密结合会是香港港未来的优势。比如，将半导体、化学和生物医学科学等领域与金融结合起来，势必会释放巨大的投资机会和发展潜力。除此以外，还要为打造具有活力的创业之地提供市场机制及政策支持。比如，初创企业在香港可获强大的孵化器和加速器网络，一群经验丰富的天使和创业投资者，一系列由政府、数码港和香港科技园公司提供的财政及支援计划，还有研讨会和协会组成友善开放的服务网络作后盾。借助有所作为的政策支持，将香港打造成创新要素聚集、科创活力迸发、创新生态一流的科创高地。

资本模式新旧交替

从美西方老牌金融大玩家到亚洲新秀的变迁与转折，每一个玩家的变数与整个世界资本模式所面临的变数互为因果。每一个玩家都是变局之下被推动的棋子，而每一个棋子的布局又在为更大的转变积蓄动能。无论金融玩家们是否意识到这种变化，但资本300年的模式正在不可避免地走入新局面。

资本主义300年的历史转折

众所周知，旧资本主义诞生在欧洲。16世纪的欧洲还是贵族分封制，土地归贵族私人所有且世袭罔替。当时的欧洲奉行重商主义，商人有钱却地位不高，一边利用王室与贵族的矛盾，联合国王支持海外贸易，对抗贵族，一边进口瓷器、丝绸、茶叶等奢侈品，慢慢掏空贵族们的财富。为了维持生计，家产、爵位乃至领土都可以变卖，大量贵族倒台，原本在贵族领土上劳作服役的大量仆从"树倒猢狲散"。这些底层劳动力纷纷涌入城市，没有生产资料，也无法加入欧洲的行会（类似于中国的师徒模式，在当时具有很强的封闭性和垄断性），只能变成闲置劳动力。尤其是行会饱和，会挤出那些有能力、有技术的工人。这些工人脱离行会与商人一拍即合，进而在生产制造中产生雇佣劳动关系。于是，伴随欧洲行会制的生产方式被搞垮，不仅土地成了市场交易的一部分，针对贵族的资产阶级革命也打破了原有政治格局。加之亚当·斯密的《国富论》将国家财富与资本积累扩张挂钩，作为理论基础，建立与之相匹配的制度、法律和意识形态。资本主义由此横空出世，完全改变了世界。

然而，资本主义演化至今并非一成不变，为了规避"命定"般的崩盘，300年来也在不断适应新的形势。自1825年爆发第一次周期性经济危机以来，资本主义在19世纪每隔10年左右便爆发一次经济危机。资本主义基本矛盾每一次激化，动摇资本主义制度的同时，也必然推动资本主义生产关系的嬗变与发展。尤其是1929年大萧条彻底粉碎了古典经济学"市场自动均衡自我修复"的神话，自由资本主义经济破产，整个世界经济陷入严重衰退，随后"凯恩斯革命"和"罗斯福新政"接踵而至。前者让政府去纠偏市场失灵，凯恩斯主义经济学应时而生。"二战"后，发达国家政府普遍实施凯恩斯主义的需求管理政策，支撑了20世纪五六十年代的经济增长。后者是用国家干预经济的方式来摆脱危机，以罗斯福新政为先导，国家垄断资本主义为资本主义世界各国所效仿。与此同时，德国、日本军国主义化，西方部分国家迈向帝国主义，通过对外侵略扩张向别国转嫁危机。

布雷顿森林体系的崩溃迫使尼克松在1971年结束了美元金本位制。加之20世纪70年代的滞胀格局，呈现资本主义体系的结构性危机，连凯恩斯经济学也束手无策。反对国家干预的新自由主义随之走上前台，这种市场原教旨主义催生出20世纪80年代的"撒切尔主义"、"里根经济学"和所谓的"华盛顿共识"，在全世界范围内推动私有化和自由化。尽管经历了苏联解体、东欧剧变，但德国的社会保障、欧洲的福利主义及工会在西方的全面发展，无不是为稳定社会"保驾护航"。西方寄希望于这场新自由主义革命拯救资本主义，却反而在21世纪加剧了金融垄断资本主义的疯狂。2007年专家研究发现，一个18家密切关联的金融企业、147家代表"资本国际"交叉持股的跨国企业、1347家交叉持股的巨型企业，共同构成一个同心圆形的资本网络，运用其无可匹敌的金融力量，在美、英、法的国家力量支持下，主导了新自由主义在40年里的全球化和大规模的社会改造。[1]

以此看旧资本主义，在欧洲萌芽，在英国殖民中发展，并在美国霸权中发挥到极致。即便经历多次危机，它也能以多次调整"转危为安"。从自由资本主义到国家垄断资本主义乃至走向帝国主义，又回调到新自由主义、金融垄断资本主义，再度走向新国家资本主义，足见资本主义的韧性，却始终并未解决其内置缺陷——以交易经济学为基础理论，放任资本逐利本性，就势必走向市场原罪（生产过剩就要市场平仓继而引发经济危机）；一旦资本走向金融化，就会捕获所有经济活动，势必陷入金融原罪（金融脱离实体自己玩自己的），如黑洞般虹吸所有行业而陷入更大危机。在经历了几个世纪的变形之下，资本主义迎来大转折。

---

[1] 文扬.G20当看清，世界经济还在新自由主义废墟上挣扎[EB/OL].(2016-11-21)[2024-06-03].http://ies.cssn.cn/wz/yjzl/mkszylyj/201612/t20161221_3353667.shtml.

"新资本主义"的四大问题

传统的资本主义转折到"新资本主义",具体新在什么地方?现代资本主义加入了社会保障工程和福利制度,亦实施国家宏观计划调控,以取代纯粹的自由竞争,但从1929年大萧条到2008年金融危机,迄今所有交易经济背景下的大周期都不足以解决旧资本主义的内置缺陷。这些变化是在原有体系内的缝缝补补,离"新"还有很大的差距!

事实是旧资本主义走到头了,必须用新资本力量推动新经济,尤其是科技经济。一方面,科技经济将对劳动力釜底抽薪。因为物质财富的增加早已不再只是劳动(实体),亦非仅仅是资本(虚拟),而是科技改变了生产力的增长模式,直接物化为财富,机器替人运动等将让失业率节节攀升。于是,放任市场自由会拉大贫富差距,未来科技越发达,对劳动力的依赖越小,资本和科技"食利者"与广大老百姓将加剧分化。另一方面,科技经济将改变资本方式。如果顺应资本逐利本性,那么资本嫌贫爱富、短期主义,无法持之以恒地砸进科研的无底洞中。相比工业经济靠的是银行有借有还,科技经济无法靠工业时代的银行体系维系,必须颠覆华尔街的传统金融。当下,各国的芯片竞赛靠的就是国家大基金不计成本地扶持,设立产业引导基金撬动社会资本,方有破局可能。由上可见,未来新经济呼唤新资本主义,但新资本主义不是对旧资本主义的全盘否定,而是包容与升级,实为整个人类社会经济系统自我适应性的调整。

如果说旧资本主义局限于交易经济学范畴内的市场经济,以资本为本位,一切服从资本积累所需,那么,新资本主义首先必须有旧资本主义的历史前提,至少是市场经济的基础;其次是能否遏制资本"唯利是图"本性，发挥其杠杆作用，让资本更多服务于实体经济和科技发展。以此比较新旧资本主义，所谓的"新"有四大问题：

第一，新资本主义能否定性是投资还是投机？旧资本主义的出发点是自由市场，并以交易经济学为理论导向，建立在"保护私有产权神圣不可侵犯"的基础之上。资本沉沦于市场的价格发现，并为逐利而不计代价，不是快进快出的"拉差价"，就是脱离实体自说自唱、自我衍生。尽管当下似乎很难界定股市里的投资与投机，但相对于旧资本主义的投机本性，一旦交易成功则投机结束，新资本主义的"新"更多体现投资属性，并非以市场交易为评判标准，而是在长期战略持有中真正发挥资本的价值。

第二，新资本主义为谁所用，才能抑制资本"魔鬼"的一面，发挥资本"天使"的一面？正如科技并无好坏，资本是中性，呈现魔鬼与天使的两面性。若是一切遵循自由市场原则，那么资本势必在市场竞争中从优化资源配置走向逐利的极端化，最终在"一切服务于资本积累所需"中"唯我独尊"。也正因如此，频繁爆发的经济危机逼迫西方自我调整，从建立社会保障到国家干预经济等，无不说明资本并非仅是市场的，更需要从国家从社会等更广的视角去"约束"资本的贪婪性，进而为了国家利益和整个社会利益的最大化，发挥资本的杠杆作用为科技、为实体服务。如果说市场不足的尚且可以让国家政策来调整，那么，若连国家都做不了，究竟谁来做？福卡智库认为是"社会"，由此资本是在市场、国家、社会的"三元经济"框架中。

第三，当创新和突破成为常态，科技经济需要无限资本，旧资本主义"没钱了"，新资本主义能否填补科技这个"吞金兽"？毕竟科技经济最显著的特征就是高投入、高风险和高度不确定性。科研突破是"九死一生"，比如新药研发遵循10年10亿美元的"双十定律"，需要源源不断的资金不计利益得失投入。人类基因组项目就集合全球10多个国家之力耗时十几年才得以攻克，这背后是为了造福全人类，必须由国家主导，并非市场的单一机制所能支撑。因此，未来新资本主义需要考虑谁是投资的组织者、多方勾兑的平台如何搭建，都必须通过新资本模式、打造要素集成的新机制进行先试先行。不只国家芯片大基金、地方产业引导基金等，正如日本所想，与其在市场上找快钱，不如把老百姓的储蓄变成助力实体和科技并且不用偿还的慢钱。

第四，如果说旧资本主义走向金融垄断，即便美元取代黄金成为货币之锚，也已稳不住，那么新资本主义走向实体科技是否能用科技力量来做稳定之锚？旧资本主义的货币之锚本来是黄金。然而，随着20世纪70年代布雷顿森林体系的崩塌，美元脱钩黄金，继而让所有货币挂钩美元。这也意味着国家信用成为货币之锚。但因为2008年金融危机后美联储直升机式撒钱，滥发美元还做"甩手掌柜"透支了国家信用。因此，为抵御美元霸权，比特币横空出世，用哈希数学难题即科技力量来锚定。殊不知一个比特币从诞生时的0.0025美元飙升到一度突破7万美元，价格如过山车般上蹿下跳。如此急剧动荡，反而拉大社会波动，又岂能作为一般等价物？至少到目前为止，在新资本主义的坐标下，比特币等加密货币尚无法成为现实世界的稳定之锚。

何处是资本模式创新的"肥田沃土"？

旧资本主义的内置缺陷，并非通过市场交易范畴下的周期性危机与修复所能拯救，需要在底层逻辑上进行新资本主义的版本升级。一个更现实的问题摆在全球市场面前，什么地方是资本模式创新的"肥田沃土"？

从逻辑上讲，美国的衰败意味着其离"新资本主义"最远。随着旧资本主义的塌陷，大西洋经济中心风雨飘摇，随之崛起太平洋经济中心，其基石必然是"新资本主义"。从一定意义上讲，新资本主义首先必须有旧资本主义的历史前提，至少是市场经济的基础；其次是能遏制资本的唯利是图，让资本更多服务于实体经济和科技发展。这就要求政府和国家的权重更大，因此，区别于西方国家倡导市场自由，权威主义的国家比较容易接近新资本主义。

第一，从地方区域看，资本模式创新的沃土大概率在东北亚，日本是第一个。因为东北亚介于东方与西方之间，尤其是日韩文化骨子里归属东方，但历史上恰恰受到西方市场经济的"格式化"，以致政经背离到今天不幸充当了美国的"马前卒"。特别是"二战"战败后靠着美国扶持迅速崛起的日本。《通产省与日本奇迹》一书就将明治维新后的日本归入发展型（计划引导型）国家，通过通商产业省制定产业政策进行国家干预，让经济利益服从政治目标，进而增强国家竞争力。正是因为国家主导型高增长体制，日本政企关系是一种"官产复合体"。日本在战前、战后重建、高增长时期是国家统制型政企关系，直到1952年通产省失去了直接进行经济统制的权力，才转化为现在的官民协调型政企关系，政府通过间接的、遵循市场规律的手段去干预经济。

之所以是日本踢出"新资本主义"的第一脚，就是因为日本经济已经迷失了30年。用岸田文雄的话来说，"民主受到贫困和不平等加剧造成的国内分裂的威胁，面对国家资本主义不断发展带来的挑战，我们别无选择，只能升级我们自己的资本主义"。[1]区别于西方以资为本，倡导"小政府、大市场"的"新自由主义"，日本的"新资本主义"是以人为本，加大政府权重去干预和指导市场，抚平贫富差距与社会分裂。就此而言，正因日本模式的特殊性与东北亚的地域性，新资本主义在日本脱颖而出，也就顺理成章。

第二，从国家类型看，新加坡、越南等相对政府权重较大的国家容易成为资本模式创新的沃土。从文化基础和殖民历史看，新加坡是东西合璧，越南是南北统一，两者都有政府与市场、资本主义与社会主义的兼容性。具体来看：

区别于盎格鲁-撒克逊传统的"自由民主主义—市场经济"模式，"新加坡模式"是外向型的市场经济与有限民主制的结合。李光耀在政治上选择东方特色的国家资本主义和威权法治，尽管有反对党和基本民主的选举制度，但以集选区制等避免党争内耗，确保执政党的稳定性，并用严刑峻法来规范政府行为、建立普惠社会制度来保护公民权利。因此，在西方看来，新加坡政治是一种民主与权威（家长制）的混合政体，新加坡经济则选择资本主义开放的自由经济制度，不实行金融、外汇和关税、发票管制，公司所得税几乎为全球最低。新加坡成立淡马锡控股公司（淡联企业），形成了"政府—淡马锡—企业"的三级监管体制。政府控制国有资本，即淡马锡，并由淡马锡通过控股、产权投资、母子公司、分公司等金字塔式6层结构掌控了2000多家公司，进而在市场化运作中更好地发挥政府引导，增值国家资产。

---

[1] 观察者网.岸田文雄撰文解释"新资本主义"：给工人涨工资[EB/OL].(2022-01-09)[2024-06-03].https://baijiahao.baidu.com/s?id=1721464663436147797&wfr=spider&for=pc.

相较于新加坡独创"淡马锡"模式，越南则在学习西方、苏联和中国的过程中"另类成长"。越南尽管在体制上是社会主义国家，但受欧美资本主义影响较大，越南经济学家称之为越南特色的国家资本主义。一方面，越南在政治上向欧美学习，实行差额选举、国会质询与信任投票、全民普选，并将最高领导权力分权成"四驾马车"体制。另一方面，越南在经济上向中国学习。越南尽管历经波折，在学苏联计划经济失败后，转向西方资本主义市场化，到1986年开启"革新开放"，复制中国经济发展模式，从相对封闭的经济转向通过贸易自由化和促进外国投资来日益融入世界。由此可见，新加坡、越南因为东西兼容而走出自己独特道路，或更适合新资本主义发展。

第三，从试验模式看，没有历史包袱、移民杂交的小国更容易成功，典型如以色列。犹太人亡国将近2000年，分散世界各地而不被同化，却能重新复兴再次立国，就足见以色列的奇迹。在仅2万多平方公里的国土面积上，以色列人口从建国时80万增至926万，并让这个没有自然资源的沙漠小国成为全球趋之若鹜的"创业之国"。据统计，以色列创业企业密度全球第一，平均每1844个人就有1个创业者；人均风险资本投资全球第一，是美国的2.5倍、欧洲的30倍、中国的80倍、印度的350倍；在纳斯达克股票交易所上市的非美国公司超过整个欧洲总和。尽管以色列因复杂多元的宗教教派与族群，自建国就未出现过单一政党组阁，但政治碎片化并未影响以色列科技和经济发展。因为以色列特殊的国防需求，不仅最尖端技术首先源自和应用于国防，国防军更肩负培养最优秀技术人才的使命，并在军民融合、跨界创业中成为企业家的摇篮。正是基于强大国防的精英培养模式，叠加恶劣的自然环境与有限的本土市场，以色列以犹太人特有的智慧兼容了政府的引导又嫁接了市场主导，在解决农业科技、生命科学等世界性难题上不断突破，让资本更好为科技服务。

不过，新资本主义"横空出世"也并非如此简单。从日本"先试先行"看，有两大实操性问题待解：一是凭什么让资源禀赋集聚在新资本主义的旗帜下？天下熙熙皆为利来，天下攘攘皆为利往。旧资本主义只有"价格发现"的投机炒作，资源集聚按市场方式自由流动，但"新资本主义"要服务于科技和实体经济，就不能单凭市场利益导向，势必带有国家战略导向，事关整个社会利益乃至全人类福祉。二是凭什么把老百姓的钱与储蓄转到投资？日本总务省发布2021年家庭调查报告显示，2021年日本两人以上家庭的平均储蓄1880万日元，同比增长5%，为20年来最高水平。日本家庭金融资产达2000万亿日元，超过一半为储蓄存款，如此巨大潜力也难怪岸田文雄要将国民储蓄转为投资，只不过究竟以围堵还是奖励方式就看国家政策巧劲了，至少当下日本拟提高小额投资免税制度限额来引流。

显然，世界已来到了资本主义"新旧交替"之际，亦伴随着太平洋经济中心的崛起，未来将从单一的大西洋经济中心到大西洋、太平洋经济"双中心"确立。在一定意义上，"中国特色社会主义"恰恰是对"新资本主义"的另一种诠释，或带来中国模式"弯道超车"的机会。一方面，旧资本主义是交易成功、投机结束。典型如华尔街的经典金融通过金融衍生、交易拉差价来赚钱，结果掏空了实体制造导致美国产业空心化。中国尽管这么多年都是向西方学习经济学，跟美国学习金融，但面对美国教训及国内金融问题暴露，2015年的金融工作会议坚定转向，让金融服务于实体经济，不再走华尔街式金融衍生的老路。另一方面，新资本主义要求资金转场、资本变形。因为科技经济时代到来,科技突破风险高,还要不断砸钱,并非工业经济对应的传统银行所能填补,这就需要从有限资金转向无限资本,从证券资本市场到产业引导基金等,兑现资本杠杆作用;亦面临市场经济主导力量的切换,将不再围着市场和资本"自转",而将以新资本模式为支点,撬动社会资金围着科技和实体经济"公转"。

全球金融市场新实践

全球资本模式在时代的裹挟之下,有意无意之间衍生出了新的花样,在各个方面开花结果。而不同的模式就意味通向不同的道路,但每一条道路都要经得起市场的检验。

金融科技与科技金融的爆发

"金融"与"科技"两个词是最能刺激投资者神经的要素。如果两者相互撬动、相互成就,市场上看到的就是"华尔街"与"硅谷"珠联璧合的成就;如果二者互相遮掩,互打掩护,背离市场对其最初的期待走向异化,也能搅动风雨。

所谓金融科技(Fintech)的障眼法之下,金融是宾,科技才是主。促成金融的科技创新从21世纪初就相继登场:立足于移动互联网的移动支付的出现,掀翻了几百年银行把持的摊子。曾几何时,转账是要手续费的——"转100跨省同行2元,转100异行同省5元"。因为微信、支付宝出现,这些统统不复存在。对于网络借贷、消费金融,爱它们的人很多,不少被传统银行拒之门外的企业和用户转向了这些门户;恨它们的人也不少，尤其在无序发展的年代，网络借贷一不留神就成了无底洞。区域链金融，抹掉一切脂粉，离市场最近的就是虚拟货币，连政府对货币的掌控都可以染指，可偏偏多的是人对它着魔。韩国青年近乎无人不炒币，政府也为它疯狂；萨尔瓦多这样的小国视其为逆天改命的机遇……这些金融科技，无论从大众价值取向的角度看是好事还是坏事，都是改变金融生态的大事。

2023年，金融科技最火热的话题是人工智能与金融的结合，即所谓金融大模型。2023年5月，度小满发布了开源大模型"轩辕"；同月，奇富科技推出金融行业通用大模型"奇富GPT"；6月，恒生电子金融行业大模型LightGPT对外亮相；8月，马上消费发布了国内首个零售金融大模型"天镜"；11月，腾讯云发布金融行业大模型解决方案。除了用来服务，大众更希望金融大模型能用来决策，用AI的智慧替代人脑，用海量的数据与强大的算力对分析师兢兢业业的研究报告形成降维打击。

但大众往往忽略了风险，尤其是系统性风险。正如当初数字技术越发达，依靠数字技术构建的体系越精巧，一旦多米诺骨牌被推倒一块，危机便四处蔓延。如今，大模型应用正逐步将数字技术由辅助工具升格为决策工具，那么即便没有人为攻击，人工智能自己或将"聪明反被聪明误"。例如，美国证券交易委员会专司主席就公开警告称人工智能或将酝酿下一次金融危机。这是因为有资格管理金融领域内大模型系统的人，往往来自差不多的常青藤名校、拥有相似的教育背景并建立牢固工作关系。这可能催生出"学徒效应"，意味着金融大模型应用做出"同质化"决策，在金融产品买入或卖出时一拥而上，提高了市场崩盘的可能。

可要让烧钱的"百模大战"做成市场希望的效果，就要依靠"金融科技"了，也就是要通过金融模式的创新去撬动科技的演化。但科技与金融真的是"天作之合"吗？未必，从马斯克与华尔街的"恩怨"可见一斑。2023年3月2日，马斯克大张旗鼓地宣扬其更大更宏伟的"宏图计划第三章"，市场却不买账，投资者更希望看见眼前唾手可得的利好。投资者活动结束后，特斯拉股价盘后下跌5%，第二日收盘下跌6%。双方的恩怨还可以追溯更远。从特斯拉上市到2013年之前，华尔街对特斯拉的股票抱以"您买我推荐，反正我不买"的态度，马斯克也没把希望放在华尔街身上，而是通过股权质押从银行获得资金，甚至与谷歌接触等方式度过现金流危机。2013年以后，随着特斯拉销量节节攀升，双方进入"蜜月期"。直到2018年，双方再度交恶，看空特斯拉一度成为华尔街主流。

如果说以往马斯克与华尔街的交锋只是水面下的暗流，当下华尔街式的老金融与新科创之间的时代脱节正在被顶向明面。

首先是华尔街模式无法收敛全球资本，优化配置的功能正在消解。金融空转掏空了美国实体产业并非什么秘密，只不过以往美国经济还能够通过金融产值来抹平账面，但这一点已经悄然改变。且不说2022年美股IPO和增发规模断崖式下滑，2022年一级市场IPO规模仅为2021年的1/3；[1]其用来弯道超车传统IPO模式的SAPC模式（特殊目的收购公司，类比借壳上市）也成为市场"弃儿"。在2020年和2021年期间，超过850家SPAC筹集了大约2450亿美元用于寻找交易。但市场很快发现，很多公司根本没有准备好，匆匆上马只为圈钱。2023年彭博社汇编的数据显示，有近100家

---

[1] 金融界. 2022年美股IPO和增发规模断崖式下滑！IPO规模仅为去年三分之一[EB/OL].(2023-01-03)[2024-05-19]. https://baijiahao.baidu.com/s?id=1754010580936936685&wfr=spider&for=pc.

以这种方式上市的公司，手头没有足够的资金来维持其支出。其中有73家公司的股价低于每股1美元，很有可能从纽约证券交易所和纳斯达克等主要交易所退市。

其次，随着科技文明时代到来，科创由单一的互联网巨头主导转而向多元化主导，实体高端制造比重正在上升，这与金融原罪相冲突。以往硅谷的互联网巨头（例如Meta、X等）一定程度上更偏向于虚拟经济，在跟实体经济的冲突上，与金融业不谋而合。但当下无论是特斯拉、SpaceX抑或生物医药、芯片制造、航空制造等行业，其形态更接近于实体高端制造业，作为行业龙头辐射下游一众产业链。而资本本质上是逐利的，只会在全球寻求成本洼地。像特斯拉这样恨不得从锂矿开始自己挖的作风，与金融的天性背道而驰。

最后，货币政策的滥用捅破了科创资本与老金融版本代差的窗户纸。美联储前期货币滥发，后来加息太狠，捅向华尔街的软肋。受加息影响，科创企业融资不足，只能从包括硅谷银行在内的银行大量提现。硅谷银行不得不出售其资产组合来弥补流动性，一来二去，市场担忧银行流动性不足，继而形成了更多存款提现和做空的死亡螺旋。这一窘境也彻底暴露出老金融收敛科创风险的无能为力，毕竟科创"九死一生"的风险远非银行所能承受。

未来一段时间或将是二者矛盾的爆发期。直观而言，2023年硅谷银行危机的连锁反应将会伤及科创企业投融资环境。尽管硅谷银行规模相对较小，但其业务十分集中，以致大量创投公司都在一定程度上受损。硅谷创业孵化器YC（Y Combinator）的CEO陈嘉兴（Garry Tan）将此次事件称为"初创企业的灭绝级别事件"。YC有1/3的投资组合公司，共计1000多个初创公司所有的钱都在硅谷银行，如果不能及时提款，根本发不了工资和支付房租。更重要的是，即便此次危机的导火索——加息退潮而去，也无法扭转传统金融与科创企业的版本代差。而金融行业的灵魂是信用，投资行为的导向是预期，信用没了，预期没了，对于金融行业和科创公司都是黑暗纪元。不过，二者矛盾爆发所带来的损失，一定程度上也在倒逼金融与科创改变自身，以适应科技文明下无限资本的新要求。

绿色金融的经济逻辑

绿色金融同样也是资本市场当下的显学。气候危机叠加能源变革，让低碳经济全面进入历史舞台，也把围绕排放权、定价权、发展权的碳交易市场推向新的时代风口。自2003年全球第一个基于国际规则的碳交易市场——芝加哥气候交易所成立，世界各地纷纷开启碳交易之路，新加坡全球碳交易平台、卢森堡绿色交易所、香港可持续及绿色交易所等如雨后春笋般涌现。2016年，随着《巴黎协定》的签订，国际民航组织率先提出国际航空碳抵消及减排机制（CORSIA），成为第一个全球性市场减排机制，也被视为建立"国际统一碳市场"的先行试验。2021年11月，第26届联合国气候大会对《巴黎协定》有关国际碳市场的机制安排达成共识，全新的国际碳减排交易合作机制——可持续发展机制（Sustainable Development Mechanism，SDM）被正式引入。自此，碳交易开启效仿WTO之路，以市场经济为前提，试图形成一个所谓全球化的交易体系。

诚然，全球化让世界200多个国家和地区在市场经济的概念下走上同一平台，基于西方经济学的交易理论，在世界范围内兑现市场经济的要素资源优化配置。但全球化发展至今，发达国家跨国企业为了追逐利润纷纷从母国出走，在世界范围内追寻成本洼地、利润高地，致使本国产业走向偏态，要素资源优化配置的前提已不存在。而全球化固有的游戏规则又日益成为发展中国家产业链跃迁的最大阻碍，发达国家通过对产业链的控制，把发展中国家锁定在中低端产业，使其难以提升国际分工地位，长此以往必然因无让渡发展空间造成对立局面，从全球化走向碎片化。

当前全球碳交易的发展同样以虚设市场经济为前提，试图通过经典的交易经济逻辑重走全球化道路，但又不可避免地走向了偏态与割裂。西方发达国家普遍认为，面对新兴发展中国家的群体性崛起以及在全球化进程中自身相对收益下降，经济利益要比生态效益更为重要。它们在构建国际碳交易规则时不仅侧重于经济发展与灵活履约，还将大气资源作为资本积累拓展的新场域，其衍生出的碳金融、碳货币、碳期货等将迫使发展中国家和欠发达国家加入这一新的国际资本竞技场。这一点与美国市场经济发展至最高阶段相类似，金融化弥漫于各种要素市场，通过所谓市场经济"价格发现"进行投机炒作，极易引发市场失序、金融失衡。与此不同的是，岛屿国家则将气候危机视为自己面临的生存性威胁，认为碳交易不能仅以增加市场份额、改变工业结构或提升先行者利润为目的，而应将其紧迫性回归到减缓温室气体排放本身。发展中国家则更为矛盾，或将不断面临博弈、权衡与取舍。

在全球经济贸易一体化的今天，西方发达国家初期的先污染后治理，以及之后的先本国污染后外包污染（将高污染产业迁移到发展中国家），成为全球范围内温室气体存量的主要原因；而对于发展中国家来说，当前严格的碳交易机制往往与他们消除贫困、发展教育、就业和增加收入等目标存在冲突。但他们又渴望改善生态，更希望通过碳交易机制来获取发达国家的技术和资金支持。由此观之，正是这种"意大利面条碗"效应[1]，使得不同国家的碳交易机制难以协同，而基于市场博弈与利益诉求差异衍生出各种属地化、碎片化特征正与最初构想的所谓"全球统一碳市场"渐行渐远。

诚如芝加哥气候交易所创始人、"碳交易之父"理查德·桑德尔所言，"基于国家发展差异，寄希望于构建全球统一碳市场并不现实，未来将形成碳交易的'多边市场'"。[2]尤其在当前国际背景下，属地化与区域化属性还将进一步强化，多边市场很可能会替代统一市场，如欧洲市场、北美市场、东亚市场等。未来碳市场不太可能出现一个全球总体计划，而是基于各国自身经济发展需求进行针对性设计。

---

[1] "意大利面条碗"效应源于美国经济学家巴格沃蒂1995年出版的《美国贸易政策》一书，指在双边自由贸易协定和区域贸易协定（统称特惠贸易协议）下，各个协议不同的优惠待遇和原产地规则就像碗里的意大利面条，一根根地绞在一起，剪不断，理还乱。

[2] 新浪财经.理查德·桑德尔：全球统一碳市场不现实 未来将形成碳交易"多边市场"[EB/OL].(2022-06-29)[2024-06-03].https://finance.sina.com.cn/esg/investment/2022-06-29/doc-imizirav1120658.shtml.

第九章　货币大变局

货币体系从一极到多元

世界货币趋于离散

数十年来，在国际市场中独掌这一权柄的是美元。而如今，"一手遮天"的情况似乎正在松动。

一方面，越来越多的经济体自发选择货币多元化。世界黄金协会发布的《全球黄金需求趋势报告》显示，全球央行持续大量购入黄金。2024年第一季度，全球官方黄金储备增加了290吨。2023年3月东盟财长和央行行长会议上，东盟各国达成"加强本地货币使用"的共识。据彭博社报道，2023年达沃斯经济论坛上，沙特阿拉伯财长表态，对非美元货币贸易结算持"开放"态度。当中尤以人民币国际化颇受瞩目。国际货币基金组织数据显示，2023年第一季度，人民币全球官方外汇储备份额达到2.58%，超过80个国家和地区将人民币纳入外汇储备。

另一方面，美元对全球跨境结算的主导力长期走低。国际货币基金组织数据显示，2023年第一季度美元在全球外汇储备资产中的占比为

59.02%，而2001年美元占比曾一度高达72.7%。根据国际货币金融机构官方论坛的研究，美元衰落趋势大概率是缓慢的，2033年美元占全球外汇储备比重仍将保持54%的份额；然而，短期内美元兑人民币汇率却异常强势。美元指数自2023年5月大幅走强，至6月26日"登峰造极"，在岸、离岸人民币对美元汇率双双跌破7.23关口，随后才迎来反弹。一强一弱之间，浮现的正是货币多元化趋势下的双生关系。

可见，货币多元化趋势固然方兴未艾，但现实离美元霸权的终结尚有很长的一段距离。本轮"去美元化"浪潮汹涌而起，主要源自以下两方面的合力：

一方面发端于美元自身，美联储加息稳币值的意图遭到银行业危机与债务上限风波的牵绊。一是美联储自2022年3月至2023年7月连续11次加息，此后截至2024年4月一直保持5.25%—5.5%的高位基准利率。这造成银行业债券账面损失总额迅速膨胀，"放飞"了美元资产前景的不确定性。二是债务货币化的财政总想"变本加厉"。而两党围绕债务上限谈判的僵持，使欧洲评级机构Scope Ratings将美国部分债务信用评级置于"可降级审查"列表，加重了美元下行压力。

另一方面源于外部市场，各国已形成降低美元依赖的共识。一是美元要承受对俄金融制裁的反噬。据法新社报道，2023年4月16日，美国财长耶伦公开表示，美国对俄罗斯及其他国家的制裁可能会破坏美元的主导地位。二是降低美元依赖与贸易碎片化相适应。当前，以美国为首的发达国家不愿再"领衔"多边贸易大旗，甚至反其道而行，主推区域贸易协定来制约多边贸易体制，造成国际贸易网络与规则的"碎片化"。国际货币基金组织就警告道，世界即将走向"地缘经济分裂失控"的危险滑坡。涌动的碎片化因素不仅有贸易限制和技术传播壁垒，还包括跨境移民限制、资本流动减少急剧下降，由此才使友好国家间点对点的本币互换蔚然成风。三是人民币等风险可控的结算方式逐渐铺开。各国都倾向于使用更符合自身利益的货币进行结算，遂使"本币结算大串联"范围不断扩大。根据土中商业促进友好协会主席阿德南·阿克佛拉特的说法，如今已有60个国家在贸易中用本币取代了美元，尤以人民币最受追捧，委内瑞拉、沙特阿拉伯、巴西、阿根廷等国相继对人民币"张开怀抱"。[1]

更进一步而言，美元霸权、货币多元化与人民币国际化已然结成三角关系。就货币多元化进程而言，不啻美元霸权自作自受的"反噬"，而人民币的国际化又势必将在对冲美元、适应多元货币环境的过程中推进。

先看美元。美元霸权使各国萌生"去美元化"的念头。美元汇率向来以"任性而为"著称，美联储的货币政策也全然不顾各国央行的"死活"。先是十几年如一日地维持超宽松货币政策，以"大水漫灌"将其国内通胀、动荡、资产泡沫等一系列压力向外输出，后又急剧转向激进的加息政策，推动美元升值、虹吸全球资本。从1982年拉美债务危机到1994年墨西哥金融危机，再到1997年东南亚金融危机，无不拜美联储加息所赐……而各国因担心资产价格崩盘诱发经济金融危机，不得不强撑本币、与之"陪跑"，导致世界各地汇率居高不下。

另外，美元—美债模式难以为继，已然从"联合收割"变为"一起倒霉"。一方面，石油美元体系正在瓦解，使美元汇率背后的价值支撑越发单薄。原本美元就靠着与石油挂钩取得强势地位，而随着世界秩序从单极

---

[1] 中国日报网.土耳其专家："去美元化"成定局 多元货币经济新秩序在形成[EB/OL].(2023-07-05)[2024-05-15].http://china.chinadaily.com.cn/a/202307/05/WS64a524fda310ba94c5614fb2.html.

转向多极，再加上美国自身的页岩气革命，与产油国之间的蜜月关系也逐渐终结。另一方面，债务货币化使美元、美债拴在一根绳上。由于美债占GDP比重不断上升，各国央行对美国财政清偿能力的疑虑与日俱增，而这与美元作为储备货币的功能产生冲突。因此，美联储的加息步伐如履薄冰，但凡将利率抬升至经济增速之上，美国作为国际安全资产提供者和保险人的角色就岌岌可危，很可能引发美债抛售潮，形成美元贬值压力。

再看货币多元化。货币多元化是"去美元化"发展到高级的表现。其核心反映在对美元霸权的制衡思路，已从降低美元使用权重，变为绕开美元霸权的负面影响。货币多元化突出"战略上迂回，战术上共存"的特点，将美元视为"多元货币篮子"的一员。毕竟美元是众所周知的"糖衣炮弹"，其极强的网络效应使各国宁愿忍受美国臭不可闻的财政问题，"捏着鼻子"也还是要美元，造就了加息政策下美元的强势表现。但各国在吃美元投资"糖衣"的同时，不妨碍降低其储值避险、交易结算的出场率，将"炮弹"拒之门外。

货币多元化只是在探索美元以外的路，最终都是服务于更通畅、稳定的交换目的。就此而言，新兴市场国家用本币结算之类的做法，其性质属于前所未有的交易风险重组，这一进程本身也内置了风险敞口，因而大概率迎来一个漫长的过渡期。

如果说上一轮经济全球化是以美元为纽带串联起了全球，那么，未来在贸易碎片化基调下的重新整合，很可能沿着国家—区域贸易同盟—全球贸易组织的顺序依次上升、逐步耦合。这无疑会是一个漫长的过程，货币多元化也将贯穿始终。

此外，货币多元化将衍生出制度化的风险管理。尤其是对冲机制的建设，推进货币多元化需要制定汇率上下对冲、幅度对赌的条款或抵押物，而为稳定合作各方预期，需要渐进地放宽资本账户围栏。

回归金本位的虚与实

全球正处于流动性的变奏之中，当通胀已是社会各阶层的"心魔"，现金就成了"烫手山芋"，躺在银行账上的后果显而易见，不少理财产品也纷纷破净，投资股市难逃被收割的命运，投资楼市又似乎容易接上"击鼓传花"的最后一棒。存款、基金不香了，倒是黄金因危机的爆发而备受投资者关注，全球迎来囤金热。"攒钱不如攒金豆"，"买基金不如买黄金"，黄金成为理财新宠，频频在各种社交平台登上热搜。不仅民间偏爱黄金，连各国央行也在增持黄金储备。世界黄金协会数据显示，2010年以来，各国央行就一直是黄金的净买家。各国政府表面上屏蔽黄金，暗地里又紧抓黄金不放。德国央行行长表示，黄金是"国际货币体系稳定的基石"；法国央行称，黄金是"价值的终极存储"。近年来恢复金本位的声音此起彼伏，美国有议员重提恢复金本位以挽救美元颓势，俄罗斯推动卢布与黄金绑定。

不可否认，金本位时代是黄金作为货币的巅峰期。不过，回归金本位却是难成气候。

首先，黄金供给"力不从心"。世界黄金协会数据显示，2023年全球黄金总供应量为4898.8吨，而包含场外交易和库存流量的黄金总需求为4899吨，创下新纪录。全球黄金供需处于紧平衡中。高盛分析师尤金·金（Eugene King）在2015年预估，目前已探明黄金储量只够开采20年，且探明矿藏越来越少。[1]可见，供给瓶颈仍是金本位回归的"硬约束"。

其次，黄金数量远远跟不上经济的扩张与市场经济的深化。如果说印钞能制造适度通胀推进市场车轮，那么黄金则因资源有限等易通缩制约经济。就像布雷顿森林体系一样，在"二战"爆发将原有的国际货币体系冲垮后，作为一种应急选择曾经发挥出重要作用，但很快就出现黄金供应不足严重束缚国际货币供应的问题，即使当时美国聚集了世界七成以上的黄金储备，也无法承受美元扩张后他国的黄金挤提，最后只运行了25年即宣告崩溃。

即便强制回到金本位，非但货币挂靠不住，反倒会赔了夫人又折兵。因为黄金与当下财富已无法匹配。以黄金度量财富与经济无疑将捉襟见肘，更无法在货币充分供应基础上保持币值稳定。就此而言，对政府来说金本位反而成为一个镣铐，在国家化权重上升的背景下，没有哪个政府愿意戴着沉重的镣铐"起舞"，黄金也不再是悠然浮在全球政治风险、经济动荡之上的"诺亚方舟"。

进一步来看，古老的黄金已跟不上经济发展的脚步，更无力颠覆现存的国际货币体系。在流通和交换方面，实物黄金已无货币支付功能。黄金的稀有性决定了其价值，且黄金本身具有非常实际的工业价值及消费需求，即使不作为储备资产，也同样价值不菲。但从功能上看，黄金已不再作为货币支付。在共识和信用方面，黄金已无法发挥其自动调节货币流通的作用。人类对黄金的共识是天然的，并远远大于加密货币。但时局动荡之际，黄金作为乱世之锚很可能被政治所绑架，或政治封杀，或经济封

---

[1] 中国经济网.高盛分析师报告：黄金可知矿石储备仅剩20年量[EB/OL].(2015-03-30)[2024-05-15].http://finance.ce.cn/rolling/201503/30/t20150330_4969547.shtml.

冻。更为重要的是，经济社会中发生的支付形形色色，并不只是"一手交货，一手交钱"式的交换，单一的黄金无法应对现代经济活动的复杂性与多样性。许多领域结算环节复杂，并不是支付环节本身的问题，而是各类交易特殊的属性决定的，单纯的黄金点对点的支付并不能解决这些问题。

黄金既锚不住货币，又对避险力不从心，反倒是商品属性将在消费升级助跑下完成一跃，其主要功能将由避险、信用向消费转移，由此黄金沉淀于民间也是大势所趋。与以往中年人群是绝对的需求主力不同，如今，90后、00后成为另一极，和中年群体组成了"绝代双骄"，横扫黄金市场。从黄金需求具体分项来看，珠宝首饰项已成为黄金需求中占比最大的分项。根据USGS的统计数据，珠宝首饰为全球黄金的最大消费市场，2022年需求占比达47%。可见，未来黄金的属性将从二产（工业）转为三产（消费、首饰）。

货币挂钩资源

在美元信用不断透支的背景之下，各国货币需要重新寻找价值锚定。当前，全球大宗商品交易贸易形成"三足鼎立"态势。美欧发达经济体、以中国为代表的亚洲国家，以及中东、拉美等资源型经济体，是全球大宗商品交易的主要参与者。从这个三足鼎立的局势来看，在全球产业链中地位日趋提高的新兴国家及资源型经济体势必要掌握更多话语权。由此观之，美元并非天然具有垄断全球贸易的属性。归根结底，货币本质上是一种信用资产，而货币价值锚定就是给货币赋予实物价值。在古今经济中，大宗基础商品对整个商品价格体系的影响是深远的，货币只要锚定大宗基础商品并保持稳定，那么整个商品体系的价格就都能保持稳定。因此，巩固多元化货币体系的关键就在于将货币挂钩资源。

只不过美元霸权的根基正是对于全球资源的垄断，因此美国必然将在资源领域严防死守。由此，挂钩何种资源，如何挂钩资源是各国绕不开的问题。具体而言，在当前美元深度绑定石油、对于其他自然资源虎视眈眈的背景下，各国需要结合自身情况寻找"墙角"。

首先，代表"过去"的大宗商品是资源强国的最佳选择。大宗商品可谓是美元控制最牢固的基本盘，而在这个板块已经出现了俄罗斯和拉美两个"刺头"。根据美国期货业协会数据，2020年全球大宗商品中能源占比约四成，农产品占比三成，基础金属占比约两成。在能源和粮食板块，俄罗斯已经推行一系列政策将资源强行挂钩卢布；而在基础金属板块，拉美也开始筹备仿效欧佩克的"锂佩克"。

其次，代表"现在"的人民币及欧元资产是资源弱国切换货币信用锚定的替代选择。随着中国、欧盟等经济体崛起，世界格局早已不复当初确立美元霸权的冷战时代。因此，对于资源弱国，如果依旧坚定将本币挂钩美元，那么无疑是在持续输入风险。更明智的选择还是要塑造多元的货币储备。当前人民币、欧元背后都有不逊色于美国的经济体作为信用支撑，因此可以作为这些国家夯实本币信用的优质资产。

最后，代表"未来"的科技产品、大数据等虚拟资产也有望成为货币挂钩的重要锚定，这也是新兴国家最有希望突破美国封锁的破局点。过去，资源往往被局限于石油、煤炭、矿产等自然资源相关的领域，而随着工业文明的成熟，很多新技术带来的变革让资源的定义得以重写。由此，科技与数据也可以被视作资源。以荷兰的阿斯麦为例，其几乎垄断了全球高端光刻机的产能，这就在未来绑定了全球芯片产业的发展。而中国在新能源领域占优势，也可以通过从目前全球最大的化石能源进口国，变为最大的新能源出口国这一趋势，实现人民币结算的新能源贸易体系。此外，当前各国均已将数字技术作为未来的发展方向，作为数字时代运行基础的大数据因而被赋予了极高价值。未来围绕大数据的生产、使用及价值交易，势必将成为巩固新兴国家货币价值的新锚。

以如今的趋势来看，全球货币脱钩美元挂钩资源的大趋势无疑是一把双刃剑。一方面，国际货币体系有望进入以资源为锚的多元货币的新格局，这将有利于消解全球金融风险。多极化的地缘政治演变趋势下，多元化国际货币体系将更多体现新兴经济体和全球对这些新兴力量的货币需求，这将丰富全球货币配置选项，也能够通过多元化消解美元溢出的金融风险。但在另一方面，全球货币脱钩美元可能会造成美国重新陷入"经济孤立主义"，甚至采取激进举措。当前，产业链回流、关税壁垒、贸易战等就是美国政府采取的激进应对措施。从历史长趋势来看，当年苏联解体后，各国最担心的就是苏联保留的大量大规模的杀伤性武器该怎么处理。当前，美元无异于一颗能够影响全球经济的"超级核弹"。基辛格曾说，"美国若倒下了，谁也别好过"。未来如何演进，恐怕要看能否在全球化遭遇逆风的当下，如何凝聚各国的力量与智慧。

人民币国际化新机缘、新风险

"去美元"与"人民币国际化"不是强相关

值得注意的是，当下全球范围内"去美元"确实已成趋势；反之，人民币"朋友圈"在不断扩大，尤其在贸易结算领域取得积极进展。自2023

年以来，多国陆续启用人民币结算：2月，伊拉克央行宣布放弃美元，允许以人民币直接结算对华贸易；3月11日，中国工商银行（巴西）有限公司成功办理首笔跨境人民币结算业务；4月26日，阿根廷政府宣布，将使用人民币结算自中国进口商品……[1]2023年第一季度，中国外贸进出口中，人民币结算占比22.7%，同比上升5.8个百分点。而人民币国际化的程度加深，客观上将攻占美元的份额。当下美元仍在全球贸易中占据极大的比重。据国际清算银行的数据，全球贸易中约有一半是以美元计价，远远高于美国在国际贸易中所占的份额。要想让人民币真正实现国际化，绕不开对美元辐射力的挑战。因此，人民币与美元的一涨一落，在市场掀起"人民币替代美元成为新国际货币"的预期。

不过，人民币国际化进程仍旧颇为朦胧。与老牌资本主义国家的货币相比，人民币国际化在多个领域始终处于"横盘"。在外汇储备功能上，国际货币基金组织官网显示，截至2022年第四季度，人民币在全球外汇储备中占比为2.69%。相比之下，美元、欧元、日元、英镑在同期分别占比58.36%、20.47%、5.51%、4.95%。人民币不仅在占比上有数值差距且地位不稳，相较于2021年第四季度2.79%的占比，还稍有下滑。在支付货币功能上，环球银行金融通信协会数据显示，2023年3月人民币国际支付份额约为2.26%。美元、欧元、英镑和日元则分别以41.74%、32.64%、6.19%和4.78%的占比位居前四。与外汇储备功能上相似，人民币的份额也大致处于横盘波动中。在投融资功能上，人民币与资本市场老牌玩家差距更为明显。环球银行金融电信协会数据显示，2023年9月，人民币在全球贸

---

[1] 中国青年网."去美元化"浪潮，又一国宣布加入[EB/OL].(2023-05-17)[2024-05-24]. https://baijiahao.baidu.com/s?id=1766098548796557759&wfr=spider&for=pc.

易融资中占比为5.8%。[1]虽说份额在不断提升，但与美元相比，仍有较大差距。

当下，"去美元"与"人民币国际化"尚未进入强相关时期。

一是因为中国GDP较美国GDP相比仍有差距。人民币国际化主要的变量还是在中美，即中国经济发展主动挤压与美国经济自我萎缩。中国GDP最终要超过美国GDP，并非一朝一夕之功。中美作为全球经济的引擎，此消彼长、差距缩小是大势所趋。但这种你追我赶之下的道路并非线性的，波折和起伏在所难免。例如，世界银行公布的数据显示，2022年，中国GDP达到美国GDP的70%，相较于2021年的76%有所下降，2016年、2019年都曾出现过类似的回调。未来一段时间里，中美GDP对比或将在一定区间内重复拉锯。

二是即使中国GDP超过了美国，世界货币的位置也不会立刻交接。一方面，世界货币自带"惯性"。货币的惯性一部分来自心理。当一种货币成为"品牌"，自然有国家和企业追捧，如今英国、日本虽然经济下行压力极大，但其货币仍总体上保持第三、第四世界货币的地位，很大程度上受益于此。还有一部分惯性源自基础设施，当下的整个世界的金融系统、交易系统、定价系统都是以美元为根基塑造的，要想快速替换掉如此庞大的系统几乎是不可能的，只能慢慢渗透替代。另一方面，国际货币至少有着支付工具、资产计价、价值储备三重职能，人民币需要充分实现各职能的互补效应，才能真正实现国际化。具体而言，支付、计价职能通过建立

---

[1] 中国新闻网.央行报告：今年9月全球贸易融资中人民币占比5.8% 排名升至第二[EB/OL].(2023-10-27)[2024-05-24].https://baijiahao.baidu.com/s?id=1780917970335857686&wfr=spider&for=pc.

庞大的交易网络，能够将本国实体经济的影响力在国际分工中进一步拓展，增强他国对本国货币的依赖度。价值储备处于国际货币职能的后端，以美元为例，以往美国扮演"全球银行家"，采取借短（发行短期债券来融资）贷长（投资其他国家的高风险资产）的做法来满足类似"储户"的其他国家对安全资产（美国国债）的需求。当经济危机发生时，美国则充当保险人角色。据研究，在2007—2009年金融危机期间，美国向世界其他国家转移了大约相当于美国GDP19%的财富。[1]三大职能相互交织、互为补充，少了任何一面，货币国际化只能逡巡不前。

三是欧元向人民币主动让渡的时机已过。事实上，美元与欧元也存在长期的博弈。作为向王座发起进攻的后起之秀，欧元与人民币天然是"盟友"。欧元早有拉拢人民币对抗美元的"心思"。例如2013年10月，中国人民银行与欧洲央行签署规模为3500亿元人民币/450亿欧元的中欧双边本币互换协议；双方决定将协议有效期再延长三年，互换规模不变。当下美国极力拉拢欧盟，欧盟内部也很矛盾，有马克龙那样寻求欧洲独立自主的本土派，也有冯德莱恩那样铁杆的亲美派，但始终缺乏有魄力的大政治家打破僵局。未来，这种局面不仅会耗散欧元的影响力，也使得人民币难再有以往美西方让渡的助力。

人民币的历史机遇

当前人民币被世界顶在前面，自有其历史机遇：

第一，相较其他备选货币，人民币兼具统一政策与经济体量两大背

---

[1] 经济观察报."去美元化"的AB面[EB/OL].(2023-04-16)[2024-05-24].https://baijiahao.baidu.com/s?id=1762414298024658793&wfr=spider&for=pc.

景。过去被寄予厚望的欧元、日元，均有内在缺陷。一是欧元区货币政策与财政政策尚不统一，酿成了以希腊为代表的欧洲债务危机。二是日元的国际化地位依附于美元本位制，且日本经济体量只相当于美国的1/4，外贸规模也只有美国的40%。从两者的缺陷考察中国，可知情况大不相同：中国各项经济政策均服务于宏观调控目标，在协调操作上能做到步调一致；2020年，中国GDP就已达到美国的七成以上[1]，2021年中国外贸总额为6.051万亿美元，美国外贸总额为4.692万亿美元。[2]

第二，综合产出是货币信用的坚实基础，人民币信用的锚是兑现实物的能力。过去美元与黄金挂钩，凭的是"二战"后的"世界工厂"身份，以输出实物的能力给美元镀金，而布雷顿森林体系因国际收支长期逆差而崩溃后，美元又强行与石油挂钩，从外部嫁接能源信用作背书。对人民币而言，这些都是中国内部生成且能长期保有的优势，如齐全的产业链体系、工程师红利、市场容量与能源革命成果，人民币持有者几乎能买到所需的一切，这也是沙伊和解、人民币清算范围不断扩大的重要原因。

第三，看似弱势的人民币汇率，实则属于结构性的调整策略。当下国家汇率管理秉持汇率中性、人民币中和理念，防止"超调"[3]引发大起大落，旨在促成"横着走"的震荡上扬。事实上，2023年以来人民币兑美元汇率的阶段性贬值顺应了宏观经济调节的需要，如第一季度经济复苏不及

---

[1] 参考消息网.外媒关注中国经济总量已达美国七成[EB/OL].(2021-03-02)[2024-06-03]. http://m.ce.cn/gj/gd/202103/02/t20210302_36350908.shtml?ivk_sa=1024320u.
[2] 数字财经智库.贸易额1.18万亿！我国降为美国第二大贸易伙伴！从美国进口什么？[EB/OL].(2022-05-15)[2024-06-03].https://baijiahao.baidu.com/s?id=1732879072076988166&wfr=spider&for=pc.
[3] 在汇率决定中，超调现象指汇率对外部冲击做出的过度调整，即汇率预期变动偏离了在价格完全弹性情况下调整到位后的购买力平价汇率。

预期，亟须汇率贬值拉升出口竞争力。因此，有意维持"对美元贬值，对其他货币升值"的局面，服务于经济基本面，稳定远期汇率预期，从而使人民币汇率吸附在合理区间运行。

只不过"欲戴王冠，必承其重"，随着人民币国际化程度日益发展，其将直接面临两大风险：

一是中国人手中突然多了许多难以流通的货币，该怎么把它们花出去。自2008年以来，中国人民银行已经与约40个国家和地区签署过双边本币互换协议，以促进人民币的国际使用。过去两年，此类互换活动加速。2023年6月，中国人民银行与阿根廷中央银行续签了双边本币互换协议，互换规模为1300亿元人民币/4.5万亿比索，有效期三年。阿根廷方面固然乐意不用美元就能买到中国商品，但中国花掉阿根廷比索的机会却很少。因为对方的出口商自己更希望中国以美元或者人民币付款，比索的贬值幅度实在靠不住。而等货币互换协议到期，对方从哪里找人民币来还款，这又是另一个问题。

二是外国人手中多了很多人民币，中国能卖什么。这需要考虑特里芬悖论降临中国的可能性，当下的中国外贸根基固然深厚，但发生在美元身上的特里芬悖论已经揭示出，一旦成为国际货币，一国在外贸领域的代价。具体来说，为了让全球经济继续蓬勃发展，美国就必须注入大量货币获得流动性，这样做的后果就是推高国内通胀。因为与其他货币相比，储备货币更受欢迎，因此其汇率就越高，最终国内出口行业的竞争力就越低。更要警惕倘若人民币完全可自由兑换带来的冲击。当前中国的社会经济基本面与金融市场还不能完全满足货币自由兑换的要求，如果货币完全可自由兑换会造成很多负面的冲击，比如美元及其他货币就能够在中国的金融市场大进大出并大肆炒卖，由此造成中国金融市场的大幅动荡，还会造成中国居民财富的损失。

本币化时代的核心：贸易

当下，全球进入本币化结算的大潮。本币互换的核心逻辑就是贸易权重越大的国家，货币结算国际化程度就越高。当下推动本币互换的国家，要么是以俄罗斯、中东产油国为代表的能源型国家（如2023年初，印度炼厂已经开始使用阿联酋迪拉姆，而不是美元，支付通过迪拜贸易商购买的大部分俄罗斯石油），要么是以印度、东盟、南美为代表的新兴经济体（如东盟十国官员于2023年3月30日在印尼召开会议，首要议程就是讨论如何减少对美元、欧元、日元和英镑等主要货币的依赖，转而使用本地货币来进行贸易结算）。对于前者，石油资源本身就是美元的锚定物，掌握大量能源的国家将本国货币（如俄罗斯卢布、阿联酋迪拉姆）与油气挂钩，本质上是将能源贸易领域的话语权变现；对于后者，新兴经济体贸易体量逐步有赶超美西方发达国家之势。根据彭博社对国际货币基金组织数据的整理，从2020年开始，金砖国家与G7对世界经济的贡献度持平。2023年，金砖五国将提供32.1%的世界经济增长，而G7国家仅能贡献29.9%。据国际货币基金组织预计，2028年，金砖国家对世界经济增长的贡献度将达到33.6%，G7的贡献度将降至27.8%。

根据贸易的权重，理论上人民币国际化拥有最大的潜力，伴随着世界货币体系由美元一家独大转向本币化结算时代，人民币国际化将来到由"算术增长"转向"指数增长"的新起点。从支付工具的职能来看，中国拥有独一无二的贸易体量。海关总署数据显示，2023年中国进出口总值达

41.76万亿元，连续7年保持全球货物贸易第一大国地位。同时借助数字货币技术，更方便快捷的贸易支付体系也在建立中。《货币桥项目：央行数字货币助力经济体融合互通》报告显示，2022年8月15日至9月23日的试点期间，共发行数字港元、数字人民币、数字阿联酋迪拉姆、数字泰铢4种央行数字货币，总额折合人民币8000余万元，跨境支付和外汇兑换同步交收业务逾160笔。毕马威的相关报告指出，多边央行数字货币桥真正广泛应用起码要10年以上的时间，但伴随着各国中央银行不断发行数字货币，该系统或将得到质变。

从资产计价职能来看，中国在贸易链的话语权不断提升。一般来讲，一国若在国际产业链分工中占据一定优势，该国企业则在国际贸易中掌握谈判主动权，那么在经贸往来中，为规避汇率波动风险，自然而然地可以提出以本国货币为计价货币。例如当下美元之锚试图由石油转向芯片，拜登政府希望通过构建全球芯片产业链，打造以芯片为核心的高科技贸易支撑的美元金融体系，最终巩固美元世界货币的地位。相应地，中国或将在未来发掘自身在产业链上的优势，寻找人民币锚定物，最终在贸易领域里实现以人民币计价。

从价值储备职能看，核心要求就是保障持有人民币的安全性。这要求中国经济基本面夯实。一国经济实力越强，其货币避险功能越强。福卡智库认为，支撑中国经济未来的动力源已经升级为"6+1"，"6"是大基建、后工业、新能源、新三农、数字化、绿色化六大领域，"1"是世界经济安全岛的地位，这种转换至少可以让中国经济"再飞"30年。这也要求金融市场的健康发展。自从中国在金融领域定调"不走华尔街式道路"后，中国建立起复式的金融监管机制，以避免自身陷入金融空转的陷阱之中。未来中国或将继续完善金融基础设施建设与构建良性健康的金融市场，比如向外国机构投资者提供高质量本币计价金融资产，建设国际金融中心体系，在岸和离岸金融市场错位发展，有效协作，双轮驱动人民币国际化进程。

人民币国际化尚待"爬坡过坎"

一种规则到另一种规则转变中间必然要经历痛苦与混乱，美元霸权向本币化结算这一过程也概莫能外。追溯上一次世界范围内货币权力的更迭，是美元与英镑对垒。20世纪30年代前后，以英美各自为中心，形成了国际经贸上的两大对立阵营：以美国为中心的美元区和对应的多边贸易互惠体系，以英国为中心的英镑区和对应的大英帝国"帝国特惠制"贸易体系。英镑区和美元区的对立引发了接连不断的货币战，货币竞相贬值并进行外汇管制。在各自货币区内，英镑和美元分别为各自的中心货币。货币区内部的贸易支付清算、资金流动、外汇交易完全自由，但是各货币区之间却有着严格的外汇管制和贸易壁垒，通常以黄金进行结算支付。换句话说，当时的世界贸易在事实上回归到黄金交易模式。如今，各方都有自己的利益诉求，局面比起20世纪30年代只怕更加复杂，其中盘根错节的关系很可能会为世界贸易埋下更深的隐患。

在世界货币游戏规则大更换的过程中，中国既要利用其中蕴藏的机缘，又要建立机制规避风险：

一方面，中国或将建立相应的贸易规则，以避免手握货币，却无可用之地的窘境。

一是要在双边贸易双边货币中划定范围，界定相关条件。说到底，人民币国际化首先是个经济问题，而不是一个主要的政治问题，因而推动货币互换本来就是个循序渐进的过程。譬如，在交易中可以像股票市场设置涨跌板一样，对双方货币汇率设置上下限区间。如果一国货币像里亚尔、比索那样处于汇率风险的风口浪尖，就需要仔细考量时机。

二是在无法用对方货币购买到有用之物时，还得退而求其次地用硬通货支付。与美方不同的是，中国行事一向避免阵营思维，而是利用经济辐射力尽可能团结可以团结的队友。换句话说，中国并不排斥使用欧元、英镑之类的老牌硬通货来规避风险，而是寻求合作空间。例如，从2012年开始，伦敦金融城政府就发起伦敦人民币离岸发展中心计划。2019年，伦敦是当年世界第一大人民币离岸外汇交易中心和全球第二大人民币离岸清算中心。甚至面对美元，中国也并非要与其"敌对到底"。哪怕经历了2022年的抛售，截至2022年12月底，中国仍持有8670.6亿美元的美债。中美经贸之间更是深度勾连，脱钩从来也不是中国的本意，而是某些西方政客在鼓吹。总之，中国并非一味地排斥美元、欧元、英镑等老牌国际货币。

三是如果对方实在没钱，也可以用股权、产权之类相抵。其实此前在债务问题上，已经有过类似的操作。例如2018年，加纳曾经就拿出本国铝土矿的开发权出来，与中方共同开发。中国不少自然资源本身就需要每年大量进口，与其手握对方无法在国际市场流通的货币，不如置换为项目资源的产权，以达到双方共赢。

另一方面，中国需要通过一定的市场设计来对接海外人民币回流中国，以兑现作为经济安全岛的价值。从购买商品到投资市场固然是一条路，但终归有优质资源外流的风险。以美国为例，在货币优势下，其一直是跨国资本流动最重要的受益国之一。与此同时，20世纪70年代以来，美国逐步建立起一套以美国外国投资委员会为执行机构的外资投资并购监管制度。未来，为了避免外国买家收割国内优质资产的股权，需要另一个替代品。理论上讲，印刷出去的纸张——人民币，最好是用另外一种纸张替换，即进一步扩大债券市场，构筑人民币回流机制。

在这一点上，美债早早提供好了样板。围绕着美债，美国建立起一套美元回流机制。这套机制大体分为三步。第一步是以美债为载体发行美元，这是美国货币发行的三大渠道之一（另外两种渠道为再贴现贷款和持有的黄金及特别提款权）。美国财政部向社会发行国债，美联储用其印刷的美元支付给财政部，来购买这些国债。美国财政部获得对应的美元后，执行其预算支出，从而将基础货币注入经济体。第二步是美元流入其他国家。美国借助美元购买全球各地的商品、技术、服务，推动美元流出美国。第三步美元回流至美国。其他国家通常会将流入的美元一部分放至外汇储备，一部分用于国际投资，而投资的标的通常便是美债。整个流程结束后，美国得到了全球各地的商品、技术，付出的是印钞成本与债务成本，其他国家得到了以美元计价的债券，付出的是其生产的商品、研发的技术。

当然，这套机制并非坚不可破，尤其是在美债上限一次次拔高的情况下。截至2024年1月2日，美国财政部发布报告称，美国国债总额首次达到34万亿美元。美债危机有愈演愈烈之势。一来中国金融市场不会走华尔街式金融衍生的老路；二来中国鼓励实体经济，避免像如今的美国产业空心化；三来中国向来提倡人类命运共同体，不会通过战争来宣泄债务压力。因此，人民币债券或将与美债走上不同的道路，寻求双向共赢，而非收割全球，转嫁风险。

当下人民币国际化在多方力量的推动下面临千载难逢的机遇，但机遇本身就与风险并存。对于人民币国际化中将会遇到的诸多新风险，中国或将未雨绸缪。

币种"大三角"与法定货币"小三角"

法定货币、私人货币、法人货币上演新"三国演义"

当前，法定货币正被移动支付消解，中国尤甚。得益于移动支付贯穿于无数网民的衣食住行，上海等地大步跨入无现金城市。

但说到底，移动支付只是改变支付方式，背后仍是法定货币。在全球范围内，真正对法定货币的铸币权发起挑战的另有其人。一是私人货币，即私人发行的货币，典型如比特币靠算力"挖矿"能让每个人都发行比特币。虽说比特币的初心是为了挣脱央行垄断下货币超发带来的通胀恐惧，但未料比特币反而因舍弃国家信用背书，出身互联网蛮荒之地而在炒作概念与想象空间中走火入魔。二是法人货币，即各类组织及公司发行的货币，既包括腾讯Q币等网络货币，又涵盖各类企业的准货币，包括消费积分、航空里程、可兑换实物、抵扣现金，甚至在固定商城消费。这种对法定货币的替代，早已飞入寻常百姓家，仅2013年中国各类积分发行量就价值数百亿元，实际消耗率仅占1/5。

既然货币的数字化、区块链化已成趋势，政府自然也想获得数字货币的好处，比如去中心化、避免滥发货币等。甚至在不愿美元体系被颠覆的美国，有不少专家建议美联储以数字货币自我革命。中国2014年成立专研小组，2016年初召开研讨会，2017年1月测试数字票据交易平台，显然走在了前列。

但问题是政府与数字货币间存在悖论：一是匿名与实名。比特币被一些国家青睐的原因之一就在匿名性，但比特币交易平台实行严苛的实名制，一旦国家要查，交易所势必提供信息，就是美国国税局都能利用新区块链技术追踪到比特币持有者，所谓的匿名不攻而破。二是中心与去中心。虽然从技术角度看，比特币体系是去中心化的，但大多数比特币都控制在早期玩家手中，交易又需第三方平台集中受理，比特币正在形成事实上的中心，岂能算真正的去中心？三是通缩与适度通胀。因为在政府看来，一个有利于社会发展的货币系统应让物价温和通胀，即货币适度贬值。但比特币用户增多、总量恒定，到2040年将全部开采完毕，无异于内置通缩，若以此为流通货币，又怎能推动商品、交易繁荣？四是记账的无限性与电脑算力的有限性。比特币的信用在于其公共账簿难以篡改，即加上了安全加密算法。按传统计算机分解1000位大数需1025年，但未来量子计算机只需几秒，届时就能随意修改加密账本，无疑将让比特币的信用彻底破产。鉴于此，国家发行数字货币即便技术可行，但不管从主权政治还是社会管理都任重道远，却恰恰掀开了重构世界金融体系的序幕。

而在新金融体系形成前，整个过渡期将是法定货币、私人货币、法人货币的新"三国演义"，其中开疆拓土最厉害的就是法人货币，不单未来苹果可以利用App上线积分货币，而且从亚马逊到任何大规模的电商平台都有机会创造"新货币"。尤其在互联网虚拟世界，以"算力+区块链"背书的比特币等私人货币、以国家信用背书的主权电子货币、以企业品牌背书的法人货币间或围绕新货币之锚，比如时间、计算能力、场景、信用甚至信仰，争分夺秒地建设新世界的金融体系。届时，新货币体系将改写所有的金融规则，各大银行也只是一台服务器或CPU，金融机构将比拼服务质量。

法定货币"三国志"——中美欧的"小三角"

在法定货币的范围内，人民币不单将走向世界，还将冲击美元，以求未来与美元、欧元"三足鼎立"。

当初欧元初出茅庐，在美元的排挤下站稳了脚跟。然而，当前欧元又遭遇新的冲击。具体表现在以下几个方面：

第一，体现在各国经济对货币的支撑力下滑。货币背后是整个国家经济实力的反应。欧盟统计局公布的初步数据显示，欧元区和欧盟2023年国内生产总值（GDP）均增长0.5%。其中，第四季度欧元区和欧盟经济环比零增长。欧盟失速，与欧洲两大经济火车头"熄火"有关，德国2023年第四季度经济环比萎缩0.3%，法国则增长停滞。[1]其背后的主要原因跟俄乌冲突密不可分。起码欧洲能源价格倍增就对德国企业出走、破产起到了重要影响。借用"当贸易停止，战争也就爆发了"的重商主义逻辑，"当企业出走，经济也就崩塌了"。这是欧洲悲剧命运的经济基础，也是欧元底层支撑力被消解的逻辑。

第二，体现在欧盟内部分裂对欧元前途的影响。欧元是在欧洲经济一体化进程中应运而生，其背后源于欧洲政治整合的推动；反之，如果欧洲一体化这个根本背景不在，欧元也就失去了土壤。虽然目前说欧盟解体还

---

[1] 金融界.欧盟火车头都熄火了？德国负增长，法国零增长，欧元区GDP仅上涨0.5%[EB/OL].(2024-02-01)[2024-05-24].https://baijiahao.baidu.com/s?id=1789695273469123802&wfr=spider&for=pc.

为时过早，不过一些内部分歧已经颇为明显。例如，随着传统政党逐渐式微，而非传统党派一跃而起，欧洲怀疑主义的思潮将笼罩欧洲大陆。如若未来欧洲的执政者都以民粹主义与疑欧派为主张，大部分国家有可能退出欧元区这一国际支付结算体系。《欧洲的未来》一书中提出，欧元项目的政治本质是为了维系欧洲未来的命运，强调欧洲层面的共同货币与保持国家经济政策独立性之间的不匹配性已成为惯例。如果欧盟国家各自为政，有可能极大地削弱成员国的信心，从而退出欧元区。

就美元本位制的用与废而言，绝非其他单一货币所能撼动，是货币多元化正在一点点挤出美元的存在感。任何国家的外汇管理政策必须兼顾政经两面。一方面，各国是被美元的阴晴不定"逼上梁山"的，尤其考虑到政治风险，如"美元武器化""挟CHIPS（纽约清算所银行同业支付系统）以令SWIFT"等操作；而另一方面，与坊间热议的"人民币取代美元"相反，在当下及可见的未来，美元的"超级特权"地位短期仍难被其他货币替代，从经商角度还是要美元胜过其他货币。

就人民币国际化而言，不仅将保持结构性调整腾挪，还将促成制度性流动、循环。一方面，将加快人民币债券市场与离岸金融市场建设。循序渐进地完善人民币回流机制，如人民币跨境投融资交易结算等基础性制度、制度性开放的金融市场，无疑将打通货币流动的逆向通路，促成人民币收放自如的流动状态。另一方面，也面临"特里芬悖论"的拷问。对于中国这样一个外向型经济体，人民币国际化发展到一定程度，势必引起资本项目和经常项目失衡，面临经济增长与铸币税二选一的难题。就一个更多元的国际货币体系而言，双边互换、多边互换加剧了"良莠不齐"。由于新兴市场国家制度、发展不成熟，往往由内部结构问题不时引发通胀危机，这也是人民币未来过关斩将的必经之路。

未来欧洲趋于耗散，美国国运向下，中国国运向上，放眼货币命途自然将呈现欧元自我折腾、美元相对向下、人民币相对向上之势。

第十章　中国金融信用重塑

金融回归"本源"

暴利趋于微利，爆品转为品牌

近年来，放眼全球，美国金融爆仓集中在虚拟经济尤其是衍生品上：美元洪水滔天，既催生了实体资产泡沫，导致股市跟经济严重背离，还催生了虚拟资产泡沫，前有NFT艺术品拍出4.5亿元天价，后有加密货币市场再创历史新高，市值达到3万亿美元[1]（约为全球已开采黄金价值的1/4），还有被元宇宙等概念收割的"韭菜"层出不穷。2024年2月，比特币继续走出惊心动魄的态势。2024年2月28日，加密货币交易所"币安"（Coinbase）突然发生死机事件，导致比特币价格在刚刚突破6.4万美元后，短短数分钟内便大跌约5000美元。根据Coinglass提供的数据，截至2024年2月29日凌晨收盘的过去24小时，逾18万人因投资比特币而爆仓，

---

[1] 财富中文网.争议声中，加密货币市值首破3万亿美元[EB/OL].(2021-11-24)[2024-05-24].https://new.qq.com/rain/a/20211114A0991W00.

爆仓总金额达到7.41亿美元。[1]

打造爆品赚快钱似乎成了过去全球金融业的主流行情。原本，金融是为实体经济服务的，后来发现绕开实体经济，通过各类杠杆、创新工具就能挣得盆满钵满。于是，在暴利驱使下，赚快钱被奉为圭臬。金融业自身以金融创新之名不断异化，通过资本运作打造出爆品，在层出不穷的所谓创新中轻松赚"快钱、巧钱"。企业大搞"炼金术"，沉溺于股票回购和并购交易，以拉高短期利润和股价为目的，把生产经营抛之脑后，"劳动创造财富"几乎成了笑谈。同时，互联网让金融服务"一键直达"，以致财富暴增的诱惑四处扩散，刺激人们不断下注，陷入非理性疯狂。于是，从比特币到狗狗币，各类打着创新幌子的金融爆品异常膨胀又迅速土崩瓦解。

如果说百年未有之大变局由一个个具体领域的颠覆变革构成，各行各业都面临调整，那么金融行业更被顶在杠头上——当金融造爆品、赚快钱发展到极致，要么被市场极限或边界所截流（如美国），要么被政府要求"打道回府"（如中国）。追根究底，供求关系决定价格，可在长期的量化宽松背景下，货币空前绝后的滥印正渐渐抽去其充当一般等价物的基本功能。结果，货币越来越过剩，贬值也就在所难免。以美元为例，基于无底线的印钞模式，在1980—2020年的40年时间里，美元M2供应量从不到1.5万亿美元暴涨到超20万亿美元，涨幅超过13倍，与之伴随的便是美元现金类财富平均每年贬值6.8%；自20世纪30年代以来，美元相对黄金的价值

---

[1] 21世纪经济报道."疯狂"的比特币[EB/OL].(2024-02-29)[2024-05-24].https://finance.sina.com.cn/roll/2024-02-29/doc-inaktmyz1125239.shtml.

已缩水了99%[1]。也就是说，世界范围内的金融资本大转折，其根本动因不是所谓的外部变革，而是自身的极端膨胀。在此背景下，金融资本的暴利时代只能黯然褪色。

世界金融的底层逻辑变了——暴利转微利，爆品转品牌。下个时代金融业将从产业链食肉的高端走下来，加入微利食草的动物序列。从一定意义上讲，这一惊天转折将率先从中国开始，至少在中国金融监管的"铁腕"推进下，金融资本肆无忌惮的暴利时代开始逐渐退潮，曾经赚快钱的空间被急剧压缩。例如，与当初多家银行理财产品动辄8%、9%的最高年化收益率相比，如今收益率已是腰斩有余。根据银行业理财登记托管中心发布的《中国银行业理财市场年度报告（2023年）》，2023年各月度理财产品平均收益率仅仅为2.94%。

然而，"把金融关在笼子里"如同"把权力关在笼子"里一样难。毕竟现有金融体系更多的是工业时代的产物，金融体系因时代而生，也必然应时代而变：一是"互联网+大数据"的信用创造正对传统资产抵押的信用基石釜底抽薪，科技企业等无产者不靠资产而是靠信用抵押也能直接获得银行的信贷资金。二是互联网、区块链等新科技的发展正倒逼金融组织变革时代的到来。尤其是如Libra等数字货币的涌现，不仅改变了原有的货币形态，还试图打破并重塑金融体系，让金融组织方式不得不随之而变。正因如此，从披上新科技的"马甲"重新上岸，到与金融监管上演"猫捉老鼠"的游戏，金融资本总是会想尽办法来逐利。

就此而言，与其对金融资本严加遏制，不如为其释放合理空间。正如

---

[1] 环球外汇.过去的100年 美元相对黄金贬值99%！[EB/OL].(2020-08-10)[2024-05-24].
https://baijiahao.baidu.com/s?id=1674605187159406066&wfr=spider&for=pc.

政治的本质是寻找均衡，金融资本行业终不会"非左即右"，而是将在对角线上回归金融本质——实现虚拟与实体勾兑、分业与混业勾兑。一是既要回归金融资本杠杆功能，又要防止一味衍生化等过度金融化。金融乃国之重器，在顶层规则设计、事前预防等方面，政府责无旁贷，市场优化配置功能又无可替代，即走"大政府+大市场"的复式化融合。二是历史否定之否定。在美国，1933年，惨烈的崩盘换来分业法案《格拉斯-斯蒂格尔法案》面世，打破了华尔街集中的权力；1999年，《金融服务现代化法案》恢复混业经营，也让风险指数级上升，致使2008年次贷危机爆发。在历史的螺旋式上升中，金融重新分业化，迭代升级，理清分业与混业经营的界面，大势所趋。

综上，当前金融的底层逻辑发生转变，赚快钱、造爆品的时代行将过去。在此进程中，多少金融机构竞折腰乃至全军覆没，由暴利转为微利，已经算是修成正果，上上大吉。如今，世界金融正处在变革出清期，赚快钱模式趋于尽头，未来将是一个强调精耕细作、强调品牌精神的薄利时代，继续钻空子的"聪明人"，终会被时代所淘汰。

金融之本源：为实体经济服务

当下全球金融业正进入历史岔路口，多条岔路同时摆在面前：

一边在市场引领与政府引领之间犹豫不决。在美国，自由化的金融市场导致金融机构为了追逐利润而过度竞争，次贷危机就是金融过度自由化下资产泡沫破灭，即便现在全球还活在经济危机的阴影下。事实上，中国可能在市场与政府选择上表现得更为犹豫。因为中国金融业脱胎于计划经济体制，土地和房地产等快速资产化、金融化又想向市场化靠拢，但是一旦金融业出乱子又寄希望于政府兜底救市，结果陷入"一管就死，一松就乱"的治乱循环魔咒中。于是在"金融业到底是市场引领还是政府引领？"这一问题上，各国就显得愈发迷茫。

另一边又在实体与虚拟的岔路口摇摆不定。要知道，凭借世界上最兴旺的金融业美国虹吸全球资本。美股收割全球财富，是美国强化金融霸权的核心部分。再看看那些"苦哈哈"搞实体经济的国家和企业，无不遭受美国和金融产业的碾压。在中国，以股市、房地产等为代表的虚拟资本，加速形成了实体经济与货币供应之间的不平衡关系。但金融危机的周期性轮转，引发经济崩盘，又让全球一次次陷入金融危局中。搞实体不如金融来钱快，搞金融又有风险之忧，对于玩金融还是服务实体，各国陷入两难选择。

金融作为融通资本的主要手段，初心和本源都是为了更好地服务实体经济，而不是落脚于"钱生钱"之贪婪目的，这也注定了身处岔路口的金融业终不会"非左即右"，而是将在对角线上走出第三条道路，回归金融本质——实现政府与市场勾兑、虚拟与实体勾兑，唯此人类方能自我纠偏，免于陷入金融黑洞。

不过，金融回归实体早已不是新鲜提法。如果说2017年的主要政策导向还是防范风险，那么2018年就已明确提出"将防范化解金融风险和服务实体经济更好结合"。中国金融改革的大方向一直是明确的，然而，想要达到服务实体经济健康稳健发展这个目的地，除了要靠大方向，还需要更为精细化的"路线图"。金融回归的"路线图"就是要让金融回归初心，带动中国经济社会平稳高质量发展正是金融回归的初心所在。并且，金融回归想要实现"初心所向，使命必达"的愿景。需要强调的是，金融回归不是政策"翻烧饼",而是回归服务实体经济,这也是中国区别于美国对金融本质理解的显著特征。在此过程中,随着金融在传统功能与创新杠杆间找到平衡,金融撬动社会资源的功能逐渐发展,将撑开庞大的金融新空间,即通过金融体系的专业渠道聚拢社会零散资金,使得经济新的发展方向能够获得稳定的资金保障。更进一步分析,金融回归将由资本化兑现。金融的优点是能够高效匹配市场资源,实现资源融通,因此应当以促进金融资源配置效率与资金使用效率的提升作为金融回归的根本。

中国金融回归路线图:由衍生化转资本化

随着金融回归的倒逼,资本化必然也将实现自我革新。资本市场经典化的证券已经难以挑起历史转折的大任,而基金将会给中国式金融之路带来无限可能。过去,直接融资渠道往往借助证券市场实现资金流转,然而对于以推进实体经济发展为初衷的金融回归而言,产业发展需要金融起到调控风险、资源引流的作用。这就使得以"投资—分红"为主要模式的证券市场难以独挑大梁,而基金则将成为主要的发展方向。一方面,基金的专业能力和规模经济也能够在投资初期降低风险。另一方面,基金的投后管理能够减少或消除潜在的投资风险,提升被投企业自身价值,增加产业发展基金投资收益,从而实现快速募资—精准投资—有效管理—顺利退出的良性循环。

与此同时,当金融从衍生化转向资本化,也意味着未来金融活动高度活跃的关键领域不再是股市等证券市场,而是在关乎中国社会发展的关键领域。具体而言:

第一个方向是民营企业。民营企业占企业总量超九成,在稳增长、促创新、保就业等方面发挥了重要作用。因此，健全直接融资等适应民营企业的多元融资渠道是金融回归的重要举措。

第二个方向是"卡脖子"的关键产业。2016年以来中国面对的外部环境日趋复杂，芯片、生物技术等产业链承压严重，特别是美国《芯片与科学法案》等决议出台后，相关企业面临的不公平竞争日趋严峻，因此应当完善对于这些行业的金融支持。

第三个方向是科技创新领域。中国经济面临转型升级的压力，不能再走过去"衬衫换飞机"的老路，这就要求我国在科创领域有所作为，抢占国际产业链上游位置。而科创企业往往需要天量资金支持，这又要求金融体系必须完善这些板块注入资金的渠道。

第四个方向是保障社会民生。老龄化、少子化是摆在中国社会面前的长期问题，因此养老、养育等民生配套也亟待完善。

第五个方向是促进居民消费。消费是带动宏观经济的"三驾马车"之一，但目前预防性储蓄等因素已使得居民消费呈现明显收缩。因此，重新激发居民改善生活的意愿，重现"消费升级"，就需要金融体系能够帮助缓解失业、养老等后顾之忧。

而随着金融衍生让位于金融的杠杆撬动功能，金融风险与机理将悄然改换。未来的风险也将由金融击鼓传花的"爆雷"，转为科技项目实现效能的兑现程度。由于科技型项目具有高回报、高风险、高度专业化的特征，其财务风险较传统行业要高出很多。这就使得未来的金融风险将和科技企业的实际表现直接挂钩。金融回归实体，将使得二者成为荣辱与共的"命运共同体"，客观上也必然使未来的投资主体更趋专业化，更为强调对于风险的把控能力。

金融是围绕风险的博弈，如果说当下金融创新往往导向层层嵌套的衍生化，兑现未来新金融的焦点在于让资本杠杆自身具有"保险"功能，即让风险最小化、可控化。以往在金融市场上，投资、融资的双方往往互相不了解，存在"信息不对等"，这对出资方尤其不利，降低了投资方的投资意愿。由此，一旦融资方想要在市场上获得资本的青睐，势必要主动接受监管并且要实现内部治理有效化和内部信息的透明化。而结果则是使市场整体信息更为通畅，风险也能够得到及时有效的控制。由此，信息透明通畅、自发管控风险的金融体系一旦形成，必将最终实现金融回归实体的初心。

重新回到中国经济的大视野来进行观察，虽为百年变局之一瞬，然则2023作为中国经济动力重启之年，意义重大。中美博弈的大背景下，世界经济结构、地缘环境都已经发生深刻变化。内外部的发展阻力叠加，护航实体经济发展，社会持续稳健，就是金融回归的所在。

重塑中国式现代化投行体系

投行业务成为战略转型新蓝海

近年来，国内诸多商业银行纷纷盯上了投行业务。兴业、工行、平安、中信、招行等都提出了向"商行+投行"转型的策略。兴业银行不断强化"商行+投行"联动，意图通过股权直投、产业基金、投贷联动等方式，打造股债一体化的科技金融生态圈服务模式；招行在尝试通过"投商行一体化"服务理论推动公司客户服务转型，投行业务中的并购融资、撮合类业务和企业财富管理产品日均余额等俨然已经成为招行的主要投行业务品牌，2021年这三类业务同比增长分别达28.53%、40.65%、19.09%；工商银行提出"大投行"战略，深入推进传统业务与新兴业务良性互促、境内与境外有机联动、银行与非银行业务融合发展；平安银行提出要在推进零售战略转型的情况下，走"商行+投行+投资"的道路，大力发展综合金融……[1]各大银行纷纷把投行业务作为多元化经营的重要手段，开启转型下半场。

要知道，中国金融业发展起步晚不说，改革开放后，仅是房地产商品化过程中的造币运动所带来的金融效应，就足以支撑这几十年的经济高速发展。这虽然在一定程度上造就了"中国速度"，却让中国几乎没有投行的历史，只有银行。国内的投行和国外的投行并不是完全相同的概念。欧美发达国家实行的是混业经营的金融体系，在这个体系下投行以主营业务为划分，包括独立的投资银行（如高盛、摩根士丹利）和全能银行、商业银行两类（如摩根大通、瑞士银行）。由于我国国情和金融体制的特殊性，国内实行的是分业经营制。我们所谓的投行通常是指证券公司的投行部，对应的则是欧美投资银行内的投行部。此外，还有一大批业务范围较为宽泛的信托投资公司、金融投资公司、产权交易与经纪机构、资产管理公司、财务咨询公司等在从事投资银行的其他业务。如今，银行纷纷转向投行，是严峻形势下不得不和证券公司抢饭碗，还是想模仿美国走上混业道路？

回顾历史，银行与投行一直可谓"相爱相杀"。首先，金融业天然地接近混业经营。就拿美国来说，几百年前荷兰人、英国人陆续踏上北美

---

[1] 王剑, 陈俊良, 田维韦.银行如何玩转"商行+投行"[EB/OL].(2021-02-28)[2024-05-24].https://www.163.com/dy/article/G3U7IJV7051982TB.html.

洲，从那时起纽约人就自发地在华尔街上开始搞证券投资交易了。新大陆是属于冒险家的天堂，充满了坑蒙拐骗、浑水摸鱼，所以那时的金融业是实行混业经营的，因为压根没有监管的概念。

而在野蛮发展下，金融必然被投机的原罪裹挟，投行与银行勾搭不说，也开始涉足与证券交易的勾兑，以致投行成为投机的圣地，危机到来让银行与投行不得不划清界限。19世纪末20世纪初是华尔街的第一次盛宴。经济的持续增长和资本市场的持续繁荣使得华尔街成为名副其实的金矿。这一时期，金融巨头们扮演着上帝的角色，他们是最大的商业银行，吸收了大部分的居民存款，同时又是最大的投资银行家，垄断着证券承销经纪、企业融资、企业兼并收购这些利润丰厚的"传统项目"。巨额的资金催生巨大的泡沫，大大小小的金融危机（比如著名的庞氏骗局）都接二连三地在这里上演。直到1929年大萧条，资本主义的金融危机达到了前所未有的惨烈地步，于是美国政府开始干预金融行业。《格拉斯–斯蒂格尔法案》让银行和投行正式开始了分业经营。

随着金融业的日益规范，投行与银行虽各有专业领域，银行偏向于大众存贷，投行偏向于项目投资，但在不同的历史时期，双方有天然的动机与动力走向对方，"融为一体"。分业经营后，轻装上阵的美国投行在今后的几十年大展拳脚，发达的金融行业也不断推着美国往前，华尔街五大投行开始名扬天下。当投资银行开始主宰华尔街金融业时，一旁的商业银行却饱受"金融脱媒"的煎熬。与此同时，欧洲的金融自由化已经催生了大批金融巨头。美国商业银行如坐针毡，要求突破分业经营的诉求一天比一天强烈。大银行纷纷通过兼并收购转型成金融控股公司，由下设的证券机构主理投行业务。不知不觉间，形形色色的金融创新和金融机构的全球化运作已经突破了《格拉斯-斯蒂格尔法案》的藩篱。1999年，在克林顿政府的主导下，《金融服务现代化法案》通过，长达半个世纪的分业经营终于落下帷幕。新的全能银行顶着"金融控股公司"的名字再现江湖。

从美国投行"混业—分业—再混业"的历史可以看出，天下大势分久必合，合久必分。其背后固然有金融天性在作祟，但更取决于具体的历史阶段与时代背景。就前者而言，从功能定位看，投行在于投资；从金融天性看，投行偏向投机，投资和投机这两股力量拉扯着金融业走上混业或是分业的道路。从后者来看，如果说当下美国金融业反映的是合的趋势，那么中国反映的则是分的态势。从2017年的第五次金融工作会议开始，围绕着防范交叉金融风险，监管机构开始拨乱反正、正本清源。2017年中国银保监会共开出了3452张罚单，罚没金额近30亿元；到2018年出台资管新规，对于银行及非银金融机构的经营规则进行明确规定，"资金池、刚兑、层层嵌套"逐步成为历史，"资金空转"也成为打击对象；再到2021年推动银行理财业务整改转型，截至2021年底，理财业务转移率为59.28%[1]，银行打破刚性兑付、剥离理财业务已成明确方向。若要类比美国，中国对银行的"修理"有点类似美国1933年对银行的新立法，自此商业银行被证券发行承销拒之门外，投资银行不再允许吸收储户存款。

事实上，与美国投行诞生的初期类似，中国也有过"混业"的历史。中国最早的投行雏形恰恰来源于银行。1984年，专门承担中国人民银行原工商信贷和储蓄业务的中国工商银行正式成立。同年，天桥百货决定进行向自主经营转变的股份制改造工作，在当年帮其股票代理发行的就是工

---

[1] 读懂财经研究.理财业务逻辑生变，银行逐鹿财富管理战场[EB/OL].(2022-06-10)[2024-05-24].https://baijiahao.baidu.com/s?id=1735215941718277191&wfr=spider&for=pc.

行。这个股份制改造工作，除了让天桥百货成为新中国的首家股份有限公司之外，其当年发行的300万元股票也成为新中国的首只"股票"。随后，从"天桥百货""飞乐音响"到第一只向社会公开发行的股票"延中实业"，都是工行上海市信托投资公司代理发行的。[1]如果把这些股票的发行都看作IPO的话，那么成立在国内所有券商之前的工行上海市信托投资公司，可以称得上国内投行的鼻祖。

中国迎来打造新时代伟大投行的历史机遇

而今，投行再次成为焦点，概因成长于中国工业化进程的、占中国金融体系重要地位的商业银行已难以完全满足新时代实体经济的新需要。

第一，如果说抵押品信用时代推动着工业经济的车轮，那么到了信息经济、科技经济发展阶段，投资银行时代也将来临。作为资金资源广阔、资金成本低廉、系统影响力巨大的金融机构，商业银行无须通过过度信用下沉便可获得稳定的利差收入。这一模式的核心是信用扩张过程中充足的抵押品支撑。抵押品可以在一定程度上缓解商业银行信用扩张过程中的坏账风险，在总体上，将信用扩张过程的风险保持在银行可接受的范围之内。然而，抵押品的形成与工业化时代厂房、设备、不动产的壮大息息相关，而当经济发展动能由工业化产能转向服务业产能时，抵押品供应的增量便会不断减少，这在中国经济转型的大背景下显得尤为清晰。这意味着传统的、依靠抵押品支撑的商业银行式信用创造模式越来越不可持续，新兴的且依靠投资银行思维、给予未来现金流、新型商业模式和企业家才能

---

[1] 投行圈子.中国投行史[EB/OL].(2020-03-28)[2024-05-24].https://baijiahao.baidu.com/s?id=1662384886631806216&wfr=spider&for=pc.

的新型融资方式逐步登上金融业的舞台。

第二，商业银行的产品服务难以满足日益增长的财富管理需求。商业银行最重要的资金来源是居民存款，其历史背景一方面归因于中国人民的储蓄传统，另一方面与相关投资产品的匮乏有关。对比发达国家的居民资产结构可以发现，国外家庭的资产情况相对分散，这在一定程度上可以有效降低不同的宏观风险。如果将过多的资产配置在利率较低的银行存款上，那么整个资产组合很容易受到通货膨胀风险的影响。此外，居民可支配收入的提高、个性化教育、医疗、养老费用支出增加等因素也提高了居民对于多元化、多资产理财的配置需求，而这些金融服务需求从商业银行的角度看，显然还无法做到完全覆盖。

第三，"九死一生"的科技"黑洞"与商业银行规避风险的内在诉求之间存在着天然悖论，科技经济时代需要投行撬动"无限资本"。当一国经济发展到一定阶段之后，以投资银行业务为代表的直接融资将日趋活跃，它可以更加高效率、低成本地满足新兴产业和大型企业的资金需求。也就是说，一国经济发展水平越高，其直接融资相对于间接融资就越发达。投行文化是与企业共同成长的文化。[1]而商业银行的风控文化天生与企业有对立性。尤其是伴随着科技经济登上历史舞台，大量研发资金的持续性消耗成为企业的"不能承受之痛"，这远不是银行等传统金融能解决的，也不是各类风险资本能填补的，只有投行模式方能形成"科技创新—直接融资—投资管理"的良性闭环。

显然，就时代的发展需求来看，中国已经到了以大投行撬动金融、经

---

[1] 西泽研究院.中国银行业"进化论"：商业银行、影子银行与投资银行[EB/OL].(2019-04-01)[2024-05-24].https://www.jiemian.com/article/3003032.html.

济甚至是科技发展的历史阶段。然而，从现实来看，与国际大投行相比，中国投行仍是襁褓中的婴孩。从业务规模上看，中金公司数据显示，2021年，全球投行业务收入约1300亿美元，中国投行收入约110亿美元。中国最顶尖的投行在全球投行收入中的份额不足1%，常年排在20名开外，而全球领先投行的份额则接近10%。无论是从整体市场还是个体规模来看，中国投行业务的体量与中国作为世界第二大经济体的地位还很不相称。

从业务结构与主营业务的利润点来看，国内投行的50%以上的利润来自证券交易的手续费收入，即来自所谓的二级市场。而全球十大投行的50%以上利润来自承接公司上市辅导业务和并购重组、定增业务，即来自所谓的一级市场。较为单一的业务结构让国内投行长期以来难以满足市场需求，反而让国际投行占据了市场空间。此外，与在全球市场上呼风唤雨的国际大投行不同，中国投行业务还局限在国内。中国投行大部分利润主要来自国内，而国际上的大投行利润大部分都来自国际业务。国内投行排名第一的中信证券，2021年营业收入是765.2亿元人民币[1]，利润是231亿元人民币，境内业务收入占比90%，境外收入10%；而在全球排名第一的高盛2021年营收593.4亿美元，利润216.3亿美元，国际业务占比超过40%。

以上种种，既是差距，也是中国投行发展的空间。高盛曾指出，未来10年将是中国券商行业的"黄金10年"，到2026年，该行业总收入将高达

---

[1] 每日经济新闻."券商一哥"2021年净赚231亿元！人均年薪82万元，超过华为[EB/OL].(2022-03-29)[2024-06-05].https://baijiahao.baidu.com/s?id=1728617988382980772&wfr=spider&for=pc.

1200亿美元，机构经纪和资管等投行类业务带来的收入将成为主力。[1]也就是说，中国将迎来打造新时代伟大投行的历史机遇。

中国投行的跨世纪超越之路

回顾美国历史上的辉煌，金融行业特别是投行的杠杆作用居功至伟，"世界老大"在一定意义上就是被金融撬动起来的。1783年独立战争结束后，美国政府欠下了各类负债，为了改善脆弱的财政状况，财政部部长汉密尔顿提出：以美国政府的信用为担保，发行新的国债来偿还各种旧债。为了让债券的发行筹资顺利进行，大量的银行家们充当了政府和投资者之间的桥梁。债券市场的发展为新生的美国提供了强大的资金支持，经济活动以一日千里的速度在发展。在随后的几十年里，美国经济的快速增长对交通运输的需求越加显现，单独的企业没有能力承担开凿运河与修建铁路这类大型项目所需要的巨额资本，面对公众的筹资和股份公司因而走上历史舞台。投资银行家们通过承销有价证券，将投资者手里的财富集聚起来，为企业提供项目融资。金融资本大大地推动了实体经济的发展，美国以超乎想象的速度完成了工业化进程，还出现了像卡耐基钢铁公司这样的超级企业。美国随即取代了英国成为世界第一经济强国。而美国的经济实力与金融市场又反过来为投行提供源源不断的发展动力，投资银行成为金融创新的主导者和领头羊，在全世界攻城略地。从兼并收购到资产管理，从财务咨询到证券清算，从承销发行到资金借贷，从权益产品到固定收益产品，从大宗商品到衍生品……投行成为金融行业的主宰。高盛和摩根士

---
[1] 华尔街见闻.指数新高市场活跃，券商业绩回暖净利环比大增[EB/OL].(2017-10-17)[2024-06-05].https://baijiahao.baidu.com/s?id=1581464644773053193&wfr=spider&for=pc.

丹利这样的公司已经将触角伸到了世界的每个角落，他们所代表的投行精英文化也随之为世界熟悉。

投资银行的每一次变化都是时代深刻的烙印。这也意味着投行不仅是实体经济的重要风向标，还是整体经济处境的晴雨表。如今华尔街投行的困局既透露出美国经济疲软早衰的迹象，更证伪了华尔街金融的发展模式。

在市场正常波动时，投行两面通吃，如今不确定性成为常态，市场规律瞬间的反转打破了投行的发展逻辑。路透社指出，2022年以来，在美国证监会的"监管大棒"下，华尔街大行纷纷撤离曾经炙手可热的SPAC借壳上市业务。有数据显示，美国三大交易所统计的2022年上半年美股市场IPO募集事件共122起，同比减少78.63%，募集资金总计165亿美元，同比减少91.45%。[1]美股连连下跌、SPAC热潮退却，以往"生金蛋的鹅"成了"烫手山芋"，投行"皮之不存，毛将焉附"？

更为重要的是，作为实体经济的风向标、撬动企业发展的杠杆，如今的投行走向其反面，陷入脱离实体、自我循环的旋涡。20世纪美国经济一直依赖实体经济和虚拟经济这两个轮子的有机结合发展，从早期的铁路、钢铁到后期的汽车和制造业，实体经济不断更新换代，虚拟经济亦步亦趋，发挥了资源配置的核心功能。然而，20世纪末至21世纪初，随着高科技泡沫的破灭，美国经济基本上是由金融市场独领风骚。在投行、商业银行等金融机构的推动下，衍生产品的超常发展在很大程度上已经脱离了实

---

[1] 经济日报."上半年IPO筹资额仍远低于近5年平均水平——美国融资环境现恶化苗头[EB/OL].(2022-08-11)[2024-06-05].https://baijiahao.baidu.com/s?id=1740816013484247054&wfr=spider&for=pc.

体经济发展的需求，其始作俑者投资银行最终将被拖下泥淖。流动性危机的传播是沿着金融市场的链条全方位扩散，"击鼓传花"的游戏并不只是最后一个人倒霉，所有"传花"的人都跟着倒霉。又加之《格拉斯-斯蒂格尔法案》的确立与废除（1933年立法—1999年废除—2008年次贷危机）基本上反映了美国金融监管的哲学，即以所谓的"政治正确"头痛医头、脚痛医脚，反而对金融的整体性风险视而不见。无论是"巴塞尔协议Ⅰ"还是"巴塞尔协议Ⅱ"，所有的监管体系都过度关注于对单个机构的审慎性监管，却丧失了对全局风险的判断和预警。次贷危机已经证明，金融市场出现大规模系统性风险时，对单个机构的监管是难以奏效的。

华尔街的震荡起伏，对于大洋彼岸的中国并非一场遥远的戏剧。事实上，中国金融在发展初期一直在亦步亦趋地效仿美国模式。如今华尔街投行的困局也恰恰说明，中国金融的未来要立足自身，走出一条超越华尔街、超越衍生品的跨世纪超越之路。

就时代的发展需求来看，中国已经到了以大投行撬动金融、经济，甚至是科技发展的历史阶段。中国的投资银行业正面临着有史以来最大的市场需求，随着中国经济体制改革的迅速发展和不断深化，社会经济生活中对投融资的需求会日益旺盛，国有大中型企业在转换经营机制和民营企业谋求未来发展等方面也将越来越依靠资本市场的作用，这些都将为中国投资银行业的长远发展奠定坚实的基础。

然而，中国虽市场规模大，但仍是一个初级的市场、粗糙的市场，贸然追求规模至上，只会重蹈华尔街覆辙。如果没有有效的干预和规范，国内的券商在不久的将来就会面对华尔街投行二三十年前面对的类似压力：银行、保险公司以及外资金融机构渐渐侵蚀券商的传统业务，其结果必将是银行和券商同时向中间业务发展；商业银行也会涉足PE、承销、经纪业务等；券商则将不断扩大规模和业务范围，发展创新产品，比如现金管理账户等。接下来，如果没有相应的制度创新，华尔街过去发生的悲喜剧就有可能在中国重演。

由此来看，中国金融业既不能凭规模吃饭，也不能重走华尔街的道路。首先，中国金融业界面必须清晰。中国实体经济的新旧动能转换，映射到金融动能层面，是商业银行与投资银行作为金融主导产能的转换。然而，在从商业银行向投资银行的进化过程中，出现了一个假的或者半真半假的或者变异的中间物种——影子银行。它似乎一半是商行，一半是投行；一半是魔鬼，一半是天使。在中国，商业银行的信贷资源无法通过正常的信贷途径惠及广大抵押品缺乏的中小企业，于是，通过银信合作、银证合作等形式开启的影子银行模式起到了联通金融资源与实体经济的桥梁、纽带作用。影子银行的逢山开路、遇水搭桥在一定程度上缓解了中小企业的融资难问题，但这一过程只是游离在监管边缘的缓兵之计，无法从根本上解决中小企业的融资问题，而且这一模式还极易引发资金空转问题，从而令金融服务实体经济，特别是服务小微企业的能力大打折扣。影子银行的教训已经表明，中国金融业仍要坚守大业务范围内的牌照管理，如银行、证券、保险、信托等。而商业银行与投行亦是各有所长，商业银行负责守正、维稳，投资银行负责出奇、精进。

其次，中国投行更多地将以科技服务为抓手，实现实体科技和虚拟资本的有机结合发展。如果说银行是社会储蓄库兼平衡器，那么投行更多像经济发展中的杠杆，它可以更加高效率、低成本地满足新兴产业和科技企业的资金需求。"九死一生"的科研活动和科技创新需要的是资本杠杆，只有投行能与之相匹配、相吻合，既能够以专业化能力，降低金融在社会资源配置中的中介成本，又可以参与更多的直接投资和项目整合，实现从简单的资金驱动转向资本驱动转变，还能提供全生命周期服务，支持代表中国经济未来的新科技、新产业实现长足发展，最终形成金融与实体相辅相成的格局。

最后，对于中国来说，当简单的"分"或"混"已不能解决当代复杂的问题和挑战，未来的监管也将是从机构监管向功能监管过渡。历史上投行分业与混业的螺旋式发展，正说明了这一点。雷曼兄弟在20世纪80年代被美国运通收购，后者成为混业集团，后来又被剥离恢复成独立投行，随后发展成为全能型投行；旅行者与花旗银行先是合并成花旗集团，又把保险业务分离，后来又把经纪业务与摩根士丹利合资。历史不是简单的钟摆，分分合合并不是依据分业、混业的概念来操作的，而是遵从于市场化选择的规律。这也意味着未来的监管主题将是从机构监管向功能监管过渡。监管对象叫"投资银行"还是"商业银行"并不是重点，关键是看业务的性质来决定其适用何种监管理念。对于综合性银行可在多业务板块中平衡，但需限定其间接融资，投行则更多规范其直接融资。

中国弯道超车必须是跨越式的，如同中国航母跨越了蒸汽弹射直接来到电磁弹射，芯片跨过依赖光刻机的硅基芯片直接来到碳基芯片，在金融上也要直接跨过分业、混业的历史阶段，直接来到直接融资的"投行+基金"时代。显然，中国正处于创造"契合科技经济大势、真正为未来而思考的全新金融体系"的历史性时刻。

以"复式金融"穿透金融原罪

从第一性原则透视，尽管现代金融业枝繁叶茂，其衍生工具和活动方式令人眼花缭乱，然而"资金融通"这一最基本的功能和含义依然未变。事实上，2017年第五次全国金融工作会议已经实现了对金融工作的转轨纠偏，结束了"自由市场原教旨主义"主导中国金融改革的路线。此后，以政府引导基金为代表的国资类LP（Limited Partner，有限合伙人）的强势崛起；产业背景的CVC横空出世；银行则通过设立理财子公司进行风险隔离，探寻区别于华尔街混业模式的分业之路……这些皆预示着中国式资本投资体系小荷已露尖尖角。

时代已对中国大投行提出了横空出世的现实要求，而这种要求既不能完全由市场主体承担（如产业自发基金），也不能完全由政府力量主导（如国有大基金），更不能以银行体系的小修小补兑现（如理财子公司的体制剥离）。不过，若另起炉灶一个现代化投行体系，相对应的管理成本、经营成本都较大，甚至出现低级性、体制性问题，集成电路产业投资基金反腐风暴即为前车之鉴。就此意义而言，重塑中国式现代化投行体系的关键是"化腐朽为神奇，采天地之灵气，汲万物之精华"：

第一，改造原有银行体系，以理财子公司为框架，通过其功能再造组建中国式投行系统。目前已有理财子公司通过发行FOF、公募REITs（不动产投资信托基金）产品参与权益市场，截至2022年11月已发行185只名称中带有FOF字样的产品。在此基础上，引导工农中建交等大型商业银行的理财子公司逐步"渗入"一级市场，系统地实现投行化转型。这既能相对接近新投行业务，又能利用原银行系统的金融能力与监管体系，以最小代价完成最大效益。

第二，规范民间资本的投资渴望，吸纳与疏导民众对投资理财的巨大能量。以盈利机制设计引导民间理财、民营投资资本流入投行；凭借各类社会资本聚沙成塔、集腋成裘，为实体经济、科创活动更好地提供资本服务。在此过程中构建一个正向反馈机制——投行提供的存款利息可以低于商业银行，投民可自选或认可投行选定的项目，项目一旦成功，则可参与远超传统理财回报率的项目分红。对于投行体系而言，其盈利来源绝非传统银行存贷经营模式的利润累加，而是来自产业创新与资本对接下的利润倍增。

第三，通过抗风险机制创新实现资本规模尽可能大、风险尽可能小。中国式投行体系的构建在功能上相当于一个另类的证券系统，包含财务顾问、直接投资、资产管理、研究、经纪等各种业务。而在组织上相当于构建一个复式的银行系统，需要以抗风险机制最大限度压缩金融风险、保持稳定运营。在当下银行理财子公司的运营中，投资亏损往往由购买者完全承担，而超额利润的大部分则归理财子公司所有。2022年末银行理财产品的年度破净率达到21.23%；同期14家理财公司合计共赚利润261.66亿元[1]，大部分理财子公司的净利润实现了两位数增长。而在中国式投行体系搭建中，上述极端的投资亏损与超额分红将由抗风险机制调配，项目风险与收益由投民与投行共担。对于投行而言，低于商业银行的存款利息差额以及部分项目分红比例构成抗风险调配资金，用于项目失败时账面亏损的

---

[1] 北京商报.14家理财公司合赚超260亿，部分机构产品规模却现"收缩"是何缘由？[EB/OL].(2023-04-02)[2024-05-24].https://baijiahao.baidu.com/s?id=1762067422943502459&wfr=spider&for=pc.

平账。

论及铸币、纸币、汇票、纸质证券等金融创新，中国曾在很长一段历史中引领世界。直至16世纪中叶，东西方的金融走到了一个岔路口：中国仍维持着固有的"士农工商"社会结构，而同期荷兰已逐步开创现代金融体系。当历史沿着相同韵脚开启一个新的岔路口，路径分岔的焦点对准投行体系时，金融江湖又将掀起一轮疾风骤雨。

产业引导基金的复式化突围

从银行到基金的"和平演变"

2023年10月30日至31日，中央金融工作会议在对未来金融工作做出全面部署时强调："做好金融工作要以深化金融供给侧结构性改革为主线。"从某种意义上来说，供给侧结构性改革是中国金融改革深化之符号，意味着中国的金融政策显然正从货币投放等面子上的调总量转向金融改革等根子上的调结构。进一步而言，中国金融将开启三大方向性大调整：

一是金融回归经济。2022年4月以来，中国M2扩张加快，到2023年6月增速才逐步放缓[1]，但2023年12月前依然保持在两位数以上增长。但这些年如此大的货币投放量，并未完全疏解到实体经济，反而滞留于金融的自说自唱中。根据央行官网发布的2023年金融统计数据报告，截至2023年12月末，广义货币供应量余额292.27万亿元，同比增长9.7%。狭义货币供

---

[1] 兴证资管.飙升的M2为何没有引起资产价格上涨[EB/OL].(2024-05-06)[2024-05-24]. https://baijiahao.baidu.com/s?id=1798288823027117739&wfr=spider&for=pc.

应量（M1）余额68.05万亿元，同比增长1.3%。流通中货币（M0）余额11.34万亿元，同比增长8.3%。全年净投放现金8815亿元。但奇怪的是，放水的货币没有在金融市场推高资产价格。譬如在房价方面，根据克而瑞研究中心发布的《2023年中国房地产总结与展望》，从国家统计局公布的70个大中城市房价变动情况来看，2022年开始新建商品住宅和二手住宅销售价格同比和环比均进入下降通道，2023年1—5月价格有所反弹，但6月以来又重回下行区间，11月依然同环比齐跌。放水的货币也没有抬高股市。在2024年年初的A股市场中，上证指数出现震荡，最低下探到2635.09点。此外，放水的货币也没有进入实体经济推升通胀水平。国家统计局发布的数据显示，2023年全年，CPI比2022年仅仅上涨0.2%，而全年工业品出厂价格指数（PPI）比2022年下降3.0%。一定程度上，货币在金融内部空转，以致金融业虹吸各行各业，为避免重蹈美国产业空心化覆辙，金融自然需"脱虚向实"。

二是快钱回归慢钱。制度红利时代，遍地都是黄金，随便捡个麦穗就能捞一把，快钱遍地横生。但如今伴随制度红利的消退，加之金融被套上了"紧箍咒"，快钱自然只能变慢。因为不管是行业来到无人区还是科创的星星之火，创新驱动都需"慢工出细活"，与其受困于金融空转，不如砸到科创上，尚能在货币沉没中砸出一个未来产业。这无疑是对当下金融的急功近利进行降温和纠偏。

三是资本回归杠杆本质。众所周知，逐利是资本的天性，一旦利润超过100%，资本甚至不惜铤而走险，市场经济就是在资本逐利中优化资源配置的。从共享单车到互联网医疗，培育新兴市场变成了烧钱游戏。殊不知烧钱只是手段，而非目的，一旦将手段异化成目的自然徒留一地鸡毛。说到底，资本如水，无孔不入，以逐利撬动资源配置，其本质恰恰是杠杆。因此，国内只有把资本作为杠杆，才能真正兑现金融为实体服务，更好地优化资源配置。

以上的三大回归直接点明了未来金融供给侧改革的实质性方向。落实到中国金融"调结构"，就不止于金融从虚拟走向实体，即抑制金融原罪，为实体经济服务，还在于从间接金融到直接金融，从债务主导的银行体系转向股权为主的资本市场，更在于从银行到基金的"和平演变"。

以银行业为主的间接融资始终在我国社会融资中占主导地位。央行发布2023年金融数据显示，截至2023年年底，社融口径人民币贷款余额为235.48万亿元，占社融总体的62.3%，银行贷款是企业和居民获得资金支持最主要的方式。相比之下，直接融资（企业债券+政府债券+非金融企业境内股票）合计仅占社融总量的29.7%，其中企业债券余额为31.11万亿元，仅占社融总体的8.2%；政府债券余额为69.79万亿元，仅占社融总体的8.2%；非金融企业境内股票余额为11.43万亿元，占社融总体的3.0%。这恰恰反映多层次资本市场建设空间巨大，却也意味着短期有很大的局限性。因此，金融脱媒是方向，提高直接融资比例未来仍要靠资本化、基金化突围。

产业引导基金的异化与回归

随着金融资本市场的日臻成熟，围绕产业发展、新兴项目培育等方面的政府产业引导基金如雨后春笋般涌现。政府产业引导基金由政府出资和背书，通过发挥财政资金的杠杆放大效应，吸引民间资本参与创业投资，从而推动创业投资产业和本地经济发展。

近年来，产业引导基金在规模和增量上屡创新高。截至2023年，我国累计设立政府引导基金2086只，目标规模约12.19万亿元人民币，已认缴规模约7.13万亿元人民币。其中，2023年新设立的政府引导基金有107只。[1]2022年的《政府工作报告》中也指出，要发挥重大项目牵引和政府投资撬动的作用，充分调动民间投资积极性。产业引导基金无疑为我国中小重点企业的发展壮大开辟了融资新途径，有着"四两拨千斤"的神力。

但是，遍地开花的产业引导基金并非百试不爽的"万能钥匙"。2022年1月，广州某企业与中介串通，弄虚作假，伪造材料冒充国家高新技术认定企业，骗取款项80余万元。贤丰控股等四大上市公司对产业投资基金"猛踩刹车"，[2]还有数不胜数的产业基金募资失败"胎死腹中"……一系列失败案例的背后，"异化"的问题日渐暴露，产业引导基金在爆发式的增长中走到了发展的岔路口。

产业引导基金本应发挥经济助推器、产业助燃剂的作用，之所以异化成"烫手山芋"，表面看是模式僵化、权责不明和规模分化所致。

第一，照搬一套模式，导致与当地产业基础与发展方向不适配。目前各地产业基金主要借鉴了江浙、深圳等发达地区的基金模式。"橘生淮南为橘，生于淮北则为枳"，同样的模式在不同城市发展阶段和产业土壤下产生的效果完全不同。深圳和江浙地区得益于优良的创新创业环境与完备的产业链集群，一直都是资本的聚集地，又有了产业引导基金的支持，因而能与产业集群起到协同和放大的作用。然而，除了一线城市和发达地

---

[1] 读懂创投.超3000亿！解码新设政府引导基金[EB/OL].(2024-03-06)[2024-05-24].https://www.sohu.com/a/762292438_121124374.
[2] 金色光投资有道.四上市公司对产业投资基金"踩刹车"，背后原因几何？[EB/OL].(2020-01-20)[2024-05-24].https://caifuhao.eastmoney.com/news/20200120174421435536270.

区，国内大多数地区人才匮乏、产业基础薄弱，而且头部投资机构也未必理解本地产业环境和经济逻辑，缺乏底层经济的支持，企图通过"放大"的财政资金拉动产业只能是"空中楼阁"。

第二，权责边界模糊，引发基金出资人和管理人"谁引导谁"的问题。在实际操作中，产业引导基金由于组织设置及权责结构尚不成熟，常常面临基金出资人和管理人多头交叉管理的境遇。产业基金同公司一样都存在委托代理关系，需要解决所有权与经营权的制衡问题。政府出资是产业投资基金的基础保障。政府产业引导基金除了直投以外，更多是对接市场化子基金。经过多重委托后政府实际难以掌握每个投资企业的经营情况，也无法确保子基金管理团队和被投企业之间是否有共谋、串联交易，因此极易产生逆向选择的风险。同时，这种管理权责边界的模糊也降低了产业基金在实际中的管理效率。

第三，规模分化加剧，头部机构不缺资金和项目，中小基金则因为募资难、退出难等原因而举步维艰。政府产业引导基金在设立阶段可以发挥平台和头部的优势，而市场化民营母基金则因为募资困难而陷入无米下炊的困境。随着金融去杠杆、资产管理新规、地方政府债务管理等政策的实施，金融机构、非金融企业、有限合伙人等资金募集难度较大，尤其是金融频频"爆雷"之下监管趋严，表外业务呈现明显的回归趋势，引导基金需要的社会融资门槛就更高了。从退出的机制看，不仅公司上市的周期长、审批流程烦琐，而且退出方式十分受限。

但实际上，产业引导基金异化源于政企"貌合神离"和难以摆脱的"金融原罪"。

一方面，国有资本保值增值的天然需求与基金追求市场化运作之间本就存在实际利益的不一致性。基金资金的去向是一大难题。小品台词说得好:"我不在乎我是怎么来的,我只在乎我是怎么没的。"钱花不出去棘手,钱花出去要不回来更棘手。对于政府引导基金而言,比起盈利能力,更看中项目的安全性。不管政府财政投入多少,羊毛出在羊身上,政府需要面对审计和纪委等部门的强力监管和严格督查。而基金管理人需要更好的投资收益和业绩表现,才能拿到超额收益的提成。由此就引出了一个矛盾体,即政府引导基金存在着国有资产增值保值和政策性目标实现之间的冲突,其背后反映的是母基金出资方和子基金管理人之间的实际利益冲突,以及基金盈利性和安全性不可兼得。

另一方面,在多方的利益纠葛下,产业引导基金同样难以摆脱"金融原罪"。逐利是资本的属性。产业引导基金作为一种特殊的私募基金,它具有明确的政策导向,与市场化私募基金有所区别,获得盈利不是政府引导基金的唯一目的。然而,基金属于金融产品,从金融的角度出发首先要获得盈利,特别是现在随着金融机构资金的进入、民营机构资本的壮大,本土产业基金投资者结构的改变对产业基金逐利性质的要求越来越迫切。为了追求更高的利润,产业基金目前在投资方向上也出现了"风投化""衍生化"的趋势,有的甚至并未流入实体产业,而是停留在金融领域里"自转"。例如,产业引导基金的设立是为了扶持重点优质企业,然而一些动机不纯的企业钻了政策的空子,打着项目的幌子拿到资金后却没有投资项目、扩大生产,而是肆无忌惮地拿来买理财"自己玩"。

产业引导基金的运行已偏离了预设的轨道,但我们不能因噎废食,让异化的产业引导基金重新带领新兴产业发展才是当务之急。任何制度下的政府都离不开经济发展的问题。要让产业引导基金回归,"政府+企业+市

场"的复式化合作是目前市场经济背景下拓宽资金来源渠道、支持多元主体参与建设、发挥政府资金对投资引导带动作用的"抓手":

一方面,围绕经济发展,政府作为经济主体的一方,扮演的是宏观调控的角色,更多的还是放手让市场、让企业去自行运作。随着投资决策机制的改进,政府的运营模式进一步优化,演变为目前的只是作为投委会成员之一,甚至有的地区政府部门只是充当观察员,不直接影响子基金的投资决策,只审核政策导向。这样的做法有效提高了决策效率,基金管理的灵活度也极大改善。而且,目前对容忍度也出台了细则,同时弱化纸面返投要求,给予基金运营者更多决策权和运作空间,更有利于管理人做出独立、专业化的判断,更好地做投资的选择和把控。

另一方面,在"脱实向虚"与"市场失灵"之下,政府将适时地伸出"看不见的手"。对被投企业的跟踪,特别是对投资比例较大或对当地带动效应明显的企业的跟踪是投后管理的关键。对项目的投后管理与子基金的投后管理相同,主要关注企业战略制定和执行、企业运营监控、退出路径规划等关键点。对企业的投后管理,一方面需要为企业赋能,帮助企业更好发展;另一方面需要监控风险事件,如经营不善、团队流失等重大风险,基于对企业当期财报的分析和管理层走访,提出切实可行的解决方案。

同时,借鉴西方市场的经验,推动S基金(Secondary Fund,亦称"二手份额基金")交易市场的建设,增强产业引导基金市场的活力。参照国外市场的数据,2022年S基金在海外私募基金市场的渗透率在7%—

10%，而我国的市场渗透率大概只有0.3%。[1]S基金市场的完善，一来增强产业引导基金流动性，攻克退出难的瓶颈。由于锁定期经常长达10年甚至以上，出资人中途想退出的话，可以把份额让渡给S基金。比如民生信托将持有的云锋创投基金的份额转让给洋河股份。二来有些投资项目的周期可能超过基金年限，就可以转入由S基金募集成立的一家"存续基金"中。完善的退出机制可以给更多创业者更多的创新创业时间。类似红杉资本提倡的"创业者身后的创业者"，产业引导基金应该为创业者做雪中送炭的事情，而非锦上添花。

说到底，产业引导基金要回归金融服务实体的初心，实现政府引导基金和股权机构"殊途同归"和产业与资本的"双向奔赴"。从国内外的历史经验看，华尔街金融的过度创新已让美国在金融危机中尝尽泡沫的苦楚，过去我国政府主导的政府债券、财政补贴虽然立竿见影，却治标不治本，无法实现资本与产业长期的良性互动。产业投资基金的出现，以一种"新赛道"的方式推进中国金融资本和产业发展的双向突围。当下，地方政府正在寻找新的经济发展模式，面临巨大的转型升级压力，更青睐依靠产业直接吸引更多的人口。

从更宏观的层面上看，中国经济发展正迎来新旧动能转换的关键时期，政府与企业未来将共同铺开产业基金之网，进而带动资本合理流动与投资生态圈的完善，由此可以补足我国科技产业发展的资金短板，带动一批"专精特新"企业的发展和壮大。从长远来看，能在逆全球化的大趋势下，更好地实现政府、市场、产业、资本之间的耦合与集成，加速我国国

---

[1] 投中网.今年，创投圈盯上S基金的人，变多了[EB/OL].(2022-05-29)[2024-05-24].
https://baijiahao.baidu.com/s?id=1734125994386289895&wfr=spider&for=pc.

内产业链的升级，打造产业国际竞争力。

政府引导基金"合纵连横"

在创投领域，以2017资管新规出台为分界点，虽然募资难持续，但资金来源悄然分化：一边是金融机构等市场LP纷纷收紧资金"过冬"，市场化引导基金日渐式微；一边是国资渗透率日益提升，根据投中研究院的数据统计，2013—2022年期间，政府引导基金的数量复合年均增长率为24.5%，规模年复合增长率为44.34%。发展至今，政府引导基金已成为中国创投领域最大的LP群体。大额人民币基金均由国资背景的管理人发起设立；100亿元以上的基金，94%是国资背景；50亿—100亿元的基金也有近60%是国资背景，而30亿—50亿元级别的基金当中72%是国资背景；只有规模小于1亿元的基金中，国资占比较低一些。而且，从东南部到中西部，从国家级、省市级到区县级，基金设立持续下沉。2022年我国未设立新的国家级政府引导基金，省级、地市级和区县级政府引导基金数量占比分别为15.0%、38.3%和46.7%，已认缴规模占比分别为33.5%、46.1%和20.4%；此外，2022年约51.8%的区县级政府引导基金由中西部地区新增设立。[1]

不可否认，在市场资金供给相对缺乏的环境下，政府引导基金天然处于生态链条优势地位，爆红成必然。只不过，在政府投资工具和股权投资市场出资人的双重身份之下，政府引导基金既要完成自身引导目标，又要增强自身对GP（General Partner，普通合伙人）的吸引力，最终或主动或

---

[1] 投资界.政府引导基金最新报告[EB/OL].(2023-02-16)[2024-05-24].https://maimai.cn/article/detail?fid=1773512898&efid=Sw26eYhMnNpOSiaE5zktNQ.

被迫地进入内卷状态。一边是政府引导基金的"招引内卷"。各地竞相成立政府引导基金，进入比体量阶段，百亿级、千亿级引导基金扎堆涌现，在加速产业落地间进行"厮杀"。一边是对优质GP的"募投内卷"，到处是"争夺头部PE/VC""抢投资人"的声音，不仅拥有产业背景的CVC机构越来越抢手，还有动辄两三千万元的落地奖励政策火遍整个创投圈。

然而，反过来看，内卷实则也是一场变革，倒逼政府引导基金从市场痛点下手。一是功能定位上，从服务创新创业发展向促进"创新创业+产业转型"并重转变，并从单一引导基金向引导基金群过渡，投资阶段和方向覆盖更广泛和全面，为弥补市场失灵提供更好的思路。二是为直接推动产业落地或实现更高经济效益，引导基金从直接投资简单模式转向以"设立子基金+直投"模式为主，平衡收益。清科研究中心数据显示，2022年底新设立的地方政府引导基金中，75.7%采取"母基金+直投"模式，17.6%采取"单一母基金"模式，6.8%采取"直投"模式。三是反投比例降低，出资比例增加。为吸引GP快速落地，引导基金不仅取消子基金注册地等限制，还把返投要求从以往的2左右降到1（如西安等地）甚至1以下（如深圳等地），且出资比例也开始从20%到30%，再到40%甚至50%以上。

由此，从爆红到内卷，政府引导基金已经成为中国创投领域最活跃的出资力量，从争相前往成都到飞广州打卡，市场里明星投资机构都在拥抱国资，帮助地方政府带动创投经济，中国特色的创投生态已在建立中。然而，面对市场化变革，政府引导基金仍停留在过去的惯性思维中。

一方面，政府引导基金本质是私募，其运作的一个基本原则就是市场化，但现实是政府主导了投资而不是引导投资。一是基金管理人多数由政府部门直接指定或委派，或是来自财政部门人员兼职，或是来自地方国企的创投公司，仅少数委托给市场化专业母基金机构管理；二是引导基金的投资决策主要由基金决策委员会负责，引导基金管理机构自主决策权有限，再加上激励措施有限等影响，客观上导致其监管不积极。

另一方面，各地政府引导基金的"各自为政"是其无法形成全国统一大市场的最主要因素。政府引导基金被认为是利用"有形之手"发挥政府引导和放大作用，弥补投融资"市场失灵"。问题是，在抢占产业制高点的背景下，地方政府企图打造的产业难以聚集，特别是面对特大项目和特色产业，根本无法实现单点突破和自我循环，而变成撒胡椒面式的引导基金使用，反而浪费大量政府资金。

更关键的是，从更宏观的层面上看，中国经济发展正迎来新旧动能转换的关键时期，即从基建、房地产投资这种传统动能的驱动转为科技创新发展的驱动，而科技创新发展必须通过资本市场融资来实现整个资产端的长期发展。这也就注定了政府引导基金既要规模足够大，方能容纳90%的失败率，又要期限足够长，方能对"高风险、高收益和超长期"的基础科研"兜底"，更要全国一盘棋发力，打造基于"基础研究+技术攻关+成果产业化+科技金融+人才支撑"全过程的科技创新生态。然而现实中，旨在对市场有所引导的政府基金投资，不仅没能影响和扭转整个国内私募投资市场"弃小、弃早、弃科技"的趋势（数据显示，2021年上半年我国新设立的政府引导基金还是多以产业投资类型为主，是面向投早、投小的创投引导基金数量和规模的10倍多），还缺乏足够的耐心，考核评价标准和长期目标错位。按照现行的2015年财政部《政府投资基金暂行管理办法》要求，各级财政部门应建立政府投资基金绩效评价制度，按年度对基金政策目标实现程度、投资运营情况等开展评价。

未来，在把国家战略、引导基金和市场化资金三方诉求有机融合的使命下，政府引导基金将回归"既要市场化，又要功能性"的本源，以复式化突围：

第一，将跳出传统基金的固定存续期限，让市场起决定性作用，把政府引导基金转型为"常青引导基金"。所谓常青基金，是指基金没有固定期限，更没有固定的投资期和退出期。届时，政府LP为基金作长期背书，市场GP主导且出资比例高，并以基金分红的形式获得回报。通过此共同利益设置，激励合伙团队自主性，并使基金的循环出资得以复利应收，从而增强中国长期投资的力量，助力产业跨越周期，推动地方经济发展。

第二，政府将重在"搭台子"。一是将从等待上门的甲方思维，转向主动出击的乙方思维，如一部分经济发达地区开始走出去，主动寻找优质项目或符合地方招引诉求的GP。二是为实现引导基金的市场化管理，政府既将建立适合长期目标的考核体系，又将构建涵盖项目来源、投后赋能资源、激励机制等投资生态，给予社会资金很强的信心和信任背书，吸引社会资本投资。

最终将在政府和市场的复式化作用下实现"合纵连横"。既将深度分析当地的优势产业链，又在与各地特色相融合中形成生态合力。翘楚如长三角一期基金，投资点线面相结合，产业集群全覆盖。截至2023年初，长三角基金在第三代半导体、基因测序、创新医药、信息安全可信等近10个前沿领域，推动了超过100个的掌握关键核心技术的"专精特新"企业在长三角生根结果[1]。总之，面对政府引导基金变革，那些率先复式化突围，

---

[1] 上观新闻.聚焦产业链和竞争力两大关键词,这只产业基金寻路长三角[EB/OL].(2023-02-20)[2024-05-24].https://export.shobserver.com/baijiahao/html/584336.html.

以市场为主导，拥有较强产业背景或产业储备、协调落地能力者将更占先机。

科技经济时代的产业基金

近年来，部分地方产业基金在经历市场博弈之后，已逐步意识到市场化运作的关键，并通过降低返投比例、建立容错机制、允许多种形式返投等方式寻求政府LP与市场GP的双赢。但市场与政府的悖论难以彻底化解，更为关键的是，一个时代有一个时代的产物，当下的产业基金模式滞后于科技经济时代的产业发展需要，亟待进行创新迭代。

一方面，与市场经济相比，科技经济时代的国家竞争大于互补，单靠市场之力难以维系。科技产业从自由市场竞争逐渐转为国家科技战备，注定表现为以国家为单位的综合性战略竞争，政府权重阶段性抬升是大势所趋。

另一方面，科技经济时代，创新过程充满了高度不确定性，不仅形成了无限资本的需要，还让科技与产业进入混沌的"无人区"，单靠政府难以精准识别前沿科技的发展趋势。经济学认为，市场比政府在资源配置和技术创新方面更具效率优势。当年，苏联政府认为晶体管无法抵御核战中强大的电磁脉冲，选择了受干扰较轻的电子管，让苏联错失了晶体管赛道。如今，科技经济下各个产业都面临不同的技术路线分叉，让身在一线的企业、机构去探索不同路线的可行性比政府更有效。

要真正激发新资本的活力，就要推动新资本的创新变革，才能引导新兴产业发展、撬动社会资本投入。创新变革的抓手和方式主要体现在：

第一，抓模式：打造多元化的新资本运作形式，服务国家战略，扩大有效投资。传统金融主要投资于制造产业，现金流稳定且回本相对较快，能够实现贷款本息的按时收回，而新资本往往青睐于科技产业，形成了产业引导基金、REITs、精品投行等创新的资本运作模式。上海科创基金锚定新一代信息技术、生物医药、先进制造、环保新能源四大行业方向，积极布局"双头部"策略，将母基金平台建设成为精准捕捉优秀科创企业的"高灵敏探针"，重点支持符合国家战略，具有技术领先性和独创性。而REITs有利于盘活存量资产，通过增加基础设施价格的"锚"，从而连通资本市场与基础设施市场，激发基建要素积极性。

第二，抓组织：推动资本组织模式在实践中的融合与创新，"以点带面"撬动社会资本，形成"支点+杠杆+组织"的协同联动。随着我国金融市场的日渐壮大和成熟，原先学习照搬华尔街的模式非但不能为日新月异的资本市场带来活力，反而造成流动性缺失、多方资本割裂、监管不严等问题。国内要超越华尔街金融模式要从内部开始组织变革，例如园区的自组织形式以点带面，通过"金融资本化、资本基金化、基金平台化、平台股权化"落地园区；投资方式既有直接参与，也有撬动社会各方资本的间接投资模式，吸引社会资金入股，彼此形成真正的利益共享、风险共担。同时，央企转为国有投资公司也是以面向未来型产业投资为主。以行业内央企巨头为支点，"以点带面"，撬动社会资本的投入。

第三，抓实体：加速新资本与科技事业并轨的进程，盘活存量资金与产业相嵌。自金融诞生以来，以钱生钱是金融的本性，即使穿上金融创新的"小马甲"，也难以掩盖其"过度炒作"的本质。我国传统的金融市场从"炒短线""赚利差"向长期价值投资的转型还有很长的路要走。而北交所能为众多有实力的科创企业做大资金的"蓄水池"。作为"专精特新"中小企业的集聚地，北交所公布的数据显示，2023年248家企业的研发支出共计87亿元，同比增长6.37%，实现连续3年增长。进一步来看，超七成公司研发投入同比增长。

概言之，符合科技经济的产业基金将通过机制创新让市场与政府各司其职、各安其位、各尽其责、各得其所，具体由矩阵式基金兑现：政府扮演引导者、组织者的角色，做好战略引导；由企业、社会资本唱主角，充分发挥"春江水暖鸭先知"的第一性原理决策，实现在市场化运营中"风险共担、利益共享"。

横向覆盖多个科技产业赛道，即面对国家重大需求的战略领域进行产业布局，由企业选择具体细分领域，过程中形成战略定力，"投小""投早""投科技""投长期"。

纵向匹配多个层级的资本，矩阵式基金要实现从传统机构资金到产业资本的全覆盖，并通过一套筛选机制理顺多个层次，各个层次中资本资质不同，参与项目也形成差异。如果说传统的政府LP与市场GP之间的委托代理相当于政府仅转移投资经营权，无法转移投资风险，那么矩阵式基金则通过多个赛道分散投资风险，通过多个层次资本的市场化运营不断撬动大项目将风险最小化。

随着矩阵式基金的发展，成为很多相关企业共同的股东，完全可以用投资作为纽带，推动产业资源整合。一如阿斯麦向其下游客户台积电开放了股权，结成利益共同体；围绕产业链上下游，乃至横跨产业链形成"利益捆绑"，将释放产业深度整合、产业结构优化的无限空间。

中国金融再造靠组织

金融组织的本质：大市场与大政府勾兑的二次创新

中国金融的特点是经典与非典共存，传统与创新金融杂交。中国不是纯粹的市场经济，而是由在计划经济的半道上转向而来，以致政府计划烙印犹在，就别扭地在市场经济上狂奔。当下金融资源配置的断层根本在于政府与市场"二人转"的错位，未来要解决这一问题，离不开政府和市场两股力量的相互协调和叠加。在此过程中，可以组织为抓手，即金融领域大政府、大市场的勾兑由组织的二次创新来落地。毕竟"身处正在实现现代化之中的当今世界，谁能抓住组织政治，谁就能掌握未来"，而我国又历来擅长通过组织建设落实行政意识、凝聚各方力量。因此，以组织再造重构市场与政府界面、弥合金融分裂、适应新金融环境自是题中之意。

金融将融化在组织中，"你中有我，我中有你"，金融以组织为载体相互疏通，组织以金融为支点再造功能。由此，中国金融转型方向也可拨开云雾见月明。对于老百姓而言，金融服务消融在生活、生产方方面面。组织再造撬动金融"脱虚向实"，并巧借互联网、征信技术等新兴技术，不仅"飞入寻常百姓家"，无缝嵌入到各场景，还区别化服务全阶层，形成立体化普惠金融体系，甚至实现席勒提出的对"金融体系进行扩大化、民主化和人性化改造"，进而维系金融与社会之间的良性循环。事实上，小荷已露尖尖角，自从2018年浦发银行推出无界开放银行（API Bank），中国工商银行、中国建设银行、招商银行等都相继响应，旨在实现"银行即服务"。对于地方政府而言，发展金融"无形胜有形"。金融的无边界化、泛化对在金融产业物理集聚基础上成型成势的传统金融中心釜底抽薪，未来将以金融交易流量、金融影响力等论英雄。伴随金融服务无边界、金融中心无形化，中国整体金融体系大重构开启——从间接金融走向直接金融。从以银行信贷为主、注重货币交易、少部分人参与的金融中介体系，转向以直接融资为主、强调金融服务功能、人人参与的金融市场体系——以产业投资基金、众筹等多形式为载体，直接对接实体经济，且重点培育、投资新兴产业，其架构更呈现平台化的操作模式，呈现金融资本化、资本基金化、基金股权化的金融演化趋势，进而营造多层次资本市场。

金融组织化与组织金融化

具体而言，一方面，金融组织化，以组织为支点，改变金融"孤岛式"能量释放方式，形成相融相通的多维网络结构，从而引导金融由单纯的资金融通转而释放金融服务能量。

第一，组织在金融交易源头发力，优化资金配置方向。最为典型的便是产业引导基金，"政府搭台，市场唱戏"。政府从不同的产业切入，并以信用背书、项目担保的形式充分发挥政策激励，而市场则根据产业实际情况，以信用透支来达到杠杆之效，即政府提供支点、市场决定杠杆，既紧循资本逐利本性，也不违服务实体的目的。

第二，组织在金融交易过程中择节点发力，对野蛮金融生态政策性收敛。如网联搭载统一支付转接和清算的前置平台，汇总第三方支付机构支付订单请求并完成二次清算业务，结束第三方支付市场恣意做大、监管被动的局面；再如信联集合中国人民银行的征信系统和网络征信大数据，纾解互联网金融"共债、欺诈"等痼疾。

第三，组织跳出金融交易，以公平的规则、公正的制度规范市场化的方向和方式。政府充当一把尺、一杆秤，搭框架、立规矩，引导市场资本流向。众筹领域，在设立法律条文框架、完善监管体系的同时，组建第三方项目验证平台，进一步完善"领投+跟投"运营模式，鼓励民间资本聚沙成塔形成合力，培育新型项目、产业。

另一方面，组织金融化。合理利用存量资源，在组织架构基础上增加金融功能，凡有组织必有金融功能与之相匹配，进而放大金融辐射能力。简言之，平台内置金融功能。宏观上，园区基金化、基金条块化。在园区层面，每个园区都可根据产业集聚特征成立相应基金，由单纯集聚企业变身投资孵化，做企业时间+空间的合伙人。在政府层面，"条"上让每个委办、"块"上让每个区县发挥所长，各有侧重地扶持产业及项目，各自申报设立基金，各区各委办形成良性循环，互为补充、协调发展。微观上，大可培育特色金融小镇，小可促成楼宇金融化、企业集团"产而优则金"。在小镇范围内整合资源，形成以金融服务支撑适合地方发展的特色产业的创新性生态系统，如沙丘路基金小镇利用近硅谷之便，打造强调对科技初创企业提供风险资金支持为特征的创投金融服务生态。楼宇金融化则是赋予现有建筑以金融功能，让每栋楼都变身孵化器，联合办公场所，设立楼宇基金，其中的创新企业可以公司股权等方式换取资金支持、技术孵化、创业培训等。与之类似，企业集团也可"自成一家"搭建孵化器，为中小、微创企业提供个性化、定制化、灵活化、全机构、全市场、全周期的金融服务解决方案，海尔金控产业投行即为典型。

园区经济的瓶颈与突破

园区是未来金融组织趋势下的典型案例，但从目前来看，当前的园区经济陷入过剩。园区过剩的内在原因如下：

首先，源自近年来园区政策的强烈导向以及地方经济发展的强烈诉求。园区数量激增是政策大旗指挥下的"大势所趋"。2017年，375家两类国家级产业园区合计GDP为18.6万亿元，超过同期全国GDP的1/5（22.5%）。[1]在巨大的经济效益驱动下，发展园区经济成为各地政府的头号工程，园区扩建热度不断蔓延。尤其在地方层面，当土地财政无法持续，通过园区产业获取税收才能持续发展，加之地方经济增长、财政及就业等多方诉求，都在很大程度上促成了各类园区的野蛮式生长。

其次，园区开发模式普遍停留在工业经济的传统套路上，沿用短平快、高周转的逻辑导致园区开发过度。园区经济往往过分注重资产开发，不管是政策东风鼓吹，还是拿地需求驱使，大部分开发商"转战"园区如白驹过隙、"打一枪换一个地方"，通过快速"建成+销售"的模式赚取政策红利和土地增值溢价。加之园区本身在产业布局上缺乏有序的产业规划以及相应的配套服务，导致企业入驻慢且入驻成本上升，加剧了园区空置。可一个个园区相继荒废，却没能阻挡另一批"新园区"崛起，即便没有条件也要创造条件硬着头皮上，却是"栽下了梧桐、引不来凤凰"，致使园区过剩现象进一步显化。

最后，园区过剩的最大原因实则源自园区经济的同构化、同质化，陷

---

[1] 蓝林观海.未来产业集群发展方向—产业园区[EB/OL].(2020-03-24)[2024-05-24].http://www.360doc.com/content/20/0324/12/33506793_901265084.shtml.

入"千园一面"的窘境。一是园区开发过分围绕地方资源导致同一类型的园区"多如牛毛"。典型如陕西、内蒙古、宁夏三省区的毗邻区域，虽有"能源金三角"之称，但由于煤炭等资源禀赋相近，该区域范围内的产业园区、科技园区在产业门类选择上，往往为争抢煤焦化、煤化工等产业的"先发优势"开展园区"大跃进"，不仅导致同质化园区数量丛生，也造成园区产业的过剩竞争。二是盲目追求和效仿创意园区、高新科技园区也同样造成同质化园区泛滥的问题。创意园区、高新科技园区往往具有典范效应。各地园区发展科技产业的时候，并没有形成长期积累的比较优势，只能拼劳动力、土地、资源这三个传统要素，一说搞什么热，全国各地的产业园区都一拥而上，最后只能奔向同质化。

园区经济若要突破瓶颈、走出同构化过剩的困境，就必须摆脱传统"给地、给房、给政策、给资金"的路径依赖，转向"给渠道、给平台、给机会、开脑洞"的新路径。尤其是园区公共服务平台的迭代，需要多元化开辟投资、融资渠道，撬动资本杠杆赋能园区产业。园区产业的发展，尤其是初创型中小企业需要良好的风险投资和资本运营环境，亟待多元化、有契合度的投融资渠道。例如：建立由园区与相关部门、金融单位联合发起成立，并由入园企业自愿参加的信贷担保基金会，扶持拥有高新技术产品的企业，使不具备提供贷款抵押和担保条件的民营科技企业得到资本杠杆赋能；建立产业发展基金，用于扶持拥有较好市场前景，并能形成一定规模的高新技术成果的培育和孵化；由园区运营商助力风险投融资对接，为初创企业融资提供路演和融资对接渠道。

未来，园区经济的瓶颈突破更为倚仗复式的投资方式与股权架构。就投资方式而言，"投行+基金"的单向通道已不足以从根本上适应时代转变，未来将转向实行"双向投资"的平台及通道。在国企背景下，科技投行的单向投资方式始终处于自上而下的状态，不论是强化直接投资力度还是基金投资规模，都忽略了产业投资趋势应是双向进行、上下贯通的。好比中国股市虽然实现了注册制的改革，但一级市场与两级市场倒挂依然严重，没有根本改变IPO自上而下的套路，殊不知在互联网背景下，完全可以利用"人肉搜索+时间裁定"的自下而上的注册模式。园区经济也是类似，园区和政府出资设立基金仅仅是"第一脚"，如果由诸多区内集成电路企业参与园区发起的集成电路类产业基金，抑或由诸多区内生物医药企业参与园区发起的生物医疗类产业基金，其产生的资本效益将不可估量。同时，"双向投资"模式也将有助于"民主决策机制"的构建，从直线职能制转向横向的底层"民主"勾连。例如园区运营方可以出规则、出规矩，由园区企业参与对相关被投产业、被投企业的尽职调查，还可以借力园区体系外的社会风投资本一同寻找投资标的，并在投后参与到相关基金运作的协同管理中，形成资源共享、责任共担的集成效应。

就股权模式而言，未来园区或将建立更为复式化且极具激励效应的"双重股权结构"。在园区经济建设和运营过程中，实际控制方往往是地方政府及地方国资委，保持着对园区资产和相关权益的绝对控股，这种僵化的股权模式缺乏对园区贡献者的激励性。要知道，整个参与园区建设过程的贡献者是不同的，也是在不同发展阶段进入或离开的，其贡献与回报不能匹配，而股权架构必须真实地反映这一内在需求，让渡一部分股权给新老贡献者，分享一定程度的园区经济效益。类似于美国的双层股权结构和阿里巴巴的AB股权结构制度，园区贡献者间接持有的园区股份虽然享有一定程度的分红权，但与国资委等所持有股份在表决权、投票权上则存在差异，在分红权上也可能存在利润分配比例的不同，因此不会影响园区政策决策与管控，体现了制度设计的弹性。

进一步而言，复式的投资方式与股权架构还有赖"先行示范区"做出表率，以浦东新区为代表的改革引领区敢不敢先行先试将成为新的历史考验。在百年变局的时代背景下，中国经济接下来将面临更为复杂、严峻的形势，因此要在勇于试错中快速找到对的发展方向，园区模式的大胆创新将成为重要抓手。正如《关于支持浦东新区高水平改革开放 打造社会主义现代化建设引领区的意见》中指出，要在制度层面给浦东新区"松绑"、给特权。除了比照经济特区法规，授权上海市人民代表大会及其常务委员会立足浦东改革创新实践需要，遵循宪法规定以及法律和行政法规基本原则制定规章制度，更要支持浦东新区大胆试、大胆闯、自主改的制度创新与模式创新，即便无先例可循、无经验可鉴，也要"撸起袖子加油干"，在深水区和无人区走出一条新路。